普通高等院校"十三五"教育类规划教材

语文案例导引教学法

许月燕　曹永鸣　主　编

王　晔　闵海燕　副主编

党宏毅　乌彦博　黄先政　杜立书　参　编

中国铁道出版社

CHINA RAILWAY PUBLISHING HOUSE

内 容 简 介

本书以大量具有较强示范性和操作性的教学案例进行教学设计引领，为教育专业学生更好地理解语文课程教学理论进行教学设计与课堂教学训练提供了有力的支持。全书共分八章，分别为合格小学语文教师应具备的素质、《义务教育语文课程标准》解读、怎样设计一节小学语文课、识字写字教学设计、阅读教学设计、口语交际教学设计、写作教学设计以及语文综合性学习教学设计。

本书适合作为普通高等师范类院校教材，也可作教育行业人员的参考书。

图书在版编目（CIP）数据

语文案例导引教学法 / 许月燕，曹永鸣主编.—北京：
中国铁道出版社，2017.5
普通高等院校"十三五"教育类规划教材
ISBN 978-7-113-22798-2

Ⅰ. ①语… Ⅱ. ①许… ②曹… Ⅲ. ①语文课－教学法－
高等学校－教材②语文课－教学法－中小学 Ⅳ.
①G633.302

中国版本图书馆CIP数据核字(2017)第064151号

书　　名：语文案例导引教学法
作　　者：许月燕　曹永鸣　主编

策　　划：潘星泉　　　　　　　　　　读者热线：（010）63550836
责任编辑：潘星泉　彭立辉
封面设计：刘　颖
封面制作：白　雪
责任校对：张玉华
责任印制：郭向伟

出版发行：中国铁道出版社（100054，北京市西城区右安门西街8号）
网　　址：http://www.tdpress.com/51eds/
印　　刷：北京明恒达印务有限公司
版　　次：2017年5月第1版　　2017年5月第1次印刷
开　　本：787 mm×1 092 mm　1/16　印张：14.5　字数：345 千
书　　号：ISBN 978-7-113-22798-2
定　　价：38.00 元

前言

　　培养可持续发展的优秀小学教师是教育改革取得良好效果的保障。没有高素质的教师，就不可能满足国家发展对人才的需求；离开了教师教育的有效改革，教师的素质也无从提高。新的国际竞争给各级教育带来前所未有的挑战，因此培养高素质的中小学教师，不断提高教师教育人才培养质量成为国家教育发展的紧迫任务。对传统课程教学论和教学方法进行改革，全面提升教师教育职前培养的质量，成为当务之急。

　　为促进小学教师专业发展，建设高素质小学教师队伍，落实教育规划纲要，深化教师教育改革，规范和引导教师教育课程与教学，培养造就高素质专业化教师队伍，教育部于2011年10月制定颁布《教师教育课程标准（试行）》，提出"育人为本、实践取向、终身学习"的教师教育理念。教师是终身学习者，在持续学习和不断完善自身素质的过程中实现专业发展。教师教育课程应实现职前教育与在职教育的一体化，增强适应性和开放性，体现学习型社会对个体的新要求。教师教育课程应引导未来教师树立正确的专业理想，掌握必备的知识与技能，养成独立思考和自主学习的习惯；引导教师加深专业理解，更新知识结构，形成终身学习和应对挑战的能力。

　　2012年2月10日，教育部下发《小学教师专业标准（试行）》。小学教师作为履行小学教育教学工作职责的专业人员，需要经过严格的培养与培训，具有良好的职业道德，掌握系统的专业知识和专业技能。《小学教师专业标准（试行）》是国家对合格小学教师专业素质的基本要求，是小学教师实施教育教学行为的基本规范，是引领小学教师专业发展的基本准则，是小学教师培养、准入、培训、考核等工作的重要依据。此标准从专业理念与师德、专业知识、专业能力方面做了具体规定，其中专业能力方面包含教育教学设计能力；能合理制定小学生个体与集体的教育教学计划；能合理利用教学资源，科学编写教学方案。

　　在此形势下，高等院校教师教育必须跟随改革的步伐进行课程、教学以及人才培养模式的改革，以适应国家对基础教育教师的需求，提高国家、社会、家庭乃至学生对教育的满意度。

　　教材是教学的凭借，师范生的职前教育离不开高质量的教材。语文新课程改革不仅要以教育研究的最新成果为依据对知识内容、课程结构与实施方式进行变革，同时还要更新文化观念，使课程改革呈现出与时俱进的文化取向。2011年，国家对《义务教育语文课程标准（2011年版）》进行了修订，对语文课程理念、教学目标、实施建议等进行了较大的调整。本书正是在这种形势下，为满足当前小学语文课程教学论编写体例单一，无法满足高等院校教育专业学生的学习需求而编写的。

本书由长期从事小学语文课程教学论教学的八位教师进行编写。在对现有诸多版本小学语文课程教学论教材进行客观分析评价的基础上，又认真倾听了高等院校师生对现有小学语文课程与教学论教材使用意见的反馈，经过多次讨论，明确了高等院校教育专业系列课程教学论新教材体例特质，经将近两年的反复推敲、修改，完成了本书的写作。

　　本书的特色在于，一方面继承并保留了原有各版本小学语文课程教学论教材学科教学知识系统、章节安排清晰的特点，介绍小学语文课程教学发展、研究的最新研究成果；另一方面以大量教学案例进行教学设计引领，这些案例具有很强的示范性和可操作性，为小学教育专业学生更好地理解语文课程教学理论进行教学设计与课堂教学训练提供了有力的支持。

　　本书由许月燕和曹永鸣任主编，王晔、闵海燕任副主编，党宏毅、乌彦博、黄先政、杜立书参与了编写。具体编写分工：第一章由哈尔滨学院杜立书编写；第二章由陕西渭南职业技术学院党宏毅编写；第三章由哈尔滨学院许月燕编写；第四章由大庆师范学院闵海燕编写；第五章由赤峰初等教育学院乌彦博编写；第六章由沈阳大学王晔编写；第七章由成都大学师范学院黄先政编写；第八章由哈尔滨市花园小学曹永鸣编写；全书由许月燕统稿。在编写过程中得到中国铁道出版社编辑及各位老师的大力支持，在此表示深深的谢意。

　　由于编者学识有限，同时本书的体例又是一种新的尝试，因此疏漏与不妥之处在所难免，恳请各位同人及学生提出批评意见，我们将及时采纳并进行修订。

编　者

2016 年 12 月

目录

第一章

合格小学语文教师应具备的素质

知识目标

- 熟悉小学语文教师应具备的素质。
- 掌握小学语文教师应具备的特殊素质。

技能目标

把握教师素质的构成，自觉提升自己的素质与技能。

知识导图

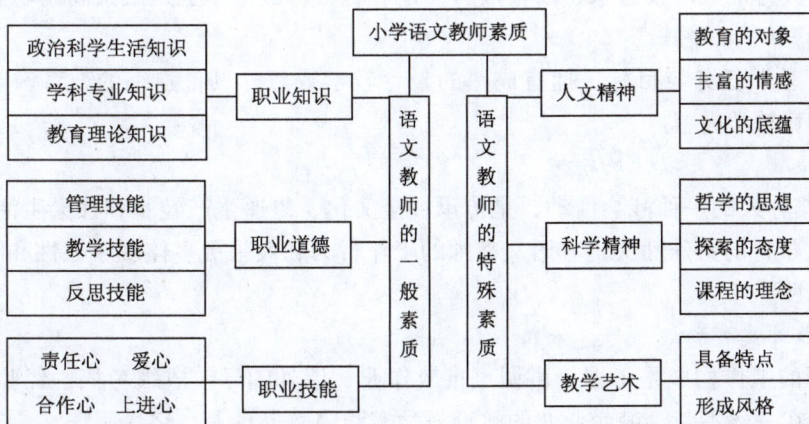

问题导引

特级教师于漪有一次教《木兰辞》，有同学提出疑问："同行十二年，会不知道木兰是女郎，根本不可能。""一洗脚，小脚就藏不住了。"在一片喧嚷声中，于老师说："南北朝时妇女还不裹小脚。"学生又问："那中国的妇女什么时候开始裹小脚的？"这一来，可把于老师给问住了。于老师老实地说："这个问题老师也不知道，课后请同学们帮老师一起解决，好吗？"课后，于老师立即查阅了很多书，方从《陔余丛考》中查到了"弓足"的说法，知道中国妇女五代才有裹足之事，并在下一节课把这一知识告诉了学生。

如果你是老师，会如何处理这事件？你如何评价于老师？如何评价这一教学片断？

第一节 合格小学语文教师应具备的一般素质

教师素质是指教师履行职责，完成教育教学任务所必备的各种素养的质的要求及将各种素养有机结合在一起的能力，是指教师在教育教学活动中表现出来的，决定其教学效果，对学生身心发展有直接而显著影响的心理品质的总和。

素质是个复合的概念，其构成具有层次性、动态性、整体性等特征，教师素质以一种结构形态存在。合格的小学语文教师应具备多方面的素质要求，概括起来主要表现为职业道德素质、职业知识素质、职业技能素质。

一、职业道德素质

教师应该履行的第一条义务就是"遵守宪法、法律和职业道德，为人师表"，小学语文教师的职业道德"是该职业群体为更好地履行小学语文教学的职业责任、满足社会需要、维护职业声誉而制定的自我约束的行为规范与一致认可的伦理标准"。[①]《基础教育课程改革纲要》指出"教师要关爱学生，严谨笃学，淡泊名利，自尊自律，以人格魅力和学识魅力教育感染学生，做学生健康成长的指导者和引路人。"

（一）忠诚于教育事业的责任心

忠诚于教育事业的责任心是教师群体的共同意愿和职业向心力，也是职业道德的核心。以教为志、以教为荣、以教为乐、以教报国，是一名教师最基本也是最崇高的职业理想。

1. 科学的教育教学理念

明确教育教学任务与目标，拥有成熟的教育教学智慧，具备熟练的教育教学实施技能，掌握丰富的教育教学内容。

2. 甘于奉献、持之以恒的精神

"教育是培养人的一种社会活动，是传承社会文化、传递生产经验和社会生活经验的基本途径。"[②] 语文学科的特殊性决定着语文教师的工作行为和效果更多体现于显性和隐性的结合，而且偏重于隐性。

3. 语文教师要有勤勉刻苦、一丝不苟的态度

语文教师的工作构成是备课、讲课、批改作业、课外辅导、成绩考核、经验总结、科研论文撰写等，在一丝不苟、兢兢业业的教育教学实践中教书育人，恪尽职守。

（二）以生为本的爱心

爱是职业道德的基础，爱从事的事业，爱工作的同行，爱教育的对象。以人为本是教育理念的核心，是教育必须遵循的原则，是教育行为的规范。

1. 爱就要给学生公正的教育

老师要保护每个学生接受教育的权利。"凡年满六周岁的儿童，不分性别、民族、种族应当入学接受规定年限的教育"[③]《国家中长期教育改革和发展规划纲要（2010—2020 年）》在"工

---

① 王守恒. 小学语文教学与研究 [M]. 北京：人民教育出版社，2006:351.

② 袁振国. 当代教育学 [M]. 北京：教育科学出版社，1999:3.

③ 教育部政策研究与法制建设司. 现行教育法规与政策选编（中小学教师读本）[M]. 北京：教育科学出版社，2003:13.

作方针"中进一步指出"把促进公平作为国家基本教育政策。教育公平是社会公平的重要基础。"教师的态度要端正，行为要公允，做到对待学生一视同仁，不偏袒、不偏心，关心、尊重、热爱每个学生。

2．爱就要给学生平等的尊重

"学校应当尊重未成年学生的受教育权""尊重未成年人是人格尊严"[①]"尊重儿童的观点与意见"。[②] 作为小学语文教师，要尊重学生的尊严，不侮辱、体罚学生；尊重学生的隐私，和学生进行真诚的交流；尊重学生的学习结果，欣赏学生的点滴进步；尊重学生的挫败经历，以平等的身份伴随学生一同成长。

3．爱就要给学生悉心的关注

首先是关注所有学生，尤其是以下五种学生：（1）智力发育迟缓的学生；（2）学业成绩不良的学生；（3）被孤立和拒绝的学生；（4）有过错的学生；（5）有生理缺陷的学生。[③] 其次是关注学生的所有，关注学生的生理心理特点，关注学生的生活环境，关注学生的学习状态，关注学生的成绩与不足，关注学生的点滴进步与细微变化。同时，关注要把握好度，要处理好关注与介入的关系。

（三）积极进取的上进心

教师要严谨治学，积极上进。《中小学教师职业道德规范》第六条提出教师"终身学习"的要求。教师要"崇尚科学精神，树立终身学习理念，拓宽知识视野，更新知识结构。潜心钻研业务，勇于探索创新，不断提高专业素养和教育教学水平。"

作为小学语文教师要不断更新人文社会科学知识，要时时自我鉴定、自我评价，要有强烈的创新意识和愿望，要努力把握最新的教育理念，要不断探索教育教学中的未知领域，要勤于进取学而不厌。课程标准教学建议第一条指出"教师应确立适应社会发展和学生需求的语文教育观念，注重吸收新知识，不断提高自身的综合素养"。

（四）坦诚谦逊的合作心

语文教师要热爱集体，支持学校工作，顾全大局；与同事团结协作，相互尊重，互相学习，取长补短，共同进步；与家长坦诚沟通，建立亲密关系，共商教育问题；与学生平等交流，给予他们充分的信任与尊重。

二、职业知识素质

教师从事教育教学活动所必需的一定范围内相对稳定的系统化的知识就是教师的专业知识。外国学者在研究中发现，小学教师的知识超过某种水平（如大专水平），教学效果便不再随着教师的知识水平的提高而提高，这时影响教学效果的是教师的知识结构。新世纪的知识结构类型可分为三种：宽而不深的横式结构、深而不宽的纵式结构、既深且宽的T形结构。教师所需的是T形的知识结构。

（一）一般的政治理论知识、普通的科学文化知识、基本的生活知识

这是第一个层面，是教师T形知识结构框架的基础。要求内容宽泛、范围广博、积淀

---

① 教育部政策研究与法制建设司．现行教育法规与政策选编（中小学教师读本）[M]．北京：教育科学出版社，2003:35.

② 袁振国．当代教育学[M]．北京：教育科学出版社，1999:90.

③ 教育部基础教育司．走进新课程[M]．北京：北京师范大学，2002:128.

厚实。

1．掌握一般的政治理论基础以提高政治理论水平

《中华人民共和国义务教育法》规定，"国家在受教育者中进行爱国主义、集体主义、社会主义的教育，进行理想、道德、纪律、法制、国防和民族团结的教育。培养德、智、体等方面全面发展的社会主义事业的建设者和接班人。"[①] 教师的政治理论水平是实现教育目标的基础。

2．掌握普通的科学文化知识从而奠定教师职业能力的基础

人们在实践中获得的认识和经验，无论是关于自然科学的还是社会科学的，都是人类创造的财富。天文地理、政史哲经、数理生化、艺术体育、微机外语等相关知识都要循序渐进地学习和掌握，而且要时时更新。综合性是小学语文教学的基本特点，语文教师知识的广泛是语文教学综合性的要求，较为广泛的科学文化知识基础是小学语文教师专业发展的奠基石。

3．获得丰富的生活知识以辅助教育教学活动的实施

生活是大课堂，课堂是生活的一隅。语文教育的课堂是整个生活，教师知识在数量上要远远超过教科书的知识含量，语文教师丰富的生活知识是语文教学的宝贵资源。

（二）语文学科专业知识

这是第二层次的知识，要求广博中求精求专。教师应该是所教学科的专家，孟子曾言："资之深，则取之左右逢其源。"

精深的专业知识，包括专业基础知识、专业主体知识、专业前沿知识。语文知识有文字的、文学的以及语文规律的，具体包括"语言文字、文章读写、文学鉴赏评论、文学创作和中外母语教学发展的基础知识。"[②] 语言文字方面至少包括语音、文字、词汇、语法、修辞、逻辑等，文学知识至少涉及中国文学（古代、现代、当代）、外国文学、儿童文学、文学史、文学理论、美学等门类，还涉及各种文体的阅读和写作知识。

（三）教育理论知识

这方面的知识是对教育工作者的特殊要求，要求高屋建瓴，才能游刃有余、业有所成。1993 年，我国颁布的《教师法》把教师界定为"履行教育教学工作的专业人员"，教师只有学习和掌握相关的教育理论知识，才有资格步入教师的行列，从事教育教学工作。

这方面的知识包括三方面：教育学知识、心理学知识、语文教学理论知识。例如：教育教学基本原理，国内外教育教学发展规律和最新动态，学生的心理生理特征，语文教育学、语文学习心理学的基本原理，语文教学发展历史和教学改革动态，小学语文教学性质、语文课程基本理念、课程目标、课程主要内容，小学语文教材特点、课堂教学特征，小学语文教师的职责、义务、素质要求，科学的教师观、学生观等。不仅要牢牢把握静态的知识，还要时时关注最新的研究成果。

三、职业技能素质

教师技能是指"教师在教学过程中运用一定的专业知识和经验顺利完成教学任务的活动

---

① 教育部政策研究与法制建设司 . 现行教育法规与政策选编（中小学教师读本）[M]. 北京：教育科学出版社 2003:1.
② 王守恒 . 小学语文教学与研究 [M]. 北京：人民教育出版社，2006:344.

方式。"① 小学语文教师的技能素质可以归结为三方面。

（一）管理技能

教师是教育教学的管理者。教师对教育教学活动的管理，包括确定目标、建立班集体、制定和贯彻规章制度、维持班级纪律、组织班级活动、协调人际关系等，并对教育教学活动进行监控、检查和评价。语文教师的管理技能首先表现在学校的教育活动上，如校内外的大型活动的策划、组织。班级活动是构成教师专业工作的主要教育活动之一，教师如果想胜任一个班级的课程与教学任务，必须具备丰富的班级管理知识，如班级生活教育。教师的管理技能更突出地体现在语文教学的管理上，这也是教学技能，只是更加倾向于对学生学习环境的营造、学习条件的改善、学习行为的约束、学习方式的指导、学习途径的安排以及课堂教学过程的调控等。

（二）教学技能

教学技能是教师在已有的知识经验基础上，通过实践练习和反思体悟而形成的一系列教学行为方式和心智方式。袁振国把专业技能确定为教师职业训练的五项内容之一，"培养未来教师从事教育教学工作所应具备的基本技能，包括了解学生的情况、确定教学目标、制订教学计划与方案、设计教学程序、课堂讲授与板书、演示与实验、课外活动组织以及激发学生的学习积极性、教会学生学习、评价教学效果等教学技能"。②

以教学活动的过程为切入点分析，小学语文教师的教学技能包括教学设计技能、教学实施技能、教学评价技能、教学反思技能。

1．教学设计技能

语文教学设计是语文教师根据正确的教育思想和教育原理，按照一定的教学目的和要求，针对具体的教学对象和教材，对语文教学的整个程序及其具体环节、总体结构及其有关层面所作出的预期的行之有效的策划。③

进行教学设计要做以下这些工作：

（1）遵循科学的教育教学规律，把握全新的语文教学理念。

（2）钻研教材，确定学习目标、学习内容、学习重点难点。

（3）分析学情，确定学习策略，选择学习方法。

（4）准备教学资源，选择适合的教学媒体，制作有效实用的课件。

（5）设计教学过程，形成教案。

2．教学实施技能

狭义的教学实施指课堂教学的过程，是师生实践的过程，是根据教学目标实现备课内容的过程。教学实施技能主要包括：教学语言技能、教学调控技能、使用教学媒体技能、书写板书技能、导课结课技能以及开展活动技能。

3．教学评价技能

"语文课程评价具有检查、诊断、反馈、激励、甄别和选拔等多种功能，其目的是为了考察学生实现课程目标的程度，检验和改进学生的学习和教师的教学，改善课程设计，完善教

---

① 教育部师范教育司．教师专业化的理论与实践 [M]．北京：人民教育出版社，2003:58.

② 袁振国．当代教育学 [M]．北京：教育科学出版社，1999:82.

③ 王守恒．小学语文教学与研究 [M]．北京：人民教育出版社，2006:79.

学过程。"教学评价包括对学生的评价、对教师的评价和对课程的评价。语文教师要具备这三方面评价能力，这里重点阐述对学生的评价。要求教师做到：把握正确的评价观；掌握多种评价方法；选取多样评价途径；切入三维评价内容。对学生的评价伴随语文教学的始终，通过评价考察学生达到的学习目标的程度，检测学生学习的状态，推进教学的进展。

（三）教学反思技能

教学反思是教师以自己的职业活动为思考对象，对自己在职业中的行为以及由此所产生的结果进行审视和分析的过程。具备教学反思技能才能更有效地提高教学质量，才能有利于自身的专业发展。反思时要做到"认可、解构、开掘、适度"。课前要反思，使教学成为一种自觉的实践；课中要反思，及时自动地调整教学进程；课后要反思，总结经验，改进不足，提升教学和研究能力。

资料贴吧

对教师素质的评价标准[①]，见表1-1。

表1-1　教师素质评价标准

评价内容	评 价 标 准
职业道德	（1）爱心； （2）正直诚实； （3）公正； （4）上进； （5）奉献、职业热情； （6）健康心态
学科知识	（1）正确掌握本学科的有关概念； （2）灵活应用本学科的基本方法； （3）了解本学科的动态与发展； （4）熟悉本学科的基本体例； （5）善于将学科知识与生活实际相联系
教学能力	（1）有所教学科的良好知识，并且能将这些知识通过精心计划而又有效的教学方式教给学生； （2）能够通过形成性评价和总结性评价持续而有效地掌握学生的进步情况，并且采用有效和革新的措施来巩固评价的成果； （3）拥有出色的学生管理技能，形成良好的纪律，建立积极的师生交往，体验积极的情感，赢得学生的尊敬，能够激励他们超越自己
文化素养	（1）热爱学习，有良好的阅读习惯和获取新知识的意愿，能够主动地从生活实践中不断总结、学习新知识； （2）具备基本的百科常识和生活常识，能够较为自如地应付日常生活的需要，并可灵活地在各知识点间建立联系； （3）对祖国文化的了解和热爱，熟练掌握祖国文字； （4）具有较高的文明礼仪水平
参与和共事能力	（1）要参与学校发展规划的设计，并能提出可行性意见； （2）要参与确定时间和其他资源在学校课程中的分配等教学计划； （3）要参与设计本学科、所在教学组的发展规划，并提出可行性建议； （4）要充分参与制订和实施同事们专业进修计划； （5）能与学生、家长、同事建立良好的关系，在同事中有好朋友

[①] 教育部基础教育司. 走进新课程 [M]. 北京：北京师范大学，2002:165.

续表

评价内容	评价标准
反省与计划性	（1）制订并有效实施个人发展计划，并且有随环境变化的调整能力； （2）制订并有效实施工作计划，分月计划、学期计划、学年计划； （3）计划制订过程中考虑多方面的影响因素，如年龄、性别、学生班级特点等，并有意识地听取有关人员的意见和建议，如同事、领导或学生等； （4）建立反省习惯，可以分为天、周、月、学期等不同形式进行；在反省总结和下一期计划之间建立联系

第二节　合格小学语文教师应具备的专业素质

为了更好地完成教学任务，实现教学目标，对小学语文教师的专业素质还有特殊的要求，可以称其为教学素质。教学素质是指一个教师能胜任愉快地完成教学任务所具备的必要修养、知识和能力。它标志着一个教师的教学水平、教学艺术和教学质量。

一、现代人文精神的修养

具有人文精神是对于一个健全人的最基本的要求。人文素养是现代人健全个性的重要组成部分，它是一个包括人的道德品质、理想信念、审美情趣甚至人的日常行为举止等在内的各种个性品质的集合体。

（一）小学语文教师具备现代人文精神的必要性

1．小学语文课程性质、内容的要求

课程标准对语文课程的性质做了这样的说明：义务教育阶段的语文课程，应使学生初步学会运用祖国语言文字进行交流沟通，吸收古今中外优秀文化，提高思想文化修养，促进自身精神成长。课程标准对于教材编写也提出建议："教材应体现时代特点和现代意识，关注现实，关注人类，关注自然，理解和尊重多样文化，有助于学生树立正确的世界观、人生观、价值观。""教材要注重继承与弘扬中华民族优秀文化和革命传统，有助于增强学生的民族自尊心和爱国主义感情。"课程性质、课程内容都充分显现出人文内涵在语文学科中的地位和价值。

2．小学语文培养目标的制约

语文课程理念之一就是"全面提高学生的语文素养"，语文课程"应激发和培育学生热爱祖国语文的思想感情"，"通过优秀文化的熏陶感染，促进学生和谐发展，使他们提高思想道德修养和审美情趣，逐步形成良好的个性和健全的人格。"这些都是人文精神的体现，培养目标的解读更为具体。

3．中国语文教育历史经验的明证

中国古代就很重视对教师人文性的要求。明太祖就曾对朝廷官员说："道之不明，由教之不行也。"对教师的人文内涵也做了规定，如战国时期赵武灵王的臣属周绍谈到为人之师的六条标准：智谋深远又通达于变，待人宽厚又通于礼法，威武不可屈其志，富贵不可乱其心，教学严肃认真一丝不苟，亲于下而不盛气凌人。

（二）小学语文教师人文精神的内涵

人文精神的内涵丰富，对于小学语文教师而言，有三点最为重要。

1. 端正对教育对象的正确认识

小学教育对象是儿童。这是一个特殊的群体，只有端正对这个群体的正确认识，才能保证语文教学的有序进行。

（1）对人的本质的认识。人的本质是什么？时至今日，一直没有停止过探讨与界定。例如，马克思的制造工具说、笛卡儿 – 康德的理性实体说、达尔文的生物本能说、尼采的强力意志说、弗洛伊德的心理能量说，以及舍勒的位格理论说等。综合多家学说，至少有两点需要关注。

① 作为自然存在物的客观实体的人。过去一段时间以来，在理解人是社会关系的总和时往往强调"总和"而忽略了个体，青睐的往往是阶级的人、集团的人、群体的人、社会学意义上的人，甚至是抽象意义的人、带着多种面具的人，被神化或者被丑化恶化的人。这种认识是阻碍教育教学发展进程的。小学语文教师只有认识到人的自然属性，认识到人的情感特质，才能关注个性化的人、实实在在的人。教学中也才能以人为本、因材施教，才能尊重每个孩子的独特体验，才能多维评价孩子，给孩子充分的发展空间。

【对应案例】执教人教版三年级上第二单元《灰雀》这一课时，在引领学生认识到列宁爱护儿童、我们应该爱护鸟类这层主题意蕴后，为扩展学生的思维，给学生提出这样一个思考题：

列宁和男孩儿都喜欢灰雀，你觉得他们的爱有什么不同，你赞同谁？说说自己的看法。"你觉得"和"赞同谁"的问题就关注了孩子的独特性，关注了阅读的个性体验。孩子在辨析的过程中是要经历情感的体验和理性的判断的，他们的学习活动体现为一种自然个体的特点。

② 作为社会构建者的社会性的人。每个人都是社会网中的一个点，是这个社会的一个有机体。他们一方面决定着社会整体的存在，另一方面整体也规范着个体的行为。2012 年，党的十八大报告明确提出："倡导富强、民主、文明、和谐，倡导自由、平等、公正、法制，倡导爱国、敬业、诚信、友善，积极培育和践行社会主义核心价值观。"规范人们要具备这些共同的社会因素。教育是人类特有的社会现象，通过教育把人培养成不乏自然属性的社会人。现代语文课程的民族化、现代化和国际化特点赋予了小学语文教师培养未来社会所需人才的神圣使命。

【对应案例】仍以《灰雀》为例。

这篇课文讲述的是列宁、灰雀和一个孩子之间的故事。通过课文中人物的语言和神态领会人物的心理活动、感受人物的人格品质是本文学习的重点和难点。在列宁身上我们学到了善解人意，学到了对孩子的尊重与爱护，在小男孩儿身上我们学到了诚实，更重要的是知错能改的品质，这正是孩子成长的痕迹。这个故事也表现了爱护鸟类等动物的环保意识。抓住人物的语言、神态感受人物的内心世界是达成教学目标的有效方法。我们单看小男孩儿的几句话："没……我没看见"，"一定会飞回来。它还活着"以及说话时的语气、动作，如"看看""那个男孩站在白桦树下，低着头"，让学生读读、想想、议议，学生也会伴随着小男孩儿的心理历程成长，而诚实、知错就改以及逐渐培养起来的生态意识正是共同的社会道德规范，是学生将来走向社会的必备素质。

（2）对儿童的认识。小学生是 6 ~ 12 岁的儿童，这一阶段正是长身体、长知识、长智慧的时期，是身心发展的关键时期，是其道德品质与世界观逐步形成的时期。

首先要整体把握小学生心理发展特点，利用有利因素促进孩子发展。这一时期孩子心理发展的特点表现为：①迅速，尤其是智力和思维能力，是发展智力的好时机；②协调，是发展和谐个性、品德和社会性的好时机；③开放，是成人了解儿童真实心理活动，从而进行有的放矢的教育的好时机；④可塑，是培养良好心理品质与行为习惯的好时机。

其次要把握小学生心理发展的阶段性，不同年级的孩子其心理发展有明显的差异性。要掌握不同学段孩子的知识积累情况，抓住不同学段的特征有的放矢地进行语文教学。

另外，还要关注孩子的心理问题，如入学适应性问题、厌学问题、人际交往问题、意志障碍、人格障碍问题、依赖心理、考试怯场心理等。要发现问题，对症下药，最大限度地提高语文教学效果，并且以语文教学为平台引领孩子健康成长。

【对应案例】人教版一年级下册第三单元《识字三》教学实录片段

吉林省吉林市第二实验小学　邹春红

（片段1）师：同学们见到过霜吗？老师给大家带来一幅图片（课件上出现一张霜的图片），大家看，叶子上白白的晶体就是霜。在老师的家乡，每当深秋的时候最爱出现霜，因此有一个词就叫"秋霜"。（教师在黑板上贴上写有"秋霜"的花形词卡，并且请同学对照读"晨雾""秋霜"）。

（片段2）师：下面老师请同学看一组图片（细雨、朝阳、夕阳的图片各一幅），看看这组图片对照的该是课文的那一句。

生：读课文，并找到对应的句子"和风对细雨，朝霞对夕阳"。

师：请多读几遍。

生：齐读三遍。

师：在读这句的时候画下了哪几个字啊？

生：朝、霞、夕。

师：指名领读、齐读三个字。

师：同学们在读的时候遇没遇到不懂的词？

生：朝霞、夕阳。

师：请知道的小朋友给大家解释解释。

生：早晨的太阳就叫朝阳，晚上的太阳就叫夕阳。

师：（贴词卡"朝阳""夕阳"）有谁知道什么是"朝霞""晚霞"（贴词卡"朝霞""晚霞"）？

生：早晨的云就叫朝霞。

师：早上的彩色的云就叫朝霞，那晚上的彩云叫什么？

生：晚霞。

师：朝霞和晚霞非常美丽，今天老师给大家带来了有关的图片，请大家欣赏。

【对应案例】苏教版三年级上《小稻秧脱险记》词语教学实录片段

于永正

师：请大家一边读课文，一边把不懂的词语画下来。（学生读课文、画词语，教师巡视。发给部分学生小黑板，让他们把不懂的词语写在小黑板上）

师：请写好的小朋友把小黑板送过来。请大家把这些词读一读。（生读词语：团团围住、气势汹汹、蛮不讲理、一拥而上、不由分说、有气无力……）

师：这些词有的需要老师帮助，有的自己通过读课文就能解决。请大家读课文，边读边

想这些词语的意思，我相信多数词语同学们能通过读课文理解。（学生读课文，教师巡视）

师：读完两遍课文的请举手。好，读的时候不仅要考虑词语的意思，还要注意到正确、流利，如果做到有感情就更好了。请大家再读。（学生继续读课文）

师：有的同学已经读第四遍了。下面我们来检查读书的效果。（教师随机指到"蜡""蛮"等字的读音，指导朗读）

师：读到这里，我想，"气势汹汹、蛮不讲理、一拥而上"肯定懂了。没有懂的同学请看我们表演。我当小稻秧，你们几个当杂草。杂草把小稻秧团团围住，你们应该怎么站？（学生把老师从四面围住。笑声）

师：你们要干什么？

生：快把营养交出来。（声音低）

师：你们没读懂。要凶，声音要大，把腰卡起来。

生：（卡腰、大声、凶恶地）快把营养交出来。

师：我们刚搬到大田不久，怎么能交给你们呢？（学生不知所措）

师：（问全体学生）他们应干什么？

生：他们应上前抢营养。

师：对，要抢。营养在地里，快！

（"杂草们"一拥而上，抢起了营养。"小稻秧"没精打采地垂下了头，下面的同学哈哈大笑）

师：杂草厉害不厉害？凶不凶（生：厉害，凶！）这就是"气势汹汹"。杂草们野蛮不野蛮？（生：野蛮）讲理不讲理？（生：不讲理）这就叫"蛮不讲理"。杂草让小稻秧发言吗？（生：不让）这就是"不由分说"。

【对应案例】人教版五年级上《为中华之崛起而读书》教学实录片段。

师：请同学将屏幕上的四字词语读准确（疑惑不解、灯红酒绿、热闹非凡、耀武扬威、得意扬扬、衣衫褴褛、中华不振、铿锵有力）。

生：一读，解决字音。

师：我们再来带着对词义的理解读读这些词。

生：疑惑不解。

师：是谁疑惑不解？是什么让他疑惑不解？到课文中找出来，自己好好读一读，读出疑惑不解。

生：找材料，先自读。（"租借地是什么样的？为什么中国人不能去那儿，而外国人却可以住在那里？这不是中国人的土地吗……"一连串的问题使周恩来疑惑不解……）然后齐读、指名读。有的学生读得越来越气愤，有的学生读得越来越低沉，尽管表现形式不一样，但是都读出了"疑惑""不解"。

生：灯红酒绿、热闹非凡。

师：（出示两幅图片，分别显示出灯红酒绿、热闹非凡的内容）结合图片读这两个词。

生：读，读出了喜欢、喜悦。

师：老师再把这两个词放在课文中，读一读，看你能读出什么感觉？

生：（一条条街道灯红酒绿，热闹非凡，街道两旁行走的大多是黄头发、白皮肤、大鼻子的外国人和耀武扬威的巡警）读出耻辱、读出气愤。

师：为什么中国的土地上走着的是外国人？为什么巡警凭借外国人的势力耀武扬威？
……

三个案例都是词语教学，因为学习对象是不同学段的孩子，所以确定的教学目标和选择的教学方法也同中有异。一年级的课在理解词语意思的时候更突出与生活的联系，并且将抽象的词语符号做形象化的处理。三年级的课程更多体现学生的参与，更多与朗读结合联系上下文理解，并且活动性更强。四年级的课的最突出特点是以词语的学习带动对课文的理解，辨析关键词语在表达情意方面的作用，还有就是在语言环境中体会学习遣词造句。

2. 深厚的文化底蕴

"一切文化都是由人所创造，并为人所特有的东西，都属于人的'文化'。"文化也是人类区别于动物的本质特征之一。

（1）语文教师必须具备丰厚的文化底蕴。教育是凭借科学文化知识培养人的一种社会活动，是传递生产和生活经验、传播和继承科学文化的必要手段。从认知的角度看，教育是一种对文化的认知活动。接受教育的程度就是接受文化的程度。而一定的教育又始终从属于一定的文化，因此，教育与文化是同一对象物的两个方面，共同为促进人的发展做贡献。新版课标设定了"关心当代文化生活，尊重多样文化，吸收人类优秀文化的营养，提高文化品位"这样的课程目标，教材编写建议里也指出"教材应体现时代特点和现代意识，关注现实，关注人类，关注自然，理解和尊重多样文化，有助于学生树立正确的世界观、人生观、价值观"，都在说明语文课程对于文化传播的重要意义。只有拥有雄厚的文化底蕴，才能胜任小学语文教学工作，愉快高效地完成教学任务，实现教学目标。

【对应案例】江苏省南京市北京东路小学孙双金校长执教的《推敲》

对于这篇课文，他设定了四个目标即四个"一"。第一，讲述一个故事。语言训练，用自己的话讲故事。第二，理解一首诗歌。品味贾岛的《题李凝幽居》。第三，品味一段佳话。贾岛的推敲的精神佳，贾岛坐在毛驴上的推敲的憨态佳，韩愈一起推敲的姿态佳，韩愈的学问佳。第四，欣赏一种现象。推敲的现象，如王安石为"绿"而推敲，纪晓岚、谢缙这些才子为对联而推敲。这样的设计就把这节课上成语文课，上成语文味的课，上成语文文化的课。

（2）语文教师必须具备丰富的民族文化底蕴。21世纪人才培养方案明确指出，人应"具有优秀传统的民族文化素质"，张志公先生在《我和传统语文教育研究》中说："语文是民族性很强的学科。它不仅受一个民族语言文字的制约，而且还受这个民族文化传统以及心理特点的影响。"语文教学就是一个宝库，一个深味民族文化精髓的宝库。语文课程对继承和弘扬中华民族优秀文化传统和革命传统，增强民族文化认同感，增强民族凝聚力和创造力，具有不可替代的优势。小学语文教师应该具备丰厚的民族文化底蕴，要较为系统地阅读中国古代文学作品，记诵一定数量的优秀古诗文，增加文化积淀。[1] 语文教师的民族文化素质，永远是教学素质的应有之义。

教师对语文课程内容的理解，需要有相应的知识背景、阅历背景和文化背景。就阅读教学的文本理解而言，这些背景越开阔、越深厚，那么，对文本意蕴的解读就越深入、越精细。

【对应案例】解读离别诗。

小学语文教学涉及的离别诗有很多，如《芙蓉楼送辛渐》《送元二使安西》《赠汪伦》《黄

---

[1] 倪文锦. 小学语文新课程教学法 [M]. 北京：高等教育出版社，2004:413.

鹤楼送孟浩然之广陵》《别董大》《赋得古原草送别》等，虽然都是唐代的送别诗，但是若想更好地理解每首诗的情感，就要充分了解唐代的社会情况、政治特征，要了解每位作家的生平经历、艺术风格，要了解每首诗歌的写作背景、具体内容，并以诗歌的文本知识作为前提，这就要求语文教师必须具备丰富的民族文化底蕴。

（3）语文教师必须具备丰富的自然科学文化底蕴。谢多春、郭英在承担"高等师范教育面向21世纪教学内容和课程体系改革的计划"部级重点课题"西部地区高师本科学生文化素质教育研究与实践"的研究时分析了当前文科教师科技素质状况存在的几个问题是：

（1）科技知识贫乏，对现代科技发展情况了解甚少。

（2）科学兴趣不浓，参加科技活动的行为倾向不强。

（3）科学技能的掌握程度低，更缺乏运用。

（4）科技教育意识淡薄，教育态度消极。

这个分析很有道理，概括也很全面。小学语文教师虽然不直接向学生教授系统的自然科学知识，但无论如何不能是"科盲"。要培养21世纪具有竞争力的建设者，使他们从小就具有很强的科学意识、积累科学知识。小学语文教材中有很多和科学知识相关的内容，涉及宇宙学、气象学、物候学、生物学、物理学等多方面，教师首先必须弄懂这些知识，否则难免会在教学中出现科学性、常识性的错误。

3. 丰富的情感

情感是人们由感受所引起的较为强烈的心理反应。也就是对外界环境、事物的一种肯定或否定的态度，如愤怒、喜悦、高兴、爱慕、恐惧等。《礼记·适礼》篇中有"喜怒哀乐爱恶欲。七者弗学而能"之说，人是有感情的动物，教育教学与感情密不可分。

丰富的情感是语文教师的教学生命。心理学和教育学研究表明，情感在教学中不仅有动力作用而且还有清除疲劳、激发创造力的作用。充满情感的教学往往使学习的主体乐此不疲，其乐无穷，并且思维敏捷，富于创造力。

（1）教育过程需要情感。德国著名教育家第斯多惠说："教学的本质不在于传播，而在于激励、呼唤、鼓舞。"情感是教育的血液，唯有注入情感的教育才真正具有生机活力。而且，教师的情感对学生的情感有潜移默化的影响作用。孔子说："知之不如好之，好之不如乐之"。教师一定要用自己丰富的情感带动学生使之"乐之"，愉快地学习语文。

【对应案例】人教版语文六年级下《卖火柴的小女孩》的结尾做的设计。

在阅读总结环节教师提出问题："学了这篇课文，大家的心情怎样，思考什么问题？"老师的话音刚落，学生都准备记笔记。但老师却转身擦黑板，把黑板擦得干干净净，不留痕迹，花费了一些时间。学生等待着，有几个坐不稳，小声议论起来。这时教师回转身体，用手指着黑板说："请大家看这里。"许多学生纳闷，有什么好看的，那是乌黑的板面。老师接着说："你们看到了吗？我似乎看到：楼房，一座连一座的高楼，这里是一条大街。大雪纷飞，屋顶一片白，街旁小树的枝条被冰雪压弯了，地上是厚厚的积雪，多冷的天气啊！新年的第一天清晨，太阳升起来了。瞧，在一座房子的墙角里，有谁坐在那里？"说到这里，老师捧起课本，有感情地朗读课文的第三段（最后两个自然段）。语调低沉，慢速，重音落在"通红""微笑""太阳""美丽""幸福""新年"等词语上。朗读完了，老师轻轻地放下课本。此时学生都一动不动地坐着，双眼还盯着黑板，有的热泪盈眶。良久，教师里鸦雀无声……

这个教学片断，为这篇经典的童话添了浓浓的一笔，是蘸着感情的墨汁。孩子们无须用语言来表白内心受到的震动，他们的鸦雀无声和盈眶的热泪就是最好的结果，相信这一瞬间会永久定格在孩子们幼小的心灵，这个进程是充满着浓浓的感情的。试想，如果没有老师对文本的感情体悟，没有老师这个精心的设计，就不会达到此时无声胜有声的效果。

（2）教育主题呼唤情感。小学语文教学的对象是 6～12 岁的儿童，这一阶段是情绪情感逐步稳定深刻的过程，但他们不善于控制自己、受暗示性大，所以小学生对于感情的需求更高。课程目标的设定体现三个维度，其中就有"情感态度价值观"这一维度。学生需要感情的沟通与陶冶，需要理解与尊重，老师要用丰富的情感架起一座桥梁，把爱心注进孩子的内心世界。

【对应案例】人教版《地震中的父与子》教学实录片段

全国第七届青年教师阅读教学观摩活动特等奖获得者　周明玉

师：36 小时过后，我们看到的是这样一位父亲。女同学，读。（出示课文片段）

全体女生读：他满脸灰尘，双眼布满血丝，衣服破烂不堪，到处都是血迹。

师：就让我们记住这位历尽艰辛、疲惫不堪、伤痕累累的父亲的形象。男同学，读。

全体男生读上面的语段。

师：就让这位了不起的父亲的形象永远定格在我们心中。全班，读。

全班学生齐读。

师：此情此景，让我想起"5·12"汶川大地震后始终萦绕在我脑海中的一个形象、一个动作、一段言语。请同学们来看。

（课件音乐起，陆续出现汶川地震的一幅幅图片）

师：男儿有泪不轻弹，此刻，这个痛失女儿的男人用孤独无助的泪水告诉我们，什么是一个父亲心中最深的伤痛；又是父亲，他背着从废墟中挖出的儿子的尸体，艰难地行进在山路上，原因只有一个，要带儿子回家；这个婴儿的妈妈，用血肉之躯顶住坍塌的天花板，护佑这个小生命甜甜的梦，却只是在临终前留下这样的一则手机短信：亲爱的宝贝，如果你能活着，一定要记住，我爱你……

天下的父母千千万，爱子之情却一样深。就让我们再一次走近父亲的心，此时此刻，挖掘已进行了 36 小时，可是儿子还生死还未卜。这个深爱儿子的父亲会对心爱的宝贝说点什么呢？请你将泪水凝聚在笔端，写在书页的空白处。

学生在音乐中写话。

师：让我们来听一听已经写完了的同学的话。请你动情地读给大家听。

……

这篇课文，描写具体、情感真挚，歌颂了伟大的父爱，赞扬了深厚的父子之情。周老师紧紧扣住"父母"这一专题来学习，引导学生从课文的具体描述中抓住人物的外貌、语言、动作和心理描写，感受父爱的伟大，并联系生活实际提供感情资料，在深入理解文本的过程中受到情感的洗礼。这个教学片断，是充满情感的片断，而且无论是对文本的感悟，还是对文本的拓展，都是学生情感体验的过程，是教学主体感悟情感、表达情感的过程。

（3）教育内容饱含感情。"九年义务教育阶段的语文课程，必须面向全体学生，使学生获得基本的语文素养。语文课程应激发和培育学生热爱祖国的思想感情……"语文课程的第一条理念就彰显出感情的特点。"语文"包含的无论是文字还是文学，都沉淀着深厚的中华民族文化，体验着深沉的民族的情感意识。中国被称为"诗的国度"，"诗者，志之所之也，在心为志，发言为诗"（《毛诗序》），"动天地，感鬼神，莫近于诗"（钟嵘）。诗言志抒情，诗化的人生、诗化的哲学、诗话的精神特征带来了中国文学的主情性，民族化的语文也是主情的，这就决定着语文教师更应激情澎湃地完成这一情感的转移，即充分发挥教师的移情作用。教学中的'移情'，即把作者蕴含在课文佳作中的思想感情和自己从课文佳作中所激发出来的真情实感有效地'移'给学生。一个情感丰富的教师正如刘勰所说"登山则情满于山，观海则意溢于海"，用激情引导"观文者"对"缀文者情动辞发"的作品"披文以入情"，激发学生的审美情趣和情感共鸣，才不愧为一名合格的小学语文教师。

【对应案例】浙江省宁波市惠贞书院崔丽霞老师《触摸春天》课堂实录片段

师：同学们，我走在小区的绿地上，看见安静在花丛中穿梭，她的手伸向了一朵月季花，这时候，奇迹发生了。谁把这个奇迹展现给我们看？（屏幕展示课文片段：安静的手指悄然合拢，竟然拢住了那只蝴蝶，真是一个奇迹！睁着眼睛的蝴蝶被这个盲女孩神奇的灵性抓住了。蝴蝶在她的手指间扑腾，安静的脸上充满了惊讶。这是一次全新的经历，安静的心灵来到了一个她完全没有体验过的地方）

生：读。

师：同学们，你们看，这真是一个奇迹。睁着眼睛的蝴蝶被这个女孩神奇的灵性抓住了，蝴蝶在她的手指间扑腾，安静的脸上充满了惊讶。她在惊讶什么呢？

生：她在惊讶我到底抓住了什么东西。

生：她在惊讶我是一个盲女孩怎么会抓到一个活的东西。

生：她在惊讶，这到底是什么东西，我从来没有体验过。

师：对于这个小女孩来说，任何一个小小的发现都是一个惊喜的事物，尽管她盲了，她什么都看不见，但她还是用心在感受着这个世界。相信大家读了崔老师给你们找的这段文字，会对安静的内心世界有更深的了解。

生：默读《假如给我三天光明》节选。

师：现在，就让我们都学着安静，闭上我们的眼睛，和安静一起去一个我们从来都没有到过的地方，感受一次从来没有经历过的体验，请同学们伸出你们的双手，闭上眼睛，和安静那样把我们的手指悄然合拢。（师配乐朗读刚才同学们默读的材料）

生：聆听。

师：现在，我们每个人都是安静，每个人的手心里都有一个小小的生命在颤动、在扑腾，你感觉到了吗？你感觉到了什么呢？请同学们睁开眼睛，把你感受到的和大家分享一下。

生：我感受到这只蝴蝶十分想从我手里挣脱掉，它向往自由、向往蓝天。

师：我感到了对自由的渴望。

生：我感觉到手心里有个生命在颤动，好像在和我说，我要出去，到大自然中展现我的风采。

师：安静就是凭着自己对自然的喜爱、对生命的热爱、对生活的真爱，一只小小的蝴蝶就把她带到了她从来没有体验过的地方，让自己经历了一次全新的生活，这时候，我们什么话都不用再说了，只需要静静地站在边上，看着安静在……

（引读：在春天的深处，安静细细地感受着春光。许久，她张开手指，蝴蝶扑闪着翅膀飞走了，安静仰起头来张望）

生：读。

师：怎么样是张望？

生：向远处看是张望。

生：抬起头来看是张望。

生：认真地看是张望。

师：安静是个盲女孩，她什么都看不见，她用心在感受，她张望到什么呢？

生：她张望到生活的美好，每个人都是自由自在的，没有别人的约束。

生：她张望到像蝴蝶一样的未来，充满希望，充满活力。

师：是啊，盲算什么呢？只要我对未来充满希望，我的生活也会像蝴蝶一样自由自在。

生：她还张望到了属于自己的春天，红色的花、绿色的草。

……

师：安静是个盲女孩，可是她却张望到了那么多，老师想告诉大家的是，只要我们每个人的心是充实的、是丰富的、是有激情的，那么，不管你是谁，都可以享受到美好的生活，你都有你自己一片灿烂的天空，有可能是一只蝴蝶，它就给你带来了一片春光，有可能是一朵小花，就给你创造了美丽的世界，所以在课文结束的时候，作者吴玉楼先生这样写到（引读）。

生：读"谁都有生活的权利，谁都可以创造一个属于自己的缤纷世界。"

师：让我们把这句富有哲理的话深深地记在我们的心里，再来读一遍。

生：读。

师：希望这句话能够留在我们心里，希望我们每一个孩子的心理都有一个缤纷世界。

《触摸春天》这篇课文蕴含着尊重生命、珍爱生命的情感因素，这个教学片断则重在引导学生研读文本，抓住了安静用心灵、用生命触摸春天的两个关键词，使学生在主动积极的思维和情感活动中，加深理解和体验，有所感悟和思考，受到情感熏陶，获得思想启迪，享受审美乐趣。通过教师的指导、引领和点拨，学生学到了对生命的独特理解和珍爱、对生活的热爱和向往。

（三）语文教学中用人文精神陶冶学生

语文教师的教学风格、人格品味、道德观念、审美情趣等对学生有着潜移默化的影响，教师要通过语文教学传达人文知识、人文精神，调动一切可以调动的教学因素，培养现代社会所需的健全的人。

1. 正确把握创作者、编写者的人文内涵

（1）深切体会创作者的人文品格。在第三阶段阅读目标中说："在阅读中了解文章的表达顺序，体会作者的思想感情"。《诗品》有云："诗品即人品。"选入教科书的文章都是文质兼美的，许多作者本身就是一部经书，内容丰富；他们本身就是一曲赞歌，意境幽远；就是一幅图画，风格各异。创作者的人文品格，就是最直接、最宝贵的对学生进行人文精神涵养的财富，教学中不可忽视。

【对应案例】解读古诗《江雪》。

人教版二年级上《江雪》为我们呈现了一幅寂寥、空灵、凄清的寒江独钓图，刻画了一位独钓寒江的渔翁形象。其实，柳宗元是在通过雪来寄托自己的人生意志，而那个渔翁正是

孤傲不群、遗世独立的韩愈的人格的外化。为了更好地理解诗歌表达的思想感情，就要借助更宽泛的背景资料，那就是柳宗元的生平以及当时的社会、政治情况。他的官宦时逢动乱年代，少有才名早有大志，入朝为官后深谙世事萌发改革愿望，改革失败了先后被贬邵州刺史、永州（今湖南零陵）司马。永州残酷的政治迫害，艰苦的生活环境，使柳宗元悲愤、忧郁、痛苦，可贵的是贬谪生涯并未动摇他的政治理想。他在信中明确表示："虽万受摈弃，不更乎其内。"学习本首诗，不仅在于对诗文的品读，也在于对这位文学巨人的深深感悟，我们用心灵与之对话，超越了时空界限，完成一次灵魂的洗礼。

（2）充分体现编写者的人文目标。文章一旦进入教材成为一篇篇不再孤立的课文时，也融进了编者的意图，教学时这一点也是不容忽视的。

【对应案例】以人教版五年级上册第四组内容为例。

首先单元提示有这样的说明：有这样一本书——书中没有一个字，却处处都是学问；书上没有作者的姓名，但每个人都是书的作者。这本书的名字叫"生活"。善于读这本书的人，不仅从中有所发现，得到启示，还会为这本书增添更新更美的篇章。学习本组课文，要把握课文的主要内容，领会作者从生活中得到了哪些启示；抓住关键词句，体会这些词句的含义及表达效果。其次，为了达到这些教学目标，在本组安排了两篇精读课文《钓鱼的启示》和《落花生》，两篇略读课文《通往广场的路不止一条》和《珍珠鸟》。每篇课文都包含着如何做人的哲理，都围绕本单元的学习专题"生活中的启示"。而且精读课文后设有问题和习题，略读课文前设有阅读提示，都紧紧围绕本单元的主题和目标展开。例如，《钓鱼的启示》这篇课文后的第三题"课文中有一些含义深刻的句子，如'道德只是个简单的是与非的问题，实践起来却很难。'请把这些句子找出来，并结合上下文和生活实际说说自己的理解"，第四题"课文中哪些句子对你有启示？你由此想到了什么？"都是针对性极强的问题，写下来和大家交流。除课文之外，本组教材还在"口语交际·习作""回顾·拓展"中安排了与本单元专题相关的学习内容。"口语交际·习作"要求从日常生活中选取一件让自己获得启发的事（或一幅漫画），以及给自己留下印象特别深的名言警句，联系具体事例，在口语交际的基础上，写清事情的经过和从中受到的启示；"回顾·拓展"中的"交流平台""日积月累"和"成语故事"，既帮助学生回顾和整理了本组课文的重点语句，又补充提供了富有警戒意义的名言佳句，为学生积累感悟进一步打开了思路，丰富了材料。

只有正确领会编者的意图，才能确定好教学重点难点，有的放矢地进行教学，不仅能很好地完成本组内容的学习，也能更好地体现语文学习的阶段性，体现语文知识的整体性，体现学生语文能力训练的特殊性。

2. 努力领悟作品的人文意识

作品，即教材中的选文，要符合课标的要求。"教材应体现时代特点和现代意识，关注现实，关注人类，关注自然，理解和尊重多样文化，有助于学生树立正确的世界观、人生观、价值观。""教材要注重继承与弘扬中华民族优秀文化和革命传统，有助于增强学生的民族自尊心和爱国主义感情。"每篇课文都是语文知识的承载体，都是人文精神的承载体，是进行人文教育的良好素材。

（1）作品中寻找真我。学生学习最易于也是最乐于接受的首先是作品中的人物，或者宏观地讲称之为作品中的形象。他们在作品中能找到"我"的影子，无论是本我的快乐、自我的真实、还是超我的感动，都能在与作品达到共鸣时得到审美体验，得到情感熏陶，得到道德的升华，得到真我的成长。

【对应案例】分析人教版三年级下的一些课文。

《可贵的沉默》中那群善良的孩子的稚嫩的过失，《绝招》中那几个不服输的孩子的倔强性格，那么贴近孩子们的生活，看到他们就看到了自己，一个个鲜活的作品形象就像一面面镜子，能让孩子看清脸上的美丽与污渍。而《在金色的海滩上》那个坚守诺言的女孩，《和时间赛跑》中那个超越自我获得成功的主人公，都能让孩子看到内心深处的"我"，能获得崇高的体验的"我"，能寻到追寻目标的"我"。那就是孩子们可望达到的未来的"我"。

（2）作品中体味完美。生活总是有点缺憾的，但作品却可以让你体会完美。这种"完美"是人的一种理想的追求，是一种审美的最高境界，语文教学不能放弃让学生沉醉"完美"的机会，而且还应更好地帮助学生欣赏品味，以获得审美享受。

【对应案例】体味完美。

"待一会儿，扭头看，这小家伙竟趴在我的肩头睡着了，银灰色的眼睑盖住眸子，小红爪子刚好被胸脯上长长的绒毛盖住。我轻轻抬一抬肩，它没醒，睡得好熟！还咂咂嘴，难道在做梦？"这是一个静谧的场景，是一幅和谐的图画，画家就是"信赖"，感受温馨的情意，体味完美。

如果没有文学的灵性的感悟，是不会在平凡而平淡的生活中发现这些绝境之美，但若没有老师的点拨指导，学生也很难领悟，所以教师要做那个使学生在作品中体会完美的领路人。

（3）作品中熔炼感情。情感教育是语文教学的目标之一，语文教学要充分体现语文课程的主情性，利用文学作品丰富的情感内容熔炼学生的感情，以培养学生健康丰富的感情。

【对应案例】在作品中熔炼感情。

"他挖了8小时、12小时、24小时、36小时，没人再来阻挡他。他满脸灰尘，双眼布满血丝，衣服破烂不堪，到处都是血迹"（《地震中的父与子》）这是执着的父亲、像山一样巍峨的父亲；"背直起来了，我的母亲。转过身来了，我的母亲。褐色的口罩上方，一对眼神疲惫的眼睛吃惊地望着我，我的母亲……"（《慈母情深》）这是一个平凡的母亲，像海一样涵韵的母亲……人类感情中最朴素、最平实的亲情千百年一直吟唱着感天动地的歌诗，学生们每每感动之余便冷静品味，品味之余已经内化于心。语文教师必须做到让学生在作品中熔炼感情，仿佛一棵感情之树，根植于健康而丰富的情感沃土上，为其浇水施肥、捉虫剪枝，使其枝繁叶茂，亭立如峰。

3. 抓住教学活动中的人文因素

语文教学是个独立的教学系统，这个系统由三个层次构成：宏观层次——包括语文课程标准、语文教学总目标；中观层次——包括教师、学生、教材；微观层次——包括教学目的、教学内容、教学程序、教学手段、教学方法、学习考核及评价等。中观层次是中心内容，三个要素之间相互关联、相互作用、相互交换能量交流信息，形成动态的系统即教学过程。[①] 所以，优秀的语文教师绝不忽略作品外的教师和学生这两个重要的因素。一方面教师要时时刻刻将自己的人文精神溶于教学内容之中，带动学生的学习情趣，引导学生感悟作品，使学生能在

---

① 王守恒．小学语文教学与研究 [M]．北京：人民教育出版社，2006:79.

浓郁的人文氛围中学习。另一方面，教师要发挥学生人文方面的素质，还学生主体地位，让他们主动接受文学知识以进行人文精神的熏陶。

【对应案例】将人文精神溶于教学内容之中。

一位喜欢音乐的学生在作文《老师，我想对你说》中说她想学音乐，将来当一名歌手，可是妈妈坚决反对，她很苦恼。老师看到这种情况，心里也很矛盾，一方面了解生活拮据的父母没有精力供养孩子学习音乐，另一方面又不能给孩子打击，于是老师给她写了批语："你还记得《小小少年》这首歌吗？'随着年龄由小变大，他的烦恼都来了'，我很高兴你的烦恼是为了自己的理想，为自己的追求。音乐可以作为一种事业，也可以作为一种爱好。妈妈不支持你可能有她的原因，但她对你的爱不会有错。多和妈妈沟通，让妈妈也理解你的想法，你也要体谅妈妈的难处。即使不能把音乐作为一种事业，也不要太伤心，好音乐会使你变得高雅！"几天后这位同学开心了许多，歌声也嘹亮了。正是因为这位老师没有仅仅关注作文章法，而是抓住教学过程中的人文因素，用深情的人文关怀给学生上了一节深刻的生命教育课。

二、现代科学精神的吸纳

王荣检在《科学是一种精神》中曾这样阐明科学的实质：科学是一种精神，是一种有三个层面内涵的精神，"科学是人认识和反映客观事实和规律的知识；科学是反映客观事实和规律的知识体系；科学是一项反映客观事实和规律的知识体系相关活动的事业。"

（一）小学语文教师具备现代科学精神的必要性

语文教师的社会职责要求小学语文教师要有科学精神的素养。

1. 培养目标决定小学语文教师应该具备科学精神

语文课程要为学生形成正确的世界观、人生观、价值观，形成良好个性和健全人格打下基础，科学的三个层面由知识到体系到事业，显示出它强大的社会功能。科学是人类社会的生产力并且是第一生产力，是推动社会革命的武器；科学是人们认识世界，改造世界的武器；科学是新世界观的思想基础。教师只有具备现代科学精神，才能帮助学生形成正确的世界观、人生观、价值观，形成良好个性和健全人格。

2. 社会角色要求小学语文教师应具备科学精神

一个民族整体科学素质的有无与高低往往决定了由其组成的社会的质量，不仅是科技方面、经济方面，也包括民主政治方面。我们清醒地认识到中国国民的整体科学素质的低下，已经阻碍了中国的进步。提高全民科技素质迫在眉睫，每一个公民都有责任提高自身的科学素养，而教师还肩负着培育全社会成员的重任。但中国教育习惯上的文理分科教育使得文科课程和教学偏重社会科学。这势必导致语文教师的科学素质欠缺，社会角色要求小学语文教学必须具备现代科学精神。

3. 小学语文教学内容要求教师应具备科学精神

掌握科学知识是形成科学素养的基础，语文学科中包含着丰富的科学知识。以人教版四年级上为例，比较集中的涉及科学知识的内容就有两个单元，如第二单元的《爬山虎的脚》《蟋蟀的住宅》和《世界地图引出的发现》，第八单元的《呼风唤雨的世纪》《电脑住宅》《飞向蓝天的恐龙》和《飞船上的特殊乘客》。没有一定的科学素养，小学教师很难驾驭内容丰富的小学语文教材，也无法完成课标"在发展语言能力的同时，发展思维能力，学习科学思想方法，逐步养成实事求是，崇尚真知的科学态度"这一课程培养目标。

（二）现代科学精神的内涵

1. 正确的哲学思想

法国文艺批评家泰纳在《巴尔扎克记》中指出："一个科学家，如果没有哲学思想，便只是一个做粗活的工匠；一个艺术家如果没有哲学思想，便只是个供人玩乐的艺人。"而作为语文教师，如果缺少哲学思想，便只能是照本宣科的教书匠。教师是学生人生道路上的引路人，正确的哲学思想是帮助学生确立正确的世界观、人生观、价值观，形成良好个性和健全人格的基础。语文教师的哲学思想应该是马克思主义的哲学思想，要体现社会主义核心价值观，要坚定不移地走中国特色的社会主义道路。教学中教师要时时刻刻用崇高的人格魅力感染学生，以崇高的共产主义世界观发挥示范引领作用。

2. 实事求是的探索态度

清代学者陈献章说过："学贵有疑，小疑则小进，大疑则大进。疑者，觉悟之机也。一番觉悟一番长进。"语文教师需要这种质疑精神、需要探索态度，要向教学质疑、向社会质疑、向人生质疑、向科学质疑，这样才会有发现、有变革、有长进。更重要的是教师要培养学生的探索意识，鼓励他们发现问题、提出问题，并努力解决问题。正如爱因斯坦所说"提出一个问题往往比解决一个问题更重要"，只有这样才能创新。时代的进步要求人们具有开阔的视野、开放的心态、创新的思维。语文教师"尤其要注重激发学生的好奇心、求知欲，发展学生的思维，培养想象力，开发创造潜能，提高学生发现、分析和解决问题的能力，提高语文综合应用能力。""在发展语言能力的同时，发展思维能力，学习科学的思想方法，逐步养成实事求是、崇尚真知的科学态度。"

3. 科学的小学语文课程理念

（1）人才观。正确的人才培养观念是教学的导航标，教师要树立人人成才的观念，面向全体学生，促进学生成长成才。树立多样化人才观念，尊重个人选择，鼓励个性发展，不拘一格地培养人才。树立终身学习观念，为学生持续发展奠定基础。

（2）课程观。首先要正确认识语文课程的性质；其次要正确认识语文教育的特点，重视语文教育的人文内涵，重视语言文字的特征，重视语文教育的生活化，重视语文教育的民族化等；再次要明确语文课程的终极目标，就是全面提高学生的语文素养。

（3）师生观。以人为本是新课程体系的核心理念，学生是发展的人，是独特的人，是有独立意义的人。学生主体的观念就是关注每一位学生，关注他们的情绪生活和情感体验，关注他们的道德生活和人格养成。学生是学习的主人，是学习活动的主体，学生要在语文实践活动中提高自身的语文素养。教师是主导，组织、引导学生学习的。从教师和学生的关系上看，教师是学生学习的引导者，是课堂上的交流者，是学习知识的合作者。

（4）学习观。"现代学习方式是以弘扬人的主体性为宗旨，以促进人的可持续发展为目的"，学习方式的选择关乎着教育价值观、人才观的实现。新课程倡导自主、合作、探究的学习方式。重视自主学习，发挥学生的主动性、独立性；重视合作学习，发挥学习的互助性、互补性和互动性；重视探究学习，在探究中发现问题、体验过程、积极创新。

（5）教材观。"小学语文教材是语文教育内容的载体，是实现小学语文教学目标，发挥语文教育功能的物质基础"，① 是最重要的课程资源。小学语文教学要有大教材观，要有科学的教材编写观、教材使用观、教材建设观。

（6）评价观。语文课程评价的根本目的是为了促进学生学习，改善教师教学。这里讲的主要是语文课堂教学中对学生的评价。语文课程标准提出了四条总体评价建议：充分发挥语文课程评价的多种功能；恰当运用多种评价方式；注重评价主体的多元与互动；突出语文课程评价的整体性和综合性。教师要充分把握总体评价观，还要掌握科学的具体教学内容的评价观，包括识字写字的评价、阅读的评价、写作的评价、口语交际的评价和综合性学习的评价。

（三）在语文教学中吸纳现代科学精神

1. 语文教学中培养学生正确的世界观、人生观、价值观

语文课程的总目标第一条就提出在语文学习过程中"形成积极的人生态度和正确的世界观、价值观"。语文教学必须贯彻国家中长期教育改革的发展暨规划纲要的精神，落实"优先发展，育人为本，改革创新，促进公平，提高质量"这20字方针，把"育人为本"作为教育工作的根本要求，加强理想青年教育和道德教育，把社会主义核心价值体系融于国民教育全过程，要引导学生形成正确的世界观、人生观、价值观，坚定学生对中国共产党领导和社会主义制度的信念和信心，培养学生团结互助、诚实守信、遵纪守法、艰苦奋斗的良好品质，树立社会主义民主法制、自由平等、公平正义等理念。

新课标教材有很多版本，但在内容的选择上有一个共同的特点，就是突出时代特点，表现为时代精神、时代气息、时代生活。这些内容是培养孩子正确世界观的最好素材，教师要很好地把握。

【对应案例】人教版四年级下册第四单元的选文有一个共同的主题——爱国，如书信体的课文《一个中国孩子的呼声》。

师：我们读懂了雷利心中对战争的仇恨，那你体会到他心里有怎样的渴望呢？（他渴望和平，他热爱和平，对，他爱和平。板书：爱——和平）所以他在文中写到：（引读：敬爱的加利先生，在此，我代表我的家庭，代表所有的中国孩子，通过您向整个国际社会呼吁："救救孩子们，要和平不要战争！为了母亲不再失去儿子，为了妻子不再失去丈夫，为了孩子不再失去父亲，全世界应该一致行动起来，维护和平，制止战争！让那已经能够听到脚步声的21世纪，为战争敲响丧钟，让明天的世界真正成为阳光、鲜花和爱的人类家园！"）这段话说得多好啊，我们一起再来读一读，读出对和平的热爱与渴望。我相信，整个国际社会一定会听到雷利的呼吁（指读板书："救救孩子们，要和平不要战争！"）

师：这仅仅是一个中国孩子的呼声吗？

生：不，这是所有中国孩子的呼声！

师：这仅仅是中国孩子的呼声吗？

生：不，这是全世界孩子的呼声！

师：这仅仅是孩子们的呼声吗？

生：不，这是全世界热爱和平的人民的呼声！

师：让我们代表全世界爱好和平的人民的呼声，再一次高声呼吁——（指读板书："救救孩子们，要和平不要战争！"）

---

① 董蓓芬 . 课程与教学论 [M]. 杭州：浙江教育出版社，2003:28.

师：老师听到了对战争的谴责、对和平的呼唤，这是所有中国孩子的呼声，这是全世界和平之花的呼声。来，让我们在《让世界充满爱》的歌声中为和平虔诚地祈祷吧！千言万语道不尽我们心中的期盼，我们无法阻止战争，但是我们能不断壮大和平的力量，让我们全体起立，将心中的渴望化作我们共同的声音：维护和平，制止战争，让世界充满爱！

这个教学片段在努力提升孩子对世界的看法，对人生的态度，让孩子在呼唤和平的背景下形成爱国家、爱民族、爱世界的大爱观。

2. 语文教学中训练学生科学的学习方法

语文是实践性的课程，要在语文的学习实践过程中掌握语文学习方法，体会、把握运用语文的规律。学习目标是从三个维度来设定的，其中就有"过程和方法"这一维度。语文的学习方法很多，五大板块又有各自独特的方法。

【对应案例】2012 年在全国第八届青年教师阅读教学大赛上，福建省福州教育学院附属第二小学的何捷老师执教的《匆匆》获得了特等奖。这一课在设计和教学过程中都体现出"授之以渔，注重了学法迁移和运用"的特点。何捷老师在"教师感言"中说：在师生共同品读的过程中，老师在潜移默化中传授品读文章的方法，那就是"倾听、思考、对话"三部曲，这是品读散文的 3 个"口"。孩子在不知不觉中运用此法品读文章，随即又共同总结学法，形成认识后还能指导自己的读书实践，在品读中不断获得成功。这样一来，课堂教学变得扎实有效，下课后孩子能从课堂上带走具体可操作的方法，能体会读文的快乐，能在愉悦的学习过程中增强自信心，能在今后的阅读实践中有法可循。这一切，都是一堂语文课的价值所在，是留给孩子学习的"福音"。

语文教学应激发学生的学习兴趣，培养学生自主学习的意识和习惯，引导学生掌握语文学习的方法，为学生创设有利于自主、合作、探究学习的环境。这是语文课程标准教学建议中第一条的建议。

3. 语文教学中教给学生丰富的科学知识

小学语文教材包含丰富的科学知识，这一问题前文已经论述。语文学科的综合性要求语文教学要"拓宽语文学习和运用的领域，注重跨学科的学习和现代科技手段的运用，使学生在不同内容和方法的相互交叉、渗透和整合中开阔视野，提高学习效率，初步养成现代社会所需要的语文素养。"小学语文教材中这些教学内容的学习目标之一就是了解或掌握相应的知识。

【对应案例】教材中融入常识性知识。

介绍常识性知识的课文在不同版本的教材中几乎都达到十分之一以上，这些课文内容十分丰富。有的介绍动物知识，如《小壁虎借尾巴》；有的介绍植物知识，如《植物妈妈有办法》；有的介绍天文知识，如《看月食》；有的介绍地理知识，如《富饶的西沙群岛》；有的介绍历史知识，如《冀中的地道战》；有的介绍物理知识，如《捞铁牛》；有的介绍环保知识，如《灰尘的旅行》；有的介绍科幻知识，如《未来的房屋》；有的讲自然现象，如《要下雨了》；有的写科学考古，如《黄河象》；有的谈人体保健，如《我的旅行》；有的说现代科技，如《激光》；等等。而且文体多样，有童话，如《院子里的悄悄话》以美妙动人的幻想和奇异曲折的情节，生动有趣地介绍树木年轮及树冠的知识；有诗歌，如《要是你在野外迷了路》以生动精练的语言和丰富大胆的想象向学生介绍自然知识，启发其智慧，培养儿童热爱大自然的情趣和细心观察的好习惯；有谜语，如《风》发展学生的逻辑思维能力；有故事，如《琥珀》在生动曲折的情节中介绍一块包有苍蝇和蜘蛛的特殊琥珀的形成；有说明文，如《松鼠》说明动物的特征与习性，《赵州桥》说明事物的构造，《新型玻璃》说明事物的特点与用途，《蛇与庄稼》说明事物间的联系；有参观访问记，如《人民大会堂》按照行踪分别介绍了大会堂的正门、中央大厅、大礼堂、宴会厅和会议厅。教学中要重视这些内容的教学，以扩大学生的视野，开拓他们的知识领域，活跃他们的思想，激发他们爱科学、学科学的热情，培养他们的创新精神和实践能力。

三、现代教学艺术的把握

古今中外的教育家很早而且越来越重视教学艺术的研究，关于其本质也有很多认识，如"创造性""表演性""合规律性和合目的性的统一性""某种有效的手段"等。张武升的观点是：教学艺术是使用具有审美价值的特殊认识技艺进行的创造性教育活动。归纳起来看，教学艺术具有形象性、情感性、灵活性、娱乐性、创造性、魅力性和个性化特征等。

（一）小学语文教师具备现代教学艺术的必要性

苏霍姆林斯基从理论和实践的结合上指出："教学和教育过程有三个源泉：科学、技巧和艺术。"这足以证明"艺术"对教学的重要性。从我国教育始祖孔子的因材施教到明代教育家王宗仁的"时雨春风"，从古希腊苏格拉底的"产婆术"到夸美纽斯明确、系统地提出"教育人是艺术中的艺术"，并指出《大教学论》是"阐明把一切事物交给一切人类的全部艺术"，都证明没有艺术就没有教学。而语文教学本身就是一门艺术，因此在教学过程中更要求教师用艺术的形式传达艺术的内容。

（1）只有具备现代教学艺术才能更好地展现教师的才能和机智，体现教师的教学魅力。

（2）只有具备现代教学艺术才能更好地激发学生的学习兴趣和求知欲，体现学生语文学习的主动性。

（3）只有具备现代教学艺术才能更好地构建和谐的师生关系、活跃课堂气氛，体现新型的师生关系。

（4）只有具备现代教学艺术才能更好地把握教学内容，体现语文教育的特点。

（二）小学语文教师现代教学艺术的构成

教学艺术是一种表现形式，是教师和学生课堂活动的艺术外化。

（1）因教学内容教无定法，体现灵活性。

（2）因教育对象因材施教，体现形象性。

（3）因教师特点取长补短，体现独特性。

（4）因进程实情随机调整，体现应变性。

（5）因学习材料激疑启趣，体现创造性。

（6）因课程特质声情并茂，体现情感性。

（7）因人才目标多维涉入，体现审美性。

（三）形成语文教学艺术风格

教学风格，是指语文教师在长期的教学实践中，逐步形成的、富有成效的、一贯的教学观点、教学技巧和教学作风的综合表现，是语文教学艺术的理想境界。[①]

1. 用典雅的魅力彰显语文的内涵

典雅，最能体现语文的魅力，正如文如其人一样，教学也如教者。典雅风格的教师气质庄重典雅，蕴藉深远。教学时能准确把握教学目标、重点难点；教学流程娴熟顺畅、水到渠成；风度沉着从容、潇洒雅致；教学语言质朴而优美、富有感染力；对学生态度严肃、和蔼，善于引导学生反复琢磨、体会。以典雅的魅力彰显语文的特质，引领学生感受语文的内涵。

2. 用丰富的情感激起学生的情志

情感，语文教师的生命。情感型教师情真意切，联想广阔；性格开朗，风度潇洒；教学时善于把握教学内容的情感因素，善于设置教学情境；教学过程情绪饱满真挚，以情动人，移情共鸣；教学语言声情并茂，富有形象性、鼓动性和感染力；对学生态度热情、真挚。以教师的情感激起学生丰富的情志。

3. 用深邃的理智搭建学习的平台

理智是一种高度，理性是成熟的标志。理智型教师思维缜密，思想深邃，风度庄重沉稳；教学时善于挖掘教材中的知识因素，善于归纳、概括、推理，善于交给学生学习方法；教学过程结构严谨，精思巧授；教学语言规范，层次清楚，说服力强；对学生态度平易可亲，能机敏地解答学生的疑难，以深邃的理智为学生搭建学习的平台。

4. 用质疑的思辨推启思维的大门

思辨是开启成功大门的钥匙。思辨型教师风度挥洒自如，宽容和谐，思维敏捷。教学时擅长灵活地处理教材；从学生实际出发，尊重学生的意见，促进学生发现学习，巧妙点拨学生的"悱""愤"之处；教学方法举一反三，循循善诱，启迪思维；教学过程环环相扣、层层深入；教学语言精练、谐趣，富有启发性，能画龙点睛，一语破的；以质疑的思辨使学生明规律，得方法，推启学生思维的大门。

5. 用灵性的品读感悟作品的生命

品读，语文学习的传统方法。品读型教师以品味感受、积累领悟、加强体验为特点，教学风度落落大方，和谐自然。教学时善于抓住教材的关键处，从语体、语境、语情、语脉、语调、语势等方面来品味语言；注重反复朗读，培养学生语言的感受能力；教学语言形象、灵活、充满感情。教学过程诵读、静悟相结合。以灵性的品读引发学生的共鸣，感悟作品的生命。

6. 用平实的自然透视生活的质朴

自然，是艺术的最高境界。自然型教师亲切自然，朴实无华，娓娓而谈。教学时善于营造平等、协作、和谐的气氛；善于引领学生在静静的思考、默默的首肯中获得知识。教学过程自然流畅、朴实无华。教学语言朴实、温和。以平实的自然营造生活的环境，透视生活的质朴。

7. 用艺术的幽默延展课堂的厚度

幽默，是一种艺术。幽默型教师讲课生动形象，机智诙谐，妙语连珠，动人心弦。听这样的教师讲课，学生心情舒畅、乐于学习，在轻松、愉快和笑声中获得人生的启迪，获得心

---

① 董蓓芬. 小学语文课程与教学论 [M]. 杭州：浙江教育出版社，2003:226.

智的训练。教学过程轻松愉悦，韵味无穷，在课堂之余还能引人回味、思索，延长课堂的时间，扩展了课堂的宽度。

资料贴吧

形成独特教学风格的特级语文教师：

魏书生——六步课堂教学法

于漪——启发式教学，文道统一

钱梦龙——导读教学模式"三主"

张孝纯——大语文教育

蔡澄清——语文点拨教学法

宁鸿彬——卡片辅助教学法

韩军——新语文教育

王崧舟——儒雅语文

窦桂梅——主题教学

案例评析

案例展示：《匆匆》教学实录片段

全国第八届青年教师阅读教学特等奖《匆匆》课堂实录赏析执教：福建省福州教育学院附属第二小学　何捷

（1）课前谈话，营造无拘无束的课堂气氛，同时渗透语言学习。（略）

（2）初读，让学生在语言文字中来来回回、反反复复，披文会意。（略）

（3）品读，静下心、凝聚力、潜入文，读思议练学语言。

师：倾听之后，我请大家跟着作者一起思考，请大家沉下心来默读课文，特别关注刚才那些给你留下深刻印象的地方。一边读一边思考，争取读懂一到两处，如果有疑问，也可以整理出来一起交流。这个环节老师给大家三到五分钟，要求大家不装样子，真读。可以拿起笔快速写下一些批注。（学生默读课文，老师静静地关注）好孩子，抬起头，整整五分钟匆匆而过。当你经过认真思考之后，我相信你就能读懂作者要表达的意思，能和作者对话了。我们先以第一段为例，看看第一段，你读懂了什么？

生：我从第一自然段看出作者很羡慕这些能失而复得的花草，它们的时光可以重新再来，而作者心中有无数的问号，为什么自己的时间匆匆而过？

师：是啊，在羡慕之余有无限感慨。你能带着自己的理解，把自己的情感融入其中读出来吗？孩子们注意，如果他能读出这种感受就给他掌声。

学生读第一自然段。（自发鼓掌）

点评："阅读教学是学生、教师、文本之间对话的过程"。真"对话"是心灵相遇、相通、相知的。学生在沉入语言文字与作者（文本）心灵相遇、相通后，产生自己的感受，说出来，此为第一层；到此还不够，还要把这种感受"融入"语言文字，通过朗读表现出来，因文生情、以声传情、声情并茂，便有"相知"的味道了，这才是阅读教学之"阅读"。

师：就这段，还有谁读出了不一样的感受？

生：世间万物都能重新来过，但是时间不可以，作者让我们好好珍惜时间。

生："一去不复返"这个词我能看出时间不能回来了。

师：这个孩子了不起，他不但读出了味道，而且还为我们提供了一种读书方法，抓关键词来感受。（生读）每个孩子带着自己的理解读课文，各读各的。（学生自由读文。）

点评：课堂教学面对的是一个个生动活泼的个体，是一个个独特的"这个"，因此，我的感受不能代替你的理解，他的思考不能代替我的头脑。教师要"珍视学生独特的感受、体验和理解"的前提是教师要为学生生成、表达"独特的感受、体验和理解"提供时间和空间。何老师在赞许第一位学生的感受之后，立即推进"还有谁读出了不一样的感受"，于是，不同的"朱自清"出现了。其次，何老师充分发挥"例子"的作用，从大到小、从整体到局部，由品语段到品关键词，为学生进一步、自主品读提供借鉴。诚如全国小语会理事长崔峦先生所期待的：阅读教学"要由'教教材'变成'用教教'；由'教课文'变成用课文学语言、用语言；由分析课文内容的教学，转向以策略为导向的教学，注重读法、写法、学法的指导，以提升阅读理解能力、运用语言能力以及学习能力"。

师：好孩子，真会读书，当你用心倾听了作者的对话，和作者一起思考后，你突然发现，作者在和你对话了，你能听懂作者要说的话了，这就是一种品读散文的方法。咱们继续往下品吧。再用几分钟，每个人找准一个点先试着品一品，之后咱们再交流。（学生自由读课文）

师：你想品哪段就说那段。

生：我要品的是第二自然段，我想先读再谈感受。"我不知道他们给了我多少日子……"作者把八千多日子比作一滴水，这个比喻很夸张也很形象，一滴水滴在大海里，没有声音没有影子，人不可能做所有事情，所以很惆怅。

师：你姓周，我应该叫你周老师，你把我要说的全说啦。周老师，你给大家解释一下，这一滴水有什么特点？（生：很渺小。）可在作者看来，这一滴水大得让他害怕，让他心痛，周老师，你能读出来吗？（生读"八千多日子……"）八千多日子就是二十多年，人生有多少个二十多年？所以这滴水非常大。可是尽管再大，也只能怎么滴呢？请读出相关部分。

生齐读："没有声音，也没有影子。"

师：不管是谁，感受到时间这样流逝，都会害怕，怕得冷汗直冒，热泪直流，请为我们读读作者的描写。

生齐读："我不禁头涔涔而泪潸潸了。"

点评：《匆匆》有许多含义深刻的句子，如，"像针尖上一滴水滴在大海里，我的日子滴在时间的流里，没有声音，也没有影子。"对六年级的学生来说，怎么理解、理解到什么程度？这种"理解"是靠教师分析、讲解还是靠学生联系生活实际自读自悟？这反映不同的教育理念，而不同的教育理念生成不同的教育效果。何老师给我们的答案是引导学生联系生活自读自悟，老师只相机点一下，促其提升，如毫不怜惜夸奖，在关键处点一下"这滴水有什么特点"，等等。只有学生"自读自悟"所得，才是真得。

师：品得好，这句话也是课后的第二道题要我们重点感受的。就这句话，谁还有别的感受，也为我们读读。这一回我们换个方法来读。请一个孩子带着自己的理解和感受先读读，其他孩子听听，看看能否听出来文字中蕴含的情感，看看谁是他的知音。

生：读"在默默里……泪潸潸。"

师：他是善读者，你们是善听者，谁是他的知音？

生：我听出了一种彷徨。

生：我听出了一种忧伤。

生：我听出一种矛盾。

师：所有愿意做小赵知音的孩子都请起立。小赵来领读，其他知音们一起跟着读。（学生站起来读）掌声谢谢自己吧。特别感谢赵老师，孩子们请坐。再最后品一处吧。

点评：《国家中长期教育改革和发展规划纲要（2010—2020年）》（下简称《教育规划纲要》）明确提出"要以学生为主体，以教师为主导，充分发挥学生的主动性"，促进学生健康成长。只有当学生真正成为发展的"主体"、学习的"主人"时，学生的眼睛才亮、脑子才灵、心灵才明、智慧火花才能迸发。教师是"幕后推手"，"心甘情愿地'让学'"。因为学生精彩才是真正的精彩，学生的发展才是教学之根本。

生：我想说说第三自然段"洗手的时候……过去。"

师：有人说朱自清的散文有一个特点，就是能在不经意处着浓墨重彩描写，这段就是个例子。文中例举的这些事情每天都做吧，例如，洗手，还有么？

生：吃饭，睡觉，发呆……

师：这些事我们每天都经历，你的时间也这样过去了吗？请向朱自清学语言，学着说几处。

生：做作业发呆时，时间过去。

生：玩游戏时，时间过去。

生：就像这节课一样，投入学习的时候时间也过去了。

师：这个时间用得值！

生：在我们看书的时候，时间也过去了。

师：看书可不是浪费时间。让我们再看看，朱自清笔下的时间可不是这样的"过去、过去"，相反，是逃去如飞的，找几个词来说说。

生：跨过。

生：闪过。

生：伶伶俐俐。

师：是啊，用词多么准确啊。孩子们，请带着自己的感受，好好读读这段话吧。（学生自由读文。）

点评：阅读教学，就是以课程标准为标准，以课文为例子，指导学生学习语言、运用语言、发展语言。"学习语言"在用好课文这个例子，一是积累，靠熟读；二是吸纳，靠揣摩；"运用语言"在积累、吸纳的基础上，运用于口头、书面表达实践，如此循环往复，渐成渐进，谓之发展语言，除此没有捷径。何老师把这一理念变成可操作的语言实践，先读书，抓住重点琢磨；再练习，联系生活表达；最后总结，回到课文诵咏。何老师还是一个善听者，只有全心地倾听学生，才能对学生的表现做出即时的、自然的"教化"，如"看书可不是浪费时间"，把语文课程的工具性与人文性自然统一于一个个教学环节、一个个教学细节。

总评：

观整节课，何老师始终把学生放在心中，把"以学生发展为本"的教育理念和"全面提升学生语文素养"的课程理念转化为课堂教学行为，引导学生潜心徜徉在朱自清先生的语言、思想和情感世界中，以学生独立思考或在老师启发下所能及为教学起点，读书、思考、感悟、表达。在这个年龄段的学生、在这个"例子"的学习中得意、得言、得法，这是阅读教学的根本和灵魂。

实践活动

搜集你喜欢的一位语文教师的资料，分析其教学风格，以小组形式开一个信息交流会。

知识巩固

结合案例分别论述语文教师的各项教学素质在教学活动中的体现。

第 二 章

《义务教育语文课程标准》解读

知识目标

- 熟知新课标语文课程的性质、基本理念。
- 了解义务教育语文课程标准的基本内容。
- 掌握新课标语文课程目标制订的原则及教学评价实施的策略。

技能目标

- 掌握新课标语文课程目标的制订与实施。
- 学会在课堂教学中科学实施教学评价。

知识导图

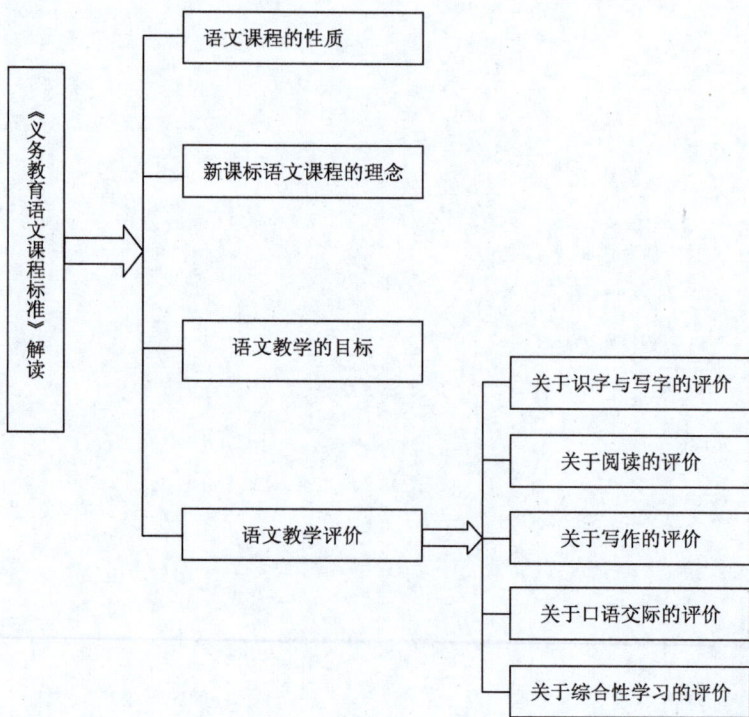

问题导引

新的课程标准的出台，是十多年课程改革的结晶。它充分吸取了课程改革的经验与教训，凝聚了广大教师的心血与智慧。

我们在为什么而教？我们究竟要为一个怎样的社会培养怎样的人？一线的语文教师经常感到教语文很累，课时多，费力多，可孩子们的语文成绩却难有大的提高。新课改后的语文课程体现了怎样的理念？语文课程的目标如何实现？语文课程又该如何评价？本章就从课程的基本性质、基本理念、基本目标、教学评价四方面加以说明，相信大家在课标的研读中能够找到合理的答案。

第一节　语文课程的性质

对语文课程性质的认识和界定，不仅决定着语文课程所要承担的使命以及在整个基础教育课程体系中的地位，而且决定着语文教育的基本理念与具体的实施方式。新中国成立五十多年来，我国对语文课程性质的认识主要经历了"工具论"—"基础工具论"—"文化负载的交际工具论"三次大的变迁。

语文课程是一门学习语言文字运用的综合性、实践性课程。义务教育阶段的语文课程，应使学生初步学会运用祖国语言文字进行交流沟通，吸收古今中外优秀文化，提高思想文化修养，促进自身精神成长。工具性与人文性的统一，是语文课程的基本特点。

课程标准的这段话意思明确：语文课程的性质就是工具性与人文性的统一。语文课程的工具性是源于语文的交际功能，而其人文性是因为语文是人类文化的载体。

一、语文课程的工具性

语文课程的工具性，不仅意味着语文本身就是一种工具，而且是用以达到目的的工具。因此所谓"工具性"在这里实际上强调了语文课程的功能与目的。

语文本身就是一种工具。就个体而言，人们使用语言（即言语活动）表达思想感情，进行思维活动。就人际而言，经由语文，人们可以交流思想与情感；经由语文，人们还可以造成预期的行为事实。就人类总体而言，语言是文化得以积淀和传承的载体。这三种情形里，语言本身就是一种工具。

语文课程的工具性是以语言的工具性为基础、为前提的。就课程系统而言，语文课程的工具性还表现在，语言的学习还有助于其他学科的学习，即语文是学习其他学科的工具。所以，工具性是语文课程所固有的本质属性，语文课程的工具性是指语文本身是表情达意、思维交际的工具，可以帮助学好其他学科。同时，语文可以传承文化，可以传达社会价值观，从而维系社会的正常运作。

二、语文课程的人文性

语文是一种交际工具、思维工具，语文更是文化的载体。语文课程的人文性，是指语文学习过程是人实现自我成长的过程，激发人创造力与生命力的过程。语文教育活动是在特定的时空中、教师与学生双向积极的生命运动过程。尊重人、尊重具体的人的生命价值、尊重具体人的文化及其多样性，是语文课程的应有之义。

语文实践活动其实就是一种生命活动，是因为生命活动才使得语言及其文化有了今天这样的多姿多彩。因此，强调语文课程的工具性时，实际上是从语文教育的外在目的角度去看语文课程的属性的。从语文教育的内在目的角度看，语文实践活动就是特定社会历史文化下的人的一种具体而又丰富的生命活动。所以，从语文教育的完整过程看，语文课程当然有了人文性。

三、语文课程工具性与人文性的统一

如果只重视语文课程的工具性，语文教学将陷入科学主义的泥坑；如果只重视语文课程的人文性，语文教学将陷入困境。

把工具性与人文性作为两个对称的范畴放在一起，可以发现：

工具性不仅强调了语文本身是工具，同时强调了语文课程的各种外在目的，其中最核心的是培养人的工具。人文性不仅强调了人不是一个工具，同时强调了语文课程对于实现人的梦想、价值和追求的意义，其中最核心的意义在于人文精神。

如果说，语文课程的"工具性"着重指明：学生"应学什么、怎么学"，那么，语文课程的"人文性"则重在揭示：学生"为什么而学"以及"将会怎样去学"。这四个问题是完整的学习过程的必要构成部分，是与学习者休戚相关的。其中，"应学什么"的逻辑前提是"为什么而学"，"为什么而学"的问题是历史地形成的，而不是先验地预成的。

工具性与人文性的统一：二者统一的基点是培养目标统一，即全面提高学生的语文素养，逐步形成良好的个性和健全的人格，为学生的终身发展奠定基础；培养途径统一，即引导学生多读书、多积累，重视语言文字应用实践，重视学生学习中的独特体验；培养方法统一，倡导自主、合作、探究的学习方式。

第二节　语文课程的基本理念

《义务教育语文课程标准》提出了义务教育语文课程的基本理念：全面提高学生的语文素养，正确把握语文教育的特点，积极倡导自主、合作、探究的学习方式，努力建设开放而有活力的语文课程。

一、全面提高学生的语文素养

《基础教育课程改革纲要（试行）》强调："义务教育课程应普及义务教育的要求，让绝大多数学生通过努力都能达到，体现国家对公民素质的基本要求，着眼于培养终身学习的愿望和要求。"语文课程标准明确指出："九年义务教育阶段的语文课程，必须面向全体学生，使学生获得基本的语文素养。"

首先，由"素质"到"素养"，这是一种理念的改变，因为素养的修习培养没有明确的具体的目的性，或者说其目的性表现为抽象的、潜在的，关注的是一种终极发展。例如，培养温文尔雅的言行举止，大方得体的待人态度，睿智敏锐的思考风格等。它是对知识、能力、

情感、态度等的综合抽象，它涵盖了能力，但不等于能力。那么语文素养的内涵又是什么呢？对此，崔峦认为，语文素养是一种以语文能力为核心的综合素养，其要素包括语文知识、语文积累、语文能力、语文学习方法和习惯，以及思维能力、人文素养等。语文教学就是要全面提升学生的这些素养。

其次，全面提高学生的语文素养有两层含义：其一，全面提高每一个学生的语文素养，义务教育不是淘汰教育，不是精英教育，要让每个学生的语文素养得到提升；其二，提高每一个学生全面的语文素养，也就是说在教学过程中应该听说读写并重，让学生的语文素养得到全面提升。

二、正确把握语文教育的特点

语文教育有以下四个特点：

1. 语文课程具有丰富的人文内涵

语文课程的人文性，是指语文学习过程是人实现自我成长的过程，激发人创造力与生命力的过程。语文教育活动是在特定的时空中教师与学生双向积极地生命运动过程。尊重人、尊重具体的人的生命价值、尊重具体人的文化及其多样性，是语文课程的应有之义。

人文精神是一种意识、观念、态度、主张或宗旨，它强调人的价值的重要性，强调人的精神追求或心灵追求——人对真善美的追求，这是人之所以为人的根本价值和本质，它是任何一个精神健康的人的安身立命的生活之根。人文精神强调人的兴趣、人的追求和自由发展，强调人的创造性的充分发挥，强调人的自身的逐步进步和不断的自我完善，强调人的自我实现，强调人的人格独立，强调突出人的主体性。

2. 语文教育具有很强的实践性

语文课程的工具性决定了语文学科具有很强的实践性，凡属于工具的，就一定是用来实践的。语文实践，是听说读写实践。

3. 语文教育是母语教育课程

教学中必须把握母语教育的特点：

第一：母语教育，语文的外延和生活的外延等同。

第二：母语教育，母语习得是其重要基础，但不等同于母语习得。

第三：母语教育，和外语学习不同。

4. 汉语文字对语文教育具有重要影响

这是因为汉字有其独特的特点；汉语是一种非形态语言，其语法主要是意合法；汉语文字具有深厚的文化底蕴和强烈的感情色彩；汉语有其独特的艺术形式和艺术美。教学中必须遵循汉语言文字的特点及规律。

三、积极倡导自主、合作、探究的学习方式

（一）自主学习

自主学习就是自己能主动地而不是他动地、被动地学习，是指学生有明确的学习目的、强烈的学习动机，对学习内容和学习过程有自觉的意识和反应的一种学习方式。

首先，要让学生成为学习的主人。这是因为，自主学习是新的学习方式的第一要义，是

改变学习方式的理论基础和指导思想；自主学习是未来社会对人的发展的必备要求；自主学习是我国教育改革的紧迫保证。

其次，关注学生个体差异和不同的学习需求。

这是自主学习必不可少的条件。要区别抽象的人和具体的人，具体的人因许多因素而各不相同，教育必须考虑具体的人的个体差异。我国古代教育早有"因材施教""长善救失"的教育理论和优良传统，值得研究和弘扬。

再次，激发学生的主动意识和进取精神，这是实现自主学习的关键。教育工作者要改变教育观念，爱护学生的好奇心、求知欲，激发学生的主动意识和进取精神，为学生创设良好的自主学习情境，鼓励学生选择适合自己的学习方式。

（二）合作学习

合作学习的方式是指学生在学习群体中为了完成共同任务，而有明确责任分工的互动性学习。

让学生在合作学习中培养团结精神，增强合作意识，学会与人和谐相处、共同生活是新的学习方式的重要内涵。学会共同生活（共处）、学会认知、学会做事、学会生存是当代教育的四大支柱 。学生只有在合作学习的过程中才能学会为实现共同目标而努力。

（三）探究性学习

探究性学习作为一种学习方式，指的是学生"独立地发现问题，探索解决问题的方法，获得自主发展的学习方式"。学生通过各种学习途径"获得知识和能力，情感和态度的发展，特别是探索精神和创造力的发展"。探究性学习的根本目的是增进创造才能，探究性学习的主要特征是"问题性、实践性、参与性和开放性。"

探究性学习的有三个主要特征：

（1）问题意识。探究性学习要有问题意识，带着问题去学习。有了问题意识，"能提出自己的看法和疑问"，才会由被动地接受现成答案变为主动探寻事物的意义，成为学习的主人。

（2）实践能力。探究性学习强调语文能力要在语文实践中培养，强调学生在直接阅读课文及课外读物的过程中，去获得感受、理解、欣赏、评价等阅读能力。

（3）开放视野。探究学习要培养学生的发散性思维。即使是正确的答案也不当成唯一的经典，而鼓励学生运用发散思维来寻求更多的答案。

四、努力建设开放而有活力的语文课程

从功能看，开放的语文课程应尽可能满足不同地区、不同学生的需求，并能够根据社会的需要不断自我调节、更新和发展。

在结构方面，从课程主体分析，开放的语文课程应包括国家课程、地方课程、校本课程等层面。在课程类型方面，应包括语文学科课程、语文综合性学习。教师应拓宽语文学习和应用的领域，注重跨学科的学习，使学生在不同内容和方法的相互交叉、渗透和整合中开阔视野。

从课程目标透视，开放的语文课程应包括语文知识和语文能力、语文学习的态度和感情、语文学习的过程和方法等层面而不仅仅局限于系统语文知识的传授。

从语文课程的存在方式看，开放的语文课程不限于教科书、不限于教室、不限于校园，而是与家庭、社会相通的；不仅存在于物理实存空间，而且存在于虚拟网络空间，它应包括一个人完整的生活世界。

从实施看，开放的语文课程强调师生与课程文本的互动，强调师生对课程的构建。教师要注重现代科技手段的运用，密切关注当代社会信息化的进程，推动语文课程的变革和发展，从而提高学生的学习效率，使他们初步获得现代社会所需要的语文实践能力。

要建设开放而有活力的语文课程，就要有大视野，树立"大语文"观，沟通其他学科、沟通生活。

要增强资源意识，拓展语文课程的内涵与外延。要具备现代意识，在继承传统的同时，更要吸收新思路和新思想。

第三节 语文课程的基本目标

一、语文课程总目标的出发点

（1）从全面提高学生语文素养的角度出发，加强了课程目标中"情感态度与价值观"这一重要维度。

（2）从语文课程的性质和特点出发，突出课程目标的实践性，将"过程和方法"这一维度也作为目标的组成部分。在目标表述中，对学生学习过程和学习策略的选择有所展开，体现提高语文能力的主要途径是语文实践，学生是语文学习的主体，改变过去重知识传授和被动接受的倾向。

（3）从现代社会对公民的素质要求出发，对语文的"知识和能力"这一维度也有新的理解。当今已是信息化时代，信息的多样性和信息传播的多渠道是这一时代的显著特点，人际交往不仅普遍，而且日益显得重要，对人的实践能力和创新能力的要求也越来越高。因此，现代公民应具备的语文能力不仅仅局限于过去所理解的相对狭隘的听说读写能力，而有了新的含义。

二、课程目标的呈现方式

课程目标九年一贯制整体设计，体现阶段性与整体性，分总目标与阶段目标。

就设计结构框架来说，纵向是情感态度和价值观、过程和方法、知识和能力三个维度，但这是隐性的线索；横向是识字写字、阅读写作、口语交际、综合性学习五个方面显性呈现。

三、课程目标的价值追求

（1）突出了学生在语文学习中的主体地位。总目标关于学习语文的情感态度和价值观的表述，是从学生主体发展的内在需要出发的，不是外加的灌输，所以特别注意不脱离语文学科的特点，将价值观的引导和提高文化品位、审美情趣联系起来考虑，将学习语文的自信心作为养成良好学习习惯的先决条件。

（2）突出了现代社会对语文能力的新要求。考虑信息社会特点，加上"初步具备搜集和处理信息的能力"一条；着眼于现代社会人际交往频繁的要求，口语交际方面提出"具有日常口语交际的基本能力"。为了强化提高学生的思维品质和创造精神这些现代公民的重要素质的要求，特加上"在发展语言能力的同时，发展思维能力，激发想象力和创造潜能"这一条，突破原来只强调听说读写能力的局限性。

（3）突出了语文课程的实践性本质。语文课程的基本目标是培养学生运用语文的实践能力，而提高语文能力的主要途径是语文实践。因此，课程目标淡化了对系统的语文知识传授的要求。即使涉及必要的语文知识，也尽可能将它转化为能力要求来表述，注重知识在实际运用中的价值。

第四节 语文课程教学评价

课程标准明确指出：语文课程评价的根本目的是为了促进学生学习，改善教师教学。语文课程评价应准确反映学生的学习水平和学习状况，全面落实语文课程目标。应充分发挥语文课程评价的多重功能，恰当运用多种评价方式，注重评价主体的多元与互动，突出语文课程评价的整体性和综合性。要根据不同年龄学生的学习特点，按照不同学段的课程目标，抓住关键，突出重点，采用合适方式，提高评价效率。语文课程评价应该改变过于重视甄别和选拔的状况，突出评价的诊断和发展功能。

一、关于识字与写字的评价

汉语拼音学习的评价，重在考察学生认读和拼读的能力，以及借助汉语拼音认读汉字、讲普通话、纠正地方音的情况。

识字的评价，要考察学生认清字形、读准字音、掌握汉字基本意义的情况，以及在具体语言环境中运用汉字的能力，借助字典、词典等工具书查检字词的能力。第一、第二学段应多关注学生主动识字的兴趣，第三、第四学段要重视考察学生独立识字的能力。

【对应案例】分类发现，自主识字。

（1）出示课件。第一类：蜻蜓、蝴（蝶）、蚯蚓、蚂蚁、蝌蚪、蜘蛛；第二类：展、运、网。

（2）你们发现了这些生字的什么特点呀？（学生交流汇报）

（3）学习掌握形声字规律：这些字的一部分跟这个字的读音有很大关系，像这种一部分表示意思、一部分表示读音的字，我们叫它"形声字"。其实过去学过的字当中有不少也是形声字，你能说出几个吗？（学生交流）

（4）运用形声字识字是在一般情况下，但是有些形声字的读音是不符合规律的，所以小朋友遇到生字还是应该问问老师，查查字典，要把每个字都读准了。

（5）想办法记住这些虫字旁的生字。（学生交流）

（6）总结：加一加（虫＋熟字）：虫＋青、虫＋廷、虫＋胡、虫＋丘、虫＋引、虫＋马、虫＋义、虫＋科、虫＋斗、虫＋知、虫＋朱。

以上设计结合汉字构造规律，适当教以字理，以一带多，收到了很好的效果。让学生认清字形、读准字音、掌握汉字基本意义，在具体语言环境中提高运用汉字的能力，培养借助字典、词典等工具书查检字词的能力。

写字的评价，要考察学生对于要求"会写"的字的掌握情况，重视书写的正确、端正、整洁，在此基础上，逐步要求书写流利。第一学段要关注学生写好基本笔画、基本结构和基本字，第二、第三学段还要关注学生的毛笔书写，第四学段还要关注学生基本行楷字的书写和对名家书法作品的临摹。义务教育的各个学段的写字评价都要关注学生写字的姿势与习惯，引导学生提高书写质量。第三学段要求学生会写 2 500 个字。对学生写字学习情况的评价，当以本标准附录 5 "义务教育语文课程常用字表·字表一"为依据。

评价要有利于激发学生识字、写字的兴趣，帮助学生养成写规范字的习惯，减少错别字。

【对应案例】写字教学评价。

师：(出示课件)，仔细看，写好这两个字要注意什么呀？

生：写"琴"时注意第一个王的最后一笔"横"变成"提"。

生："养"的三横的长短是不一样的。

生："琴"的下面写个"今"。

师：这两个字里都有一个"撇、捺"但写法是两样的。

(师范写，琴，养。)

生：(学生描一个，写一个)。教师提醒写字的姿势。

师：我们来看看小朋友写的字，(投影展示)。看，这两个字中的"撇、捺"写得棒呀！

师：请小朋友同桌评一评，写得好的，表扬他，写得不够美的，提出来，再写一个。

(学生互评互赏)

该教师十分重视写字指导的过程，注重写字的姿势和习惯的培养。另外最后的儿歌朗读不仅很好地复现了生字，而且对学生进行了情感渗透，很自然地把学习的空间引向生活，唤醒学生生活识字的意识。

二、关于阅读的评价

阅读的评价，要综合考察学生阅读过程中的感受、体验和理解，要关注其阅读兴趣与价值取向、阅读方法与习惯，也要关注其阅读面和阅读量，以及选择阅读材料的能力。重视对学生多角度、有创意阅读的评价。语文知识的学习重在运用，其概念不作为考试内容。

能用普通话正确、流利、有感情地朗读课文，是朗读评价的总要求。根据阶段目标，各学段的要求可以有所侧重。评价学生的朗读，可从语音、语调和语气等方面进行综合考察，评价"有感情地朗读"，要以对内容的理解与把握为基础，要防止矫情做作。

【对应案例】人教版三年级下册语文《太阳是大家的》的教学片段。

教师指名朗读"西边天上的朵朵白云，变成了红彤彤的晚霞"。

师："你感觉自己读得怎么样？"

生 1：我觉得读得还可以。

学生感到自己既无错字又无掉字，语言比较流畅就很自信，没有认真地自我评价。

老师特意找一名朗读水平较高的生 2 再读这句话。

师：你感觉你的朗读和生 2 有点区别吗？

生 1：有，我读得没有生 2 读得有感情，尤其是"红彤彤"没有读好。

老师运用对比的方法让学生从自我评价中找到了一点感觉。学生较正了自己的心态。

师：你再试试。生 1 又仿照生 2 的语气读了一遍，显然比开始好得多。

师：你感觉有进步吗？

生 1：有。

老师范读一遍，又让生 1 模仿老师朗读。

师：这一次朗读你又感觉怎样？

生 1：我读到"朵朵"的时候读得很慢，我感觉天空中有很多很多白云；当我读到"红彤彤"时，我从"红"字就开始用力、提劲，然后稍微一拖音又连续读出"彤彤"两字，感觉眼前就是一片火红火红的晚霞。

顿时，整个教室爆发热烈的掌声，师生个个脸上露出灿烂的笑容。

新课标指出，"语文课堂教学评价的目的不仅是为了考察学生达到学习目标的程度，更是为了检验和改进学生学习语文和教师的教学，改善课程设计，完善教学过程，从而有效促进学生的发展"。可见读评结合让学生获得真情体验是上好一堂语文课的重要标准，是培养、提高学生语文素养的有效途径。

读中有评，评中有读，读评结合，相得益彰，从学生实事求是的自我评价中看，既没有千人一面的简单描述，也没有大同小异的机械模仿，而是学生在老师的评价中逐渐找到感觉，通过对比评价，学生提高了阅读效果。对于学生自我评价、自我反思、自我梳理、自我认识，从而能达到自悟、自醒、自明、自励、自信、自我提高这种行为方式，在学习中实在是难能可贵。 教学评价就是一项艺术，艺术的生命在于创新，创新的灵感来源于学生真情体验和独到的思维。

三、关于写作的评价

写作的评价，应按照不同学段的目标要求，综合考察学生写作水平的发展状况。第一学段主要评价学生的写话兴趣；第二学段是习作的起始阶段，要鼓励学生大胆习作；第三、第四学段要通过多种评价，促进学生具体明确、文从字顺地表达自己的见闻、体验和想法。对于作文的评价还须关注学生汉字书写的情况。

写作的评价，要重视学生的写作兴趣和习惯，鼓励表达真情实感，鼓励有创意的表达，引导学生热爱生活，亲近自然，关注社会。

写作材料准备过程的评价，不仅要具体考察学生占有材料的丰富性、真实性，也要考察他们获取材料的方法。要引导学生通过观察、调查、访谈、阅读等途径，运用多种方法搜集材料。

重视对作文修改的评价。要考察学生对作文内容、文字表达的修改，也要关注学生修改作文的态度、过程和方法。要引导学生通过自改和互改，取长补短，促进相互了解和合作，共同提高写作水平。

评价结果的呈现方式，根据实际需要，可以是书面的，可以是口头的；可以用等级表示，也可以用评语表示；还可以采用展示、交流等多种方式。

提倡学生在成长记录中收存有代表性的课内外作文和有价值的典型案例分析，以反映写作的实际情况和发展过程。

【对应案例】《假如我会变》作文讲评课

1．教师示范指导学生修改习作

（1）激发兴趣。用 CAI 出示学生想象的各种人和物及好的作文题目。

（2）自读自评习作。

（3）自评两颗星的和大家一起分享自己的习作，并接受同学们的评价呢。（指名两人）

（4）复习合作评改要求。

（5）师归纳小结，出示课件：

① 首先看故事编得是否具体，其次看故事编得是否生动、想象是否独特。通顺的句子、段落，尽量不要改。

② 在四人学习小组组长的带领下，圈出错别字，勾画出好词好句。

③ 参照自评成绩，综合小组成员意见，给出建议成绩，并将评价成绩写在题目的右边。评出组内有特色的文章或段落。

2．四人小组合作评改习作

（1）四人小组互评互议，教师巡视，并参加一个四人小组的评改。

（2）教师组织反馈四人学习小组的评改情况。

（3）四人小组汇报评改情况：请 2 ～ 3 个小组到前面来。（教师相机引导学生评价并修改）

3．教师激励学生完善习作

（1）学生修改完善自己的习作。

（2）自主习作交流会。

（3）结语：回家将自己的作文读给家长听，还可根据他们的建议修改。

教师通过示范指导、让学生合作自读自评、合作修改等方式，为学生搭建表现的平台，可以让他们充分展示自我，不断体验到成功的快乐，不断获得成就感，进而产生进一步学习的动力。

四、关于口语交际的评价

口语交际的评价，须注重提高学生对口语交际的认识和表达沟通的水平。考察口语交际水平的基本项目可以有讲述、应对、复述、转述、即席讲话、主题演讲、问题讨论等。

口语交际的评价，应按照不同学段的要求，综合考察学生的参与意识、情意态度和表达能力。第一学段主要评价学生口语交际的态度与习惯，重在鼓励学生自信地表达；第二、第三学段主要评价学生日常口语交际的基本能力，学会倾听、表达与交流；第四学段要通过多种评价方式，促进学生根据不同的对象和内容，文明地进行人际沟通和社会交往。评价宜在具体的交际情境中进行，让学生承担有实际意义的交际任务，并结合学生在日常生活和学习活动中的表现，综合考察学生真实的口语交际水平。

【对应案例】苏教版五年级下册练习3《我来说一说》。

师：过三天，就是我们班小宁同学的生日了，这几天我发现我们班有好几个同学正在商量送她生日礼物的事呢！你们认为呢，同学过生日要不要送礼物？

生1：我觉得同学过生日不用送礼物，因为同学间的友谊是纯洁的，如果送了礼物，大家会计较礼轻礼重，影响同学感情。

师：你们觉得她说得怎样？

生2：我觉得她的发言非常精彩，不仅表明了自己的看法，还清楚地说出了理由。

生3：我也同意不送礼物，我们现在又没有什么钱，问爸爸妈妈要钱买礼物也不合适……

生4（站起来大声）：谁说的呀？我就有零花钱！要是我过生日同学送礼物给我，我不送给他多没面子啊！（同学间发出议论声）

师：我知道你很想表达自己的看法，那你知道刚才的话为什么会引起大家的议论吗？

生4（不好意思）：可能我刚才太心急了，打断了同学的话，没有礼貌。

师：同样的意思谁能用另一种方式来表达？

生5：我觉得同学过生日应该送礼，如果好朋友在我过生日时送了礼物，那么我也该礼尚往来。

口语交际能力是一种对话构建中的能力，在这一案例中，教师通过引导学生自主评价加强了口语交际的互动性。学生自主评价包括两个方面：一是自我评价；一是互相评价。"你觉得她说得怎样？"通过这样的相互评价，发言者得到来自同学的真诚称赞和认同，更增强了口语交际的信心，同时也促使其他同学在评价中学会倾听，学会欣赏、赞美别人的优点，学会质疑，给别人提出好的建议等。对于课堂上那个能言善辩、咄咄逼人的学生，教师以"你知道刚才的话为什么会引起大家的议论吗"这一提问引导学生自我评价，发现问题。现代教学理论认为，自我评价能够消除被评者本身的对立情绪和疑虑，调动学生参与评价的积极性，还能引导学生以批判的眼光剖析自己，认识自己，在反省中不断完善自我，超越自我，促进学生个性的健康发展。只有建立这样多元评价的评价体系，才能形成学生之间的口语交际场，使平面交际变为立体交际。

五、关于综合性学习的评价

综合性学习的评价，应着重考察学生的语文综合运用能力、探究精神与合作态度。主要着眼于学生在综合性学习过程中的表现，如是否能积极参与活动，是否能主动提出问题，还有搜集整理材料、综合运用语文知识探究问题、展示与交流学习成果等方面的情况。第一、第二学段要较多地关注学生参与语文学习活动的兴趣与态度。第三、第四学段要多关注学生在语文活动中提出问题、探究问题以及展示学习活动成果的能力。各个学段综合性学习的评价都要着眼于促进学生提高语文水平的效率，并有助于他们扩大视野，更好地掌握学习语文的方法。

评价要尊重和保护学生学习的自主性和积极性，鼓励学生运用多种方法，从不同的角度进行探究。要充分注意学生解决问题的思路和方法。对有新意的思路和表达以及有特点的展示方式，尤其要给予足够的重视。除了教师的评价之外，要多让学生开展自我评价和相互评价。

【对应案例】人教版五年级下册《桥》综合性学习。

一位教师以《桥》为主题组织学生开展了一次语文综合性学习活动。活动过程是：第一，引导学生围绕主题，阅读一些有关"桥"的重点文本，或引导学生温习一些由"桥"构成的词语诗句等（也可以从"桥"这个字的结构和基本意义入手进行讨论），把对于桥及其词义的发展的理解结合起来；第二，组织学生围绕主题进行实地参观、访问或查阅图书资料，利用互联网获取信息、筛选信息，使学生对中外的名桥有一定了解，以拓宽学生的知识视野，并受到美的熏陶和感染；第三，将学生分成若干学习小组，引导他们联系社会生活实际，由有形的"桥"到无形的"桥"，开展合作学习、探究交流，从而增强学生爱科学的意识和探究学习的能力，培养学生口头表达和书面表达的能力。很明显，这是一个跨领域的语文综合性学习活动，目的在于以"桥"为主题组织材料和线索，搭建一个活动平台，引导学生在活动中综合性地学习语文、运用语文，并在参与中体验学习语文的奥妙和乐趣、习得学习的方法和能力。

资料贴吧

北京大学中文系教授、北京大学语文教育研究所所长温儒敏在答《中国教育报》记者问时对语文课程性质是这样说的："调查表明，一线中小学语文教师对'课程性质'和这次改革基本理念的认同程度还是很高的，90%以上的教师都认为改革有必要，基本理念值得肯定。至于新课程'能在多大程度上得到贯彻和落实'，也有80%左右的教师抱有信心，认为经过努力能较好地实现。"语文课程标准修订过程中并没有大的争论，大家对原来定的目标和基本框架都是肯定的。但对于10年来新课程实施过程中那些争论比较大的问题，如人文性与工具性问题，修订中也进行了认真的梳理和反复研究。我们认为还是要坚持"工具性与人文性的统一"，因为语文课程应该将人文关怀和道德品格的教育、优秀文化传统和革命传统的教育，融入语言文字运用的教学中。修订特别突出"语文素养"这个提法，作为新课程的一个核心概念，目的是更好地体现素质教育的精神，丰富语文课程的价值追求，促进学生在语文知识、能力和情感态度、思想观念多方面和谐发展。

案例评析

案例展示一：人教版小学语文三年级上册《给予树》教学片断

师：金吉亚的哪些做法让你敬佩？请同学们自由读4、5两个自然段，边读边思。

生：带着问题读4、5自然段。

师：哪位同学来汇报？

生1：金吉亚送给小姑娘洋娃娃，让小姑娘如愿以偿，她的这种关爱他人的精神让我敬佩。

生2：为了满足小姑娘期待已久的心愿，舍弃了给亲人买圣诞礼物，给她买了一个洋娃娃，这种做法让我深深敬佩。

师：金吉亚送给小姑娘洋娃娃，还送给她什么？

生1：送去一片温暖。

师：让小姑娘感到温暖。

生2：送去一份浓浓的温情。

生3：送去人世间最珍贵的善良。

师：多么可贵的善良！

生4：送给小姑娘的是一种人与人之间最可贵的仁爱。

师：是呀，送去的不仅是一个洋娃娃，还是一种人世间最可贵的善良和仁爱的品质，使我们为之敬佩，让我们带着对金吉亚深深的敬佩一起朗读最后一段。

生：（深情地朗读最后一段。）

师：当姑娘收到这份梦寐以求的礼物时，她的心为之一颤，一股暖流涌遍全身，此时此刻，她最想说些什么？请同学们把它写在书上。

生：（在《爱的奉献》乐曲中学生自由准备。大约3分钟）

师示意学生汇报。

生1：这是一份珍贵的礼物，一份浓浓的温情，我一定要好好珍惜它。

生2：谢谢，真的非常感谢，你帮我实现的期待已久的愿望，我实在是太激动了！此刻，不知用什么语言来表达你对我的关心和友爱，你是好人，好人一定有好报。

师：同学们，记住一个真理——好人会有好报！

生3：是你用珍贵的温暖、可贵的善良，使我期待已久的愿望画上了圆满的句号，千言万语化为一声"谢谢"。

师：饱含真挚的语言。

生4：虽然我不认识你，但从这份珍贵的礼物中，我可以知道你是一位充满爱心、善良、富有同情心的人。

师：只有善良的人才能发现善良的心，你是一个善良的人。

生5：谢谢你帮我完成了梦寐以求的心愿，虽然我不知道你叫什么名字，但我还是要真诚地说声——谢谢。

生6：我日夜等待着，是那位好心的朋友送给我久久未了的心愿——洋娃娃，您不仅送给我洋娃娃，还送来一份沉甸甸的温情，我激动万分，祝你身体健康！

生7：当我收到这份礼物时，我十分感谢您，是您那善良的心灵，给了我一个开心的面容，带给我珍贵的温暖。

生8：千言万语化作一声"谢谢"送给您，这声"谢谢"，饱含了我的真诚，饱含您的善良，更饱含了我对您的感激之情。

师：老师想送给同学们一句话，善良是历史中稀有的珍珠，善良的人几乎优于伟大的人。让我们一起读一读这句话。

生：齐声诵读。

总评：

语文是一门工具性和人文性统一的基础学科，语文课堂既是学生获得知识技能的场所，也是学生积淀文化、体验人生的空间。从以上的案例中不难看出，学生在特定的情境中情感受到触动，在和文本的对话中获得心灵上的震撼，在诵读中获得精神上的净化，在语言实践中，获得深刻的体验、思想的升华。这样，语文课才能成其为语文课，课堂才能成为学生学习的乐园。

案例展示二：特级教师薛法根执教《你必须把这条鱼放掉》教学案例分析。

（师引导学生品味文中描写汤姆放鱼时心情的句子，学生说出了"遗憾""失望""惋惜""倒霉""万念俱灰"等词）

师：如果我是汤姆，我也舍不得把鱼放掉。好，下面我们演一演汤姆和爸爸的对话。这次，就让你们便宜一点，我演汤姆，你们演爸爸。（众笑）先读读爸爸的话，谁先记住，谁就演爸爸。

（学生积极朗读和背诵爸爸的话。请出一名学生和老师对演）

在阅读教学中如何指导学生学习语言，运用语言，熟读是前提，离开这个，就谈不上语言的发展。而如何让学生心无旁骛、饶有兴趣地朗读，薛老师这一招堪称一绝；同时教师幽默的话语消除了学生的心理障碍，使课堂氛围变得轻松。

在接下来的表演中，薛老师精心设计了种种障碍。

师（扮演儿子）：（拿出一张纸当作鱼，作势往上拖）

生（扮演父亲）：孩子，你必须把这条鱼放掉。

师：为什么？

生：因为现在是晚上零点——离允许钓鲈鱼的时间还有两个小时。

师：放心吧，爸爸，没人看见我们，也没有人知道我们这个时候钓到了鲈鱼。

生：不管有没有别人看见，我们都应该遵守规定。

师：不就两个小时吗？规定是死的，人是活的，爸爸，不要这么死脑筋。（众笑）

生：两个小时也不行，正确的规定就要人人去执行。

师：爸爸，我是你的儿子，你在学习上对我严格要求我都听，可现在是钓鱼，你还要这么严格吗？

生：孩子，无论是在学习上，还是在生活中，我们都应该严格要求自己，良好的道德素养是从一件件小事中养成的。（众惊讶）

师：爸爸，今天你不让我把鱼带回家，我就和你断绝父子关系。（众笑）

生：断绝父子关系也不行，道理已跟你讲清楚了，你再不听，回家有你好受的。（众笑）

师（做害怕的样子）：爸爸，你的话是对的，我就听你的，把鲈鱼放了吧。

生（摸摸老师的头）：对了这才是爸爸的好孩子。（众笑）

这时的课堂让我们强烈地感受到，薛老师已经完全没有了所谓的师道尊严，他和学生融为了一体，达到了一种很高的教学境界。在对课文内容有了一定的理解之后，薛老师创设父子对话的情境，让学生设身处地地站到爸爸的立场上，学生一定会更投入，更积极主动地寻找理由，努力说服汤姆把鲈鱼放掉。事实证明，这样巧妙的角色转化，轻而易举地化解了本课的教学难点，而使之成为本课的一个高潮。

或许，有人会说在课堂上表演时常能见，这没什么了不起。但大家是否注意到，我们平时看见的表演，大多数是在孩子中开展的，教师只是一个旁观者。而薛老师却加入了孩子们的表演，且毫不吝啬地把爸爸的角色让给了学生，自己却扮演了本应属于孩子的角色——汤姆。这样的角色分配，不仅调动了学生学习的积极性，无形中也缩减了老师与学生之间的距离，为能与学生平等对话创设了和谐的氛围。在表演的过程中，正因为薛老师的"下放"，再加上那幽默而又儿童化的话语，激发起学生思维的火花。课堂中的那一次次笑声，学生那专注的神情，那老成而精辟的见解，足以证明，此时孩子们已完全融入了课文学习中，道理已随着笑声融进了学生的心中。

表演结束了，薛老师又创设了一些问题，把学生引向了更深层次的思考。

师：儿子说了那么多理由，爸爸为什么还是要坚持让儿子放掉呢？让我们一起读读爸爸的话。

（生齐读爸爸的话：不管有没有别人看见，我们都应该遵守规定）

师：喜欢这样的爸爸吗？为什么？

生1：我喜欢这样的爸爸，他有爱心，教育我爱护野生动物，我在爸爸的影响下，也会成为一个有爱心的人。

生2：我喜欢这样的爸爸，因为它无论什么时候，都严格遵守规定。

（生齐读课文最后一节）

师：汤姆有遗憾吗，后悔吗？（不）一条鱼和做人的道理哪个更重要？（做人的道理）哪一句话会铭刻在汤姆的记忆里？（铭刻）

生：不管有没有别人看见，我们都应该遵守规定。（板书：不管……都……）

师：生活中有哪些规定要自觉遵守，请你用上"不管……都……"这组词语。

生1：过马路的时候，不管有没有警察看见，都不能闯红灯。

生2：在校园里，不管有没有老师看见，都不能随手乱扔垃圾。

生3：在公园里，不管有没有人看见，都不能随便摘花。

生4：喝了酒，不管有没有警察发现，都不能开车，否则，后果自负。（众笑）

师：生活中，有许多规定，不管有没有人看见，有没有要求，都应该自觉遵守。（自觉遵守）

你看，这最后的造句练习，强化了教学效果，学生的道德体验得到了进一步的升华，使语文教学的工具性与人文性能够得到了真正的、和谐的、艺术的统一。

总评：

纵观这节课，成功之处俯拾即是。薛老师的课落实了新课程改革的理念，全面提高了学生的语文素养，处处闪现着课改的光辉。

亮点一：自读自悟，自主学习。

整堂课，学生真正是学习的主人，教师只是学习活动的组织者和引导者。老师注重培养学生自主学习的意识和习惯，为学生创设良好的自主学习情境，尊重学生的个体差异，引导学生在实践中学会学习。教学中教师没有做任何烦琐的分析，这种开放灵活的形式给了学生更多自主学习空间，课堂上充满生动和乐趣。

亮点二：角色扮演，创设情境。

在学生的体验违背文本价值取向时，教者没有采取生硬的说教，而是创设了表演情境，让学生在体验父亲角色中认识到"无论是在学习上，还是在生活中，我们都应该严格要求自己，良好的道德素养是从一件件小事中养成的"的道理。接着以一句句引发思考的提问，将这种正确的价值观渗透到学生的心里，并辐射到实际行动中，真正达到了"润心无声"的效果。

第斯多惠有一句名言："发现真理，永远比给予真理更重要。""给"永远只能给死的知识，而"导"却能激活活的源泉。教师放手让学生试一试、演一演，就会发现学生是有潜能的。会发现学生有更深切的体验，还会发现学生能感受到学习的乐趣和自我的力量，或许还会有更多意想不到的收获。

亮点三：积累迁移，语言内化。

小学语文改革方向是"读得进、记得住、用得出"。薛老师利用角色效应，安排学生做汤姆的父亲这一环节，注重了学生的表达迁移，锻炼了学生的口头表达能力。因此，课堂上学生的情绪不但热烈而且持久，想象的脑海里张满了疾驶的风帆，在闪光的语言河流上航行；学生能动地把课文的规范语言内化为自己的语言，课堂教学收到很好的效果。

从始至终，老师和学生的关系是融洽的，完全是一种平等、互动的关系。课堂气氛是无拘无束的，学生没有心理负担的，他要讲话就讲话，要发言就发言，要怎么样就怎么样。这样的课，学生怎能不轻松，怎能不喜欢，这正是有情感的教育，课堂如杨柳春风；有智慧的教育，课堂定呈现丰姿美色！

案例展示三：怎样整体考虑"三维目标"的设计。

语文课程目标需要从知识与能力、过程与方法、情感态度与价值观三个方面设计。但在实际教学中并不能简单将这三个方向上的思考并置，形成一个拼盘，而必须综合性设计，根据不同的教学内容和学情，突出重点，不能每节课在三个维度目标设计上不分主次一刀切。具体操作可以分为以下几点：

1. 研读课标

结合总目标和阶段目标，确定一节课或一篇课文的教学目标，要关注上下学段的衔接。

2. 解读文本

文本是我们和学习者交流思想的媒介，通过文本的学习掌握知识，学到某种能力，收到某种感染，有着思维的变化、冲撞和提升。编制目标前，老师要细致解读文本，从"单元导读、思想内涵、文本分析、教学重难点"等方面进行细致剖析。解读文本需从编者视角、读者视角、教者视角、学生视角几个角度去看，细读是关键。

3. 叙写目标

叙写目标是指小学语文教学目标分类与知识内容综合起来的一种陈述，也称为目标的表述。主要分为两种：

(1) 三维目标分裂式，即从"知识与能力""过程与方法""情感态度与价值观"三方面去写。例如：《好事情》第一课时教学目标。

① 知识与能力：认识14个生字，规范书写7个生字。正确、流利地朗读课文。

② 过程与方法：运用多种方法识字。

③ 情感态度与价值观：明白什么是好事情。

(2) 三维目标的融合，分条目叙述，同上面一例：《好事情》第一课时教学目标。

① 运用多种方法认识14个生字，规范书写7个生字。

② 学习用普通话正确、流利、有感情地朗读课文，明白什么是好事情。

4. 了解学情

教学的对象是学生，学生的学习水平、认知水平达到了什么程度是编制目标时的重要依据。在这里谈三种学情：一为课前测学情，《好事情》第一课时，在没有进行课前测时制定的一项目标为：认识本课的14个生字，写会4个生字，重点指导"事、气"。在前测后，发现"事、气"学生都能写对，错误率达到90%的是"情"，主要错误点是"情"的最后一笔都没有写勾。因此，这一目标调整为：认识本课的14个生字，写会4个生字，重点指导"情"。二为课中测学情。一节课中，没有涉及"尤拉"一词，在朗读课文时95%的学生都读错了，将"尤"的二声读成了一声，老师进行了目标的及时调整，进行"尤拉"一词的学习。三为课后测学情。教学完后及时检测学生知识的掌握程度，继而进行下一节课教学时的补充。

案例展示四：河南荥阳市第一小学袁建萍老师执教《鸡公山》一文课堂评价

1. 课前积累、交流评价

师：我们河南地处中原，有着悠久的历史和丰厚的文化积淀，同时又有着许多美好壮丽的自然景观，在全国乃至世界上都很有名，是一个旅游大省。作为河南人，你都知道哪些有关河南的名胜古迹呢？

（学生争相发言，教师一一予以评价）

设计意图：通过老师肯定的评价，激发学生表达的欲望；让学生交流自己知道的河南名胜，满足他们作为河南人的骄傲自豪之情。

2．朗读比赛、贯穿评价

师：课文从5个方面写了鸡公山的美丽景色，你最喜欢哪个方面，多读读，一会儿用声音把自己的感受表达出来，可用笔标出轻重音及读时应注意的事项。

众生：（一个个认认真真地读，边读边划，有时还写些什么，后教师指名读，一一点评）

生：老师，我喜欢第5自然段，这个自然段按春夏秋冬的顺序写出了鸡公山四季景色的不同，条理很清楚，我想读给大家听。

师：（微笑点头）好，你很勇敢，第一个抢到展示自己的机会，老师相信你也能读得很好。

生：读第五自然段。

师：自我感觉怎样？给自己打多少分？

生：（不好意思）感觉一般，也就是得八、九分吧。

生1：读得声音响亮，吐字清楚，没有添掉字，很准确。

师：你听得很认真，能看到别人的长处，你也会很好的。

生2：这位同学读得很准确，态度自然，大方，但语气、语调的变化不明显，感觉还是不能打动人。比如倒数第二句，写云海的迷人，他就没有把云雾飘纱、迷蒙的神奇变化读出来。

师：（微笑赞许）你很了不起呀！不但会听还会评！摆事实，讲道理。先说优点再说不足，既指出了缺点又让人能够接受。恭喜你以后可以作评委了。

生3：这个自然段是总分总的结构，在第一句后和最后一句前停顿时间稍长些，我想效果会更好。

生4：（迫不及待）老师，我想读。

……

师：刚才同学们根据自己的理解，用不同的声音表达了自己的感受，并且对朗读的技巧、要求也有了明确的认识，现在小组同学之间进行朗读比赛，一人读，其余组员是评委。自己不评自己的，每组评出一个朗读大王。

生：各组成员开始朗读。

……

（设计意图：通过自评，让学生正确认识自己；通过师评，让学生明白自己的优势；通过互评，让孩子学会如何中肯地去评价他人，如何用恰当的语言表达自己的看法。自评、互评、师评的使用，有助于提高学生的朗读能力）

3．读写结合，发展评价

师：在我们周围也有许多美丽的地方，比如：校园的花坛、小河边的柳树、广武路的公园等，你能采用第5自然段总分总的结构方法写个片断吗？

生：能（异口同声）。

师：你准备写什么？怎么写？

生1：我准备写学校的花坛，第一句写花坛里的花五颜六色，形状各异，下边写颜色和形状，最后写花坛很美丽。

师：好，你真聪明，这个选材熟悉，好写。

生2：老师，我准备写校园里的柳树。

生3：我想写家乡的小河。

......

师：刚才看到同学们一个个奋笔疾书，如有神助，心中真高兴啊。看来同学们对写这样一个片断已经成竹在胸了，谁想展示一下自己的作品？

生4：老师，我写的是我家附近的小花园。

师：行，你读吧，让老师和同学们都到你家附近小花园，旅游一趟（老师微笑着）。

生5：老师，他写的这篇文章层次清楚，是总分总的结构，中间一层是按什么顺序写的？

生4：我是按春夏秋冬的顺序，隔了冬天，冬天没什么可写的。

生5：那不行，必须有冬天。

生6：不写冬天也可以，可以用其他季节代替。

生7：可以。

生8：不可以。

......

（同学们莫衷一是，把求助的目光投向了教师）

师：同学们的见解不同，又各有道理，这算一个问题，课下查找资料后再进一步说明。

师：我个人认为如果题目是《我家附近的小花园》可以不写冬天，但就今天训练内容来看则应该提一提冬天，四季少了一季不合适。

（老师的答案似乎不太可靠，可同学们无话可说，只有课下找证据了）

......

师：同学们，今天的作品是咱们用15分钟快速完成的，今天都要带回家，让爸妈欣赏一下，写出他们的看法，下午收起来，选优秀作品展出在小作家园地里。

（设计意图：从学生稚嫩的原汁原味的创作中，令人欣喜地发现，学生观察生活的能力，语言文字的表达能力，朗读能力都有了精彩的展示。厚积才能薄发。平时阅读积淀得多了，使用时才能得心应手，游刃有余。小小的创作平台，给人人一个动手的机会，哪怕是言辞粗浅，哪怕是文笔拙劣，也表达了学生热爱家乡的炙热情感。老师适时给予激情评价，"恩，你真是个小作家！""老师当年也不如你"等等，极大地鼓舞了学生，营造了愉悦融洽的课堂氛围。师评、生评、师生互评、家长评、作品展出等环节构成了一个全方位的评价网络，对学生产生了极大的鼓舞作用，使学生的写作能力、语言表达能力等有了长足的发展）。

4．阅读测试，综合评价

师：这节课，我们不仅领略了鸡公山的美丽风景，还学习了总分总的结构方法，收获不小，现在，老师有一套习题，是仿照《小学生阅读能力评价手册》设计的，是对咱们这节课的综合评价（发放试题），共2道大题，15道小题，作对一道小题得一颗星，得到12颗星的是优胜者，看谁是优胜者。

同学们做题，老师公布正确答案，同桌互评，记星颗数。

统计结果：全班有8人的星颗数不到12颗，其余均为优胜者。

订正错题。

总评：

本节课的教学评价有两大特点。

（1）正面评价激兴趣。在这节课中，教师给学生充足的时间，让他们依据朗读要求进行自由朗读，并通过自我评价、同学互相评价、老师评价，评选朗读大王等评价手段激发同学们的读书热情，锻炼同学们的表达能力，提高同学们的朗读水平、评价水平。

（2）多元评价促发展。学习的终极目的是使用。为了让同学们真正明白总分总的结构，按时间顺序写作的写法，在这节课上老师让学生仿写片断，同学们在写前、写时、写后，教师都注意抓住时机进行评价，评价方式灵活多样：学生自评、互评，师生共评，家长参与评价，评出小作家等，想尽办法鼓励学生，引导学生在理解掌握知识的同时，敢于运用自己的富有个性化的语言，表达自己与众不同的看法、自己独特的感受，提高评价能力、写作能力。评价主体的多元化、评价内容的多元化、评价方法的多元化甚至评价结果的多元化，都极大地激发了学生的参与热情，提高了他们的评价水平、写作水平。

实践活动

（1）下面是 2001 版课标（实验稿）和 2011 年课标（修订稿）对于语文课程性质的表述，你有哪些理解？

2001 版课标（实验稿）	2011 年课标（修订稿）	我的理解
语文是最重要的交际工具，是人类文化的重要组成部分。工具性与人文性的统一，是语文课程的基本特点。 语文课程应致力于学生全面发展和终身发展的基础。语文课程的多重功能和奠基作用，决定了它在九年义务教育阶段的重要地位	语文课程是一门学习语言文字运用的综合性、实践性课程。义务教育阶段的语文课程，应使学生初步学会运用祖国语言文字进行交流沟通，吸收古今中外优秀文化，提高思想文化修养，促进自身精神成长。工具性与人文性的统一，是语文课程的基本特点	

（2）教学目标制定的依据不仅仅是"课程标准"，还有"单元目标""教材""学情分析"，制定教学目标应从"三个维度""文本特点""学生实际"几个方面综合加以考虑，这样才能制定出科学、准确、适合的教学目标，才能使语文教学更加有效。请结合你熟悉的一篇课文，制定出一份比较科学的教学目标。

（3）激励性的评价可以激活课堂，激发学生参与课堂教学的积极性，让每一个学生都受益，促进他们的发展。但在实际的课堂评价中，广泛存在角色迷失的"假评价"。在很多课堂上，经常可以听到这样的话："你真棒""向你学习""你很聪明"，或者教师竖起大拇指，或者是有节奏的掌声等。从表面上看，教师已经关注了学生的情感，注重让学生享受到成功的快乐，整个课堂也显得异常热闹，但是学生在长期的掌声中，兴趣也渐渐淡下去了，原本整齐响亮的掌声也开始变得稀稀拉拉。

请根据自己在小学实习见习期间听课的实际想一想，语文教学还存在哪些评价的误区？

启示：教师公式式的评价是对学生思维成果的简单肯定，学生的独特理解和独特感悟就没有机会得以体现。这样的课堂评价所表现出来的，不是学生学习、感悟和建构知识的过程，而是被教师强势牵引着的模式化的表演，是语文课堂的虚假饰物和华丽的包装，是形式主义的"假评价"。

知识巩固

（1）如何理解语文课程的四个基本理念？

（2）教学目标的确定需要从哪些方面入手？

（3)请结合自己熟悉的课文,根据新课标的总体目标和学段目标设计一个完整的教学设计。

（4）新旧课标在评价建议部分有何不同？

第 三 章

怎样设计一节小学语文课

知识目标

- 掌握文本解读的方法。了解小学语文教学设计的具体过程和方法。
- 熟悉教学设计各具体环节，包括教学目标的设计，教学重难点的确定，教法、学法的选择，以及教学辅助工具的选择和作业与练习的设计。

技能目标

- 具备分析教学内容并根据学情进行教学设计的能力。
- 能够通过教学设计培养学生的语文素养。

知识导图

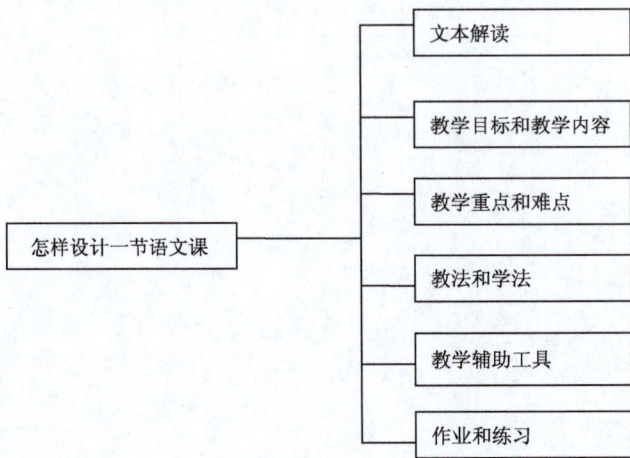

	文本解读
怎样设计一节语文课	教学目标和教学内容
	教学重点和难点
	教法和学法
	教学辅助工具
	作业和练习

问题导引

　　教学设计是实施教学的第一环节，那么怎样设计一节课呢？首先要了解课程标准的目标、要求，其次要了解学生的学习情况，最后还要准确把握教材内容。所以，设计一节语文课实际上是一个系统工程，涉及学科特点及目标，涉及教育学、心理学原理与方法，如教法、学法，涉及语文学科知识。要设计好一节小学语文课，有三个关键前提：一是了解课程目标，二是了解学生，三是正确的文本解读，只有以此为基础才能进行独具匠心的教学设计，为课堂教学实施做好准备。

前面章节对语文教师的素质要求和《义务教育语文课程标准》进行了解读，本章主要学习如何设计一节小学语文课，包括怎样解读文本，怎样确定教学目标和教学重点难点，怎样选择教法学法，怎样选择教学辅助工具，怎样设计作业和练习。

第一节 怎样解读文本

语文教学要立足于课标、学生、教材，教师在准确了解课程目标（包括总目标和阶段分类目标）的基础上，要依据文本提供的信息或材料去理解文本，达到深层次正确解读文本的目的。可以说对文本的解读是进行语文教学的最初的、最基本的一个环节。从一定意义上说，一个语文教师对文本解读到什么程度，决定着课上到什么程度；教师自身对文本的解读有怎样的高度，就会引领学生登上怎样的高度。文本解读，是教师语文素养、鉴赏水准、知识能力、人文精神、逻辑思辨等综合素质的集中体现，因此，作为一名小学教师首先必须做到正确、恰切、有创意地解读文本。

正确地解读，即正确读懂文本的信息，应该包含以下几个方面：思想情感——正确理解隐藏于文本内容之中的思想，包括作者和文本本身具有的情感、态度、价值观；语言内容——正确了解文本所表现的客观事物；语言形式——正确把握文本遣词造句、构段成篇及表情达意方面的方法、特点。

恰切地解读，即准确定位教学的目标。一是年段目标——准确把握文本在本学段教学中所承载的课程教学目标；二是单元要求——准确把握文本在本单元所承担的具体教学任务；三是课时任务——准确拟定本节课教学的重点和难点。

有创意地解读，即强调读出个体的感受。一要关注个性化阅读——这是一种独立的、个性化的解读，体现出阅读教学的生机和活力。在解读中，教师自觉、自主、自由地调动自己的语言行为，用自己的语言去解释、修改、完善、丰富文本的内涵，从中找到自我的影子，并创造出新的自我；二要关注最优化的教育价值——强调个性化阅读。有创意的解读，一定是基于教育价值的最优化。

一、以普通读者的身份阅读文本

很多教师特别是新教师在备课时的第一项工作是看教学参考书，根据提示再去备课，或直接拿来现成的教学设计为自己所用。其实这是一种不尊重文本、不尊重自己、不尊重学生、不尊重课堂的表现。任何一位读者在阅读过程中首先要尊重自己的体验，教师也不例外。所以，教师在备课开始，首先应该放下自己的教师身份，忽略教学任务等影响自己阅读的外在因素，以一个普通读者的身份品读课文，获得自然的阅读体验和真实的审美直觉。这种非功利的阅读可以使教师对文本有最本真的体验，是教师进行文本教学设计的关键所在。这是一种以感性为主的阅读，教师用悠然的心与作者对话，在一次又一次与作者的心灵碰撞后，产生来自心灵的独到见解。事实上，很多教师由于在备课过程中缺少了这一关键环节，盲目按照教学参考书的解读进行教学设计，使得很多教学最后陷入困境，直接影响课堂教学效果。

【对应案例】人教版三年级下册的一篇课文《一面五星红旗》。

课文讲的是一位在国外读书的中国人利用假期去漂流，因遇险需要帮助。当他向一位老板提出用身上穿着的一件新大衣换取面包时被老板拒绝，而老板提出让他用身上的五星红旗换取面包，也被这个中国人拒绝。后来这位中国人因为饥饿晕倒，醒来后，发现自己躺在医院，是那位老板被他宁可挨饿也不肯用国旗换面包的行为感动，把他送到医院并为他支付医药费。很显然，读了这篇文章我们很容易理解作者的用意，以这位在国外的中国人的行动告诉我们无论在任何情况下都要维护祖国的尊严。但如果抛开教参的提示，作为一个普通读者来阅读，我们会发现本文存在很多不合理之处，比如，穿着大衣漂流，举着国旗漂流，漂流遇险后所有东西都失去了，唯有那面国旗安然无恙……此外，在生存和国旗面前，究竟什么是最重要的？为什么外国人提出用五星红旗换面包不可以答应他？其实很简单，作者设定外国老板此举有侮辱中国人蔑视中国之嫌，所以宁死也不能够答应他的无理要求。如果教师自己先行阅读本文不受任何参考书的影响，一定会发现这些问题，而不是带着教学参考书的先入之见上课误导学生。因为，没有什么比生命更重要，况且中国游客的紧张完全是在对外国老板的要求不怀好意的误解之下形成的。

二、拓展阅读，潜心会文

教师的文本阅读除了遵从自己的阅读经验，还要尊重作者的创作。因此，教师研读文本还要查阅必要的资料帮助自己更好地理解作品。作者的生平与文本创作背景、作家的其他作品，特别是从原文节选的作品，以及他人对作品的评论，可以帮助我们更深入地理解作品。

【对应案例】人教版五年级上册的《窃读记》及五年级下册的《冬阳·童年·骆驼队》。

它们都选自林海音的《城南旧事》，其中《冬阳·童年·骆驼队》是作品的前言，介绍了自己创作《城南旧事》的意图，而《窃读记》与原文相比则做了较大的改动，删减了一些内容，所以，要想认真地解读这两篇课文，教师必须首先了解林海音的生平和创作，并且认真阅读《城南旧事》，了解课文做了哪些改动。否则，在解读的过程中如果按照教学参考书的提示，把《窃读记》中窃读的感受理解为文中的所谓重点句"我很快乐，也很惧怕——这种窃读的滋味！"学生一定懵懵懂懂，难于理解，因为引起作者惧怕的细节在课文中已经删掉了。如果了解了课文的原貌，在教学中出示原文与现有课文对比，可以帮助学生更好地理解课文。

再如，人教版四年级下册《生命 生命》一文，短小精悍，语言简洁朴实，思想含蓄深邃，融形象描写与理性思考于一体，是一篇抒写人生感悟的好文章。通过"飞蛾求生""瓜秧生长""静听心跳"三个事例，展示了生命的意义，即"虽然生命短暂，我们却可以让有限的生命体现出无限的价值"，表达了自己积极进取的人生态度：一定要珍惜生命，决不让它白白流失，使自己活得更加充满光彩，充满活力。作者杏林子，自12岁起就患有"类风湿性关节炎"，全身关节大部分遭到损坏，致使她腿不能行，肩不能举，手不能抬，头不能转。但是，小学毕业后便因病辍学的杏林子残而不废，凭着顽强的毅力坚持自修，笔耕不辍，著有四十多本著名的散文、小说和剧本，被誉为"台湾最具影响力的作家"。她的名言"一粒貌不惊人的种子，往往隐藏着一个花季的灿烂；一条丑陋的毛虫，可能蜕变为一只五色斑斓的彩蝶。因为，生命本身就是一桩奇迹。"正是她人生经历的真实写照。编者选编这篇课文的意图，一是引导学生思考人生，感悟生命的意义；二是学习联系上下文和生活实际，理解含义深刻的句子。四年级的学生年龄尚小，在理解课文的思想内容上有一定难度。在充分读书了解内容的基础上，结合"我可以好好地使用它，也可以白白地糟蹋它"一句，相机介绍作家生平事迹及她的名言，既可以增进学生对文本的理解，对"生命"这一厚重的话题会有新的感悟，又可以使学生对"我可以好好地使用它，也可以白白地糟蹋它"产生深入的、个性化的思考。[①]

三、创造性地解读文本

"多元解读"理念认为：文学作品的意义并不只是作者创造的，而是作者的创作和读者的接受共同作用的结果，因此作品的意义也不是客观的和固定的。我们所说的文学作品的"意义"，实际上包含了三个层面：一是作者意义，即作者想在作品中表达的主观意图；二是文本意义，即作者在作品中通过语言词句实际呈现出来的意义；三是读者意义，即读者通过阅读所领悟到的意义。

《语文课程标准》（实验稿）在"课程的基本理念"第二条中明确指出："语文课程丰富的人文内涵对学生精神领域的影响是深广的，学生对语文材料的反应又往往是多元的。因此，应该重视语文的熏陶感染作用，注意教学内容的价值取向，同时也应尊重学生在学习中的独特感受。"

多元解读有时的确会影响对主导价值观的基本解读。面对众多的信息，教师要首先保证学生达到基本解读，然后考虑多元解读，要帮助学生过滤掉那些牵强附会的或错误的解读，在不违背正确的价值导向的前提下，尊重学生个性化的理解仍然是最重要的，这是阅读的灵魂。

【对应案例】人教版四年级上册一篇课文《去年的树》。

对这篇精美的课文历来不乏多种多样的主题解读。其一，一元解读：生与死是一道不能逾越的界限。《去年的树》中，鸟和树的友情却超越了这道界限。生死不渝的友谊是一种感人肺腑的永恒情怀。作者新美南吉在看似波澜不惊的故事后面，藏着对生命和友谊的深刻感悟。其二，多元解读：不能乱砍伐树木，要有环保意识；既然践约是如此艰难，当初就不该轻易承诺；树用"他"，鸟用"她"，作者在向我们讲述一个关于爱情的故事；描绘了小鸟的情绪变化，告诫人们在不同情境下心情是不同的；世事多变，人生无常，谁也不知道明天会发生什么。[②]

当然，到目前为止，也没有人可以为本文的主题下一个定论，因而在教学中还是应该在教师多元解读的基础上，尊重儿童的理解。课文里的大树和小鸟是好朋友，它被砍伐下来，制成了火柴，小鸟再也见不到大树了，不免有些遗憾。但是，不见得就一定悲伤。课文最后写到："鸟儿睁大眼睛，盯着灯火看了一会儿。接着，她就唱起去年唱过的歌儿，给灯火听。唱完了歌儿，鸟儿又对着灯火看了一会儿，就飞走了。"此时对小鸟的心情的理解和感悟是关键，"小鸟可能想些什么呢？"没有看到朋友只看到灯火，小鸟也许有些遗憾；再也看不到大树了，小鸟也许有些难过；也可能是对朋友实现人生价值感到快慰；也许有自己实践了诺言后的轻松；或者是见到了老朋友的欣慰……以友谊和诚信为核心，可以放飞思维，天马行空。给了学生机会，就可能迸发出思想的火花。这些多元解读，都说得通，又没有知识和价值观方面的错误，教师应该允许多元共存。

① 李作芳．文本解读的方法与策略：影响语文教学实效的原因探析之一 [J]．湖北教育，2009（1）．
② 汪潮．小学语文课程与教学论 [M]．上海：华东师范大学出版社，2010．

四、重视儿童本位阅读

教师阅读文本是为教学服务的，所以教师在进行文本解读时，一定不能缺少换位思考的环节，要站在儿童的立场思考我读到了什么？读懂了什么？我哪里读不懂？我还有什么问题？教师作为成年人，对文章的理解一定优于儿童，但必须要时刻记住教师的解读是为教学服务的，要时刻牢记，教学面对的是儿童，儿童有自己的认知方式，教师不能把自己对世界和文本的认知强加给学生，很多对成年人不成问题的问题在儿童的世界里就是需要教师引导他们去了解的，所以，不进行换位思考，很难把握教学内容，教学重点难点。

作为教师去读文本，就是带着教学的目标去潜心会文，去感受语言的魅力，去捕捉作者的写作意图，去把握文本的主要倾向。深入领会文本思想，准确洞察作者写作的背景和寄托的主旨；深入把握文本特征，即对文本的结构、语言、文脉了然于心；深入理解文本内涵，即对重点、难点、疑点心中有数；深入揣摩编者意图，充分设想文本应着力发挥哪一方面的"例子功能"，以便使教学有的放矢。

作为一名教师去读文本，就要了解学生学习已有的基础；找准学生阅读文本时的兴奋点；分析学生学习的疑难点。充分考虑儿童学习的困难，深入浅出地帮助学生在阅读文本中学会阅读，掌握阅读的方法。

【对应案例】人教版三年级下册阅读课《妈妈的账单》。

妈妈用巧妙的方法让小彼得懂得不是做什么事情都需要获得报酬的。对成年人来说这是一个非常简单的问题，但对儿童来说可能就未必能够理解彼得的行为为什么不可取，所以，教师只有理解了儿童的困惑所在，才能通过问题设计帮助儿童理解文本的写作意图，通过对词句的理解、体会，领悟汉语表达的规律。

第二节　怎样设计教学目标和教学内容

以研究学习目标著称的美国学者马杰指出：教学设计依次由三个基本问题组成。首先是"我要去哪里"，即教学目标的制定；接着是"我如何去那里"，即包括学习者起始状态的分析、教学内容的分析与组织、教学方法与教学媒介的选择；再是"我怎么判断我已到达那里"，即教学的评价。也就是说教学设计是由目标设计、目标达成的诸要素分析与设计、教学效果的评价所构成的有机整体。

一、怎样设计教学目标

要进行合理的教学目标设计，首先必须了解制约教学目标设计的因素，并以此为依据进行教学目标设计。

（一）影响教学目标设计的因素

教学目标是教学的出发点和归属。它关系到教学活动的导向、教学内容的取舍、教学方法的运用和教学效果的评价。

教学目标设计，是影响教学效果的首要因素，制定科学合理、全面有效的语文教学目标，首先必须依据新课标对语文学科性质的定位，体现人文性与工具性的统一；同时语文教学目标设计必须从新课标语文课程目标设计的三个维度出发，包含知识与能力、过程与方法、情感态度与价值观目标，并体现不同学段不同学习板块的学习目标，如识字写字、阅读、口语交际等目标。此外，教师进行一节课或一篇课文的语文教学目标设计必须考虑以下因素。

1. 学生因素

小学语文教学的对象是 7 ～ 12 岁的小学生，因而教学目标设计必须考虑不同年段小学生的认知水平、情感态度等影响教学的因素，制定合理的教学目标，否则，教学目标制定过高，学生不易达到，教学目标制定过低，学生难有提升。同时，教学目标设计还要兼顾不同学段目标的联系，瞻前顾后，既有利于学生三个维度能力的提升，也为后一阶段学习打好基础。

随着基础教育课程改革的推进，义务教育各科教材"一纲多本"，我们可以发现不同版本教材在选文上会有交叉，不同的是，同样的文章会出现在不同版本教材的不同年级，这样，在进行教学目标设计时，就必须根据不同学段语文课程目标的要求，体现出学段差异。

【对应案例】人教版五年级上册《钓鱼的启示》教学目标设计。

(1) 能正确认读 11 个生字，会写 14 个生字。能正确读写"捕捞、鱼饵、鱼钩、小心翼翼、操纵、皎洁、沮丧、诱惑、告诫、实践"等词语。能正确抄写描写月夜美丽景色的句子和课文的重点句。

(2) 有感情地朗读课文。从中体会"我"和"父亲"的心理活动，并能概括"我"的心情变化的过程。

(3) 理解父亲没有商量余地地要"我"将鲈鱼放回湖中的理由，读懂"我"从钓鱼这件事中所获得的启示，懂得从小接受严格教育的重要性，并从中获得道德实践的勇气和力量，提高抵制"鱼"的诱惑的能力。

北师大版四年级上册《钓鱼的启示》教学设计。

(1) 会写 14 个生字，正确读写"捕捞、鱼饵、鱼钩、小心翼翼、操纵、皎洁、沮丧、诱惑、告诫、实践"等词语。

(2) 有感情地朗读课文，从中体会我和父亲的心理活动，并能概括我的心情变化的过程。

(3) 理解父亲没有商量余地地要我将鲈鱼放回湖中的原因。

苏教版三年级下册《"你必须把这条鱼放掉"》教学目标设计。

(1) 能正确、流利、有感情地朗读课文，复述课文。

(2) 理解课文内容，知道汤姆为什么必须把钓到的大鱼放掉，并教育学生要严格要求自己，时时处处遵守社会公德。

(3)练习用"允许、必须"造句。这是不同版本教材的同一篇选文，由于选文安排在不同年段，所以在进入教材后都有改动。从这三个教学目标设计可以看出针对不同年段学生体现出的差异性，特别是情感态度与价值观目标差异最大，这是因为随着年龄的增长，学生对道德问题的认识与需求提升，教学设计中必须有意识地引导学生形成正确的价值观与道德观。

2. 文本因素

一篇课文的教学目标设计，在考虑学生因素的同时必须准确把握教材的文本因素，充分利用教材资源，通过教学目标设计和教学实施过程，使学生在知识与能力、过程与方法、情感态度与价值观三个维度都有所提升，因此教师的文本解读能力和水平在此就显得尤为重要。

【对应案例】《中彩那天》教材分析与教学设计①

本文是人教版义务教育课程标准实验教科书四年级下册第二单元的开篇课文。文章以汽车的得而复失和人物的思想感情变化过程为线索展开，通过精彩的语言表达人物的思想感情，是本课的一大特色。根据中年段阅读教学的主要目标及本课的特点将"初步学习把握课文的主要内容，体会作者的思想感情；体会词语表达情意的作用。"作为本课教学的主要目标。而本单元的主题是"以诚待人"，因此体会父亲诚实、讲信用的品质则是本课理解上的重点，理解"道德难题"之难，也就成了本课的难点。本课的教学对象是刚刚进入四年级的学生，虽然已经具备了一些理解词句的能力，但是把握主要内容和透过词句揣摩人物的心理上还存在一定难度，教学以学生自读自悟为基础，教师根据学情恰当引导、启发，在难点处巧设疑问，设置梯度，在重点处凸显语言文字训练，并及时总结提升写法。

据此确定本课教学目标：

（1）准确认读"拮、据"等6个生字，结合具体语境准确理解"拮据、梦寐以求"等词语。

（2）能正确、流利有感情地朗读课文，初步学习把握主要内容。

（3）在理解课文内容的同时，学习作者通过人物神态、动作表现人物内心的表达方法。

仔细分析这一教学设计，虽然设计者在教材分析中已经对文本进行了分析，但在教学目标设计过程中并未就教学难点做出回应，既没有体现"帮助学生体会父亲诚实、讲信用的品质"，也没有体现理解"道德难题"之难。在观摩很多这节课的教学之后曾与小学生进行过多次现场交流，结果小学生虽然在课上配合老师回答了对道德问题的理解，但对父亲把汽车还给库伯，特别是对文中"中彩那天父亲打电话的时候，是我家最富有的时刻"这句话根本就持否定态度。因此，本课的教学目标设计应体现这一内容，同时要根据文本的实际选择恰当的教学方法，使学生真正理解父亲的行为和"道德难题"。

（二）设计教学目标的要求

华东师范大学博导崔允漷先生说过，教学"目标指向是学生通过学习之后的预期结果，行为主体必须是学生；目标陈述是为了便于后续评价，行为动词必须清晰、可把握。"因此，我们至少要从三个方面考虑：了解学生的认知水平，从学生的起点处确定"知识与技能"目标；充分考虑学生的个体差异，为不同学生提供适合他们的最佳学习方法，制定好"过程与方法"目标；了解学生的生活经验，去观照"情感、态度、价值观"的教学目标。对教学目标设计要遵循以下几条：

1. 明确

教学目标要明确，不是指教案上是否有"教学目标"这一项，而是指教师在设计教学的时候，头脑中是否清楚这节课的教学目标，在教学过程中是否一直惦记这些目标，是否清楚自己在干什么，为什么要做这些事。一堂好课犹如一段美好的旅程，老师是向导，学生是旅伴，教材是载体，教学目标就是我们要到达的驿站，是我们要去的地方。用马杰的话说，"假如你对要去的目的地不清楚，那么你很可能会抵达另一个地点，而不知道自己走错了目的地。"因此，教学目标支配着课堂教学的全过程，规定着教与学的方向。

2. 全面

教学目标要全面，不是说要"面面俱到"，是指要体现全面提高学生的语文素养的理念，

① 广东省广州市番禺区市桥中心小学，皮涛，小学语文网 www.pep.com.cn。

要兼顾三个维度的目标。虽然就某一节课来说，目标应有所侧重，但不能偏重某一方面，而忽视了其他方面。过程和方法、情感态度和价值观目标，有时不便表述，但教师要心中有数，要有这方面的意识，善于在教学过程中随时生成有关的目标。

3．具体

教学目标要具体，是针对过于笼统的目标而言。教学目标也不能定得过于具体琐碎，否则容易使教学变得机械呆板，不利于师生在教学中的创造性。每一节课的教学目标要全面，但也不能太多，应该比较集中，而且要突出重点难点，目标过于具体，也就变成了各项活动的要求，实际上没有必要也无法全部列出。有些具体目标、要求是存在于教师的头脑中甚至潜意识中。

4．符合实际

教学目标要符合实际，是指符合本班学生的学习需要、学习能力、学习水平、学习习惯等，也要符合教师的自身特点、教学风格，以及教材的特点，当地教学资源的特点。

5．要有弹性

教学目标要有弹性，一方面要顾及学生的差异，另一方面要考虑到目标的生成性，还要考虑到预设目标和实际效果之间的差距。除了要有全班学生达到的一般目标，还要有个别学生的特殊目标；除了有教案上写着的预定目标，还应该有教学过程中不断生成的目标；除了应该有理想层面的目标，还应该有每一个学生实际达到的目标。

6．表述恰当

表述教学目标时，要注意根据内容进行表述。表述行为目标时，要注意以学生作为行为主体。注意说明产生行为结果的条件，写清楚作为衡量行为结果的标准，对行为标准做出具体要求。比如，"好到哪种程度""精确度如何""完整性如何""在多少时间内"，教学目标就具有可测性。对三个维度目标的表述，要注意整合，比如情感目标往往与朗读结合在一起，学习态度、学习方法目标往往与学习过程的目标一起表述。

【对应案例】一位教师在教学《忆江南》这首词时，制定如下教学目标。

（1）借助文中注音和录音朗读，体会词的节奏特点，练习正确、流利地朗读课文，能熟练背诵《忆江南》。

（2）在教师的指导下，参考文中注释、插图以及课外补充资料，正确理解这首词的大概意思。

（3）在教师的指导下，凭借词中描写的景物，想象美好的画面，进而初步体会词的意境。

这个教学目标包含了学生在课堂学习中的行为目标和课堂学习后的发展目标，既可以把握与检测，也便于组织实施。如果每一篇课文都与具体的阅读教学目标相对应，每一次的阅读教学都有与明确的重难点相配合的教学流程和活动形式，那么，课堂就可以突出重点、各具特色，教师就可以按照教学目标和内容将不同的课文联系和组织起来，真正帮助学生学会读书，形成独立阅读能力。[①]

（三）确定教学目标的依据

教学目标是师生在课堂教学活动中预期达到的效果标准，也就是通过教师的教学，学生应当"学到什么程度，达到什么质量标准"。那么制定合理的教学目标应以什么为依据呢？

---

① 张桂林，袁开文. 小学语文教学目标设计中的问题与对策. 教育与教学研究 [G]，2012.

1. 依据年段目标制定教学目标

第一学段语文教学目标中，识字、写字无疑是重中之重，同时也不应忽视词和句的训练以及初步的朗读训练。

【对应案例】人教版二年级下册《数星星的孩子》一课可制定如下教学目标。

（1）认识9个生字，会写12个字，同时习得识字、写字的方法。

（2）学习并积累词语。例如，无数、珍珠、汉朝、天文学家、距离、清楚、钻研等。

（3）把课文读正确、读流利，读好长句子中词语之间的停顿。在此基础上指导学生读好人物之间的对话。

（4）学习张衡从小细心观察、乐于探究的品质。

中年段是低年级向高年级的过渡阶段，要继续进行词句训练，理解词句在表情达意方面的作用是教学的重要目标，同时要加强段的训练，注重段的理解、积累与运用。

【对应案例】苏教版三年级上册《石榴》一课教学目标。

（1）能够借助书中注音和字典，准确认读本课的生字新词，指导学生正确、流利、有感情地朗读课文。

（2）重点阅读课文的第2、3自然段，了解石榴的生长过程，初步体会用比喻、拟人的写法能够把事物写得更加生动、形象。

（3）体会作者对石榴的喜爱以及对家乡的热爱之情，激发学生热爱自然的情感，陶冶审美情趣。

高年段教学目标的重点，应放在引导学生从整体上把握文章的内容，品味文章的语言，领会表达的方法上，揣摩并运用表达方法是需要加强的一个训练重点。

【对应案例】人教版六年级上册《伯牙绝弦》一课可制定如下教学目标。

（1）通过朗读、品味、比较、联想等多种方式学习课文，在学懂的基础上熟读成诵。

（2）初步运用借助注释、联系上下文等学习文言文的基本方法，感受常用的文言词汇，增加文言文的阅读体验。

（3）感受高山流水的知音文化，明确朋友相交的真挚深沉，受到传统文化的熏陶。

2. 依照单元目标制定教学目标

语文教材中的单元"导语"和"我的发现"或"交流平台"，有明确该单元的教学重点与编写意图的作用，而这正是教师确定教学目标的第二个凭借。一篇文章被选入课文，或因其内涵丰厚，或因语言精妙，或因其涉及丰富的语文知识点，又或者这些特点兼而有之，但哪些是这篇课文的教学重点，哪些是急需解决的、训练的，应根据单元重点与编者意图来定。教师不可能通过一篇课文的教学解决语文上的所有问题，因而教师就不能无视单元重点与编者意图随意地确定教学目标，而应依凭单元重点与编者意图而定。

【对应案例】人教版五年级下册《将相和》一课可制定如下教学目标。

（1）认识7个生字，会写9个生字。正确读写并理解"完璧归赵、无价之宝"等词语。

（2）默读课文，给三个故事加上小标题，并分别说说主要内容。

（3）抓住故事矛盾，理解三个故事内部联系，体会"和"的重要性，体验阅读历史故事的乐趣。

（4）抓住人物语言，揣摩人物内心，感受人物形象，体会课文中主要人物语言描写的表达效果。

(5) 有感情地朗读描写主要人物语言的句子。

《将相和》是人教版五年级下册第五单元的第一篇精读课文，单元主题是"中国古典名著之旅"，单元训练重点是学习阅读中国古典名著中的故事，要求"理解主要内容，感受人物形象，感受名著的魅力，激发阅读名著的兴趣"。目标(2)、(3)、(4)就很好地体现了单元目标的要求。

3. 依照文本特点制定教学目标

在确定教学目标时，教师还要特别注意课文特征与课后练习。每篇课文都有其自身的特点，同时每一篇课文所承载的教学目标都应该带有该文本特有的标记。教师要深入解读文本，充分把握文本特点，找出在语言表达上具有某种规律性的、可迁移的、可概括类化的语言现象作为教学目标与内容。此外，一篇课文的内容是极为庞杂的，教师在进行教学设计时要进行取舍，选择那些最能体现课文特征的内容来教；而课后练习是语文课程内容建设一个不可或缺的组成部分。语文课"教什么"在很大程度上是由课后练习或明或暗指示给教师的。

就阅读教学而言，阅读不同样式的文章，课程标准也有相关要求——阅读叙事性作品，了解事件梗概，简单描述自己印象最深的场面、人物、细节，说出自己的喜欢、憎恶、崇敬、向往、同情等感受；阅读说明性文章，能抓住要点，了解文章的基本说明方法；阅读诗歌，大体把握诗意，想象诗歌描述的情境，体会诗人的情感，受到优秀作品的感染和激励，向往和追求美好的理想。

【对应案例】人教版五年级下册《桥》一课可制定如下教学目标。

(1) 认识 6 个新字，会写 8 个。

(2) 有感情地朗读课文，以示对课文情感的理解和感悟。

(3) 用简洁的语言概括文章的主要内容。

(4) 领悟课文环境烘托、分层推进、设置悬念表现人物品质的表达方式。

这是一篇叙事性作品。这样的教学目标就体现了这一类文章阅读的个性，"什么样的文章读出什么来"。特别是目标 4 更是体现了这一篇文章阅读的个性，因为环境烘托、分层推进、设置悬念表现人物品质的表达方式就是这篇课文表达上的特色。

【对应案例】人教版五年级上册说明文《新型玻璃》教学设计

重庆市万州区沙河小学　　陈学应[①]

这篇课文条理清楚，层次分明。课文前 5 个自然段，在结构上有两个明显特点，一是介绍每种新型玻璃时都是先讲特点，再讲用途。二是特别注意段与段之间的衔接过渡，且富于变化。用词准确，表达生动形象，也是这篇课文在表达上的重要特点。课文对每种玻璃的特点和用途都介绍得极为生动具体。例如，开篇先从夜深人静、警铃骤响讲起，引人入胜地讲述了夹丝网防盗玻璃的特点——可以自动报警，为下文介绍这种玻璃的作用埋下了伏笔。再如，介绍夹丝玻璃的坚硬时，说夹丝玻璃即使破碎，碎片仍粘在一起，课文用"藕断丝连"来形容，使人容易理解。作者还把变色玻璃比作"自动窗帘"，把噪音比作来无影去无踪的"隐身人"。在介绍吃音玻璃时，作者又运用拟人的手法，把它说成是"消除噪音的能手"，并通过具体例子和数字加以印证，使人清楚明白，印象深刻。据此，本课可以设计以下教学目标：

(1) 认识 5 个生字，会写 8 个生字。正确读写"急促、报警、盗窃、嫌疑、即使、保持、噪音、研制、奇迹、安然无恙、藕断丝连"等词语，理解"安然无恙、藕断丝连、急促、嫌疑"等。

① 2008-09-26 人教网。

（2）正确、流利、有感情地朗读课文，理解课文内容，知道课文介绍的 5 种新型玻璃的特点和用途。

（3）了解当代科技在现代化建设中的作用，激发学生爱科学、学科性的积极性。

（4）领悟说明方法，并学习运用。

本文的教学目标设计，体现了说明文的文体特征，明确说明文学习的目的要求，有助于学生通过说明文的学习获得信息获取的能力。

二、教学内容的选择

选择教学内容，要依据教学目标、学生实际和教学资源。总体来说，要注意几个问题：

1. 不要把教学内容混同于教材内容

教材只是教学的凭借，教师进行课堂教学是"用教材教"，而不是"教教材"，所以一定要对教材进行取舍。

2. 教学内容的难度要适当

设计问题和任务时，要注意不能低于学生的学习起点，也不能高到学生经过努力也难以达到的程度。比如，有的老师经常采用猜谜的方式引入课题，而往往要猜的谜底就是课题，学生很容易猜中，常常教师刚一开口说出谜面，学生就说出了谜底。有的老师不注意学生的年龄特点，把问题或任务设计得太难。比如，有的老师让一年级孩子自己读课文，一边读一边画出本课的生字，而老师给他们的时间常常有限，有时还要比比谁先完成。这对于一年级孩子来说是难以做到的，他们要么专注地读课文，要么专注地把课文的生字画出来。还有的老师在低年级的教学中，布置学生自读课文，一边读一边思考三个问题。教师一口气说出三个问题，学生连问题都记不住，更不要说思考了。实践证明，在低年级教学中，一次提出几个问题让学生同时思考，或者一次布置几个任务让学生同时完成，是不够恰当的。

3. 教学内容的容量要适当

如果一节课的教学内容安排太少，信息量太小，密度过疏，学生吃不饱，教学效率也低。但教学内容也不宜安排得太满。尤其是上公开课，教师往往为了给听课者留下一个好印象，总是想多安排一些内容，多体现一些理念，多展示一些亮点，结果常常拖堂。一节课40分钟一晃而过，能安排的内容、能体现的理念、能展示的亮点，是非常有限的，如果这也舍不得丢，那也舍不得放，这也想体现，那也想展示，结果只能是什么都难以深入，什么都难以体现，学生什么也没有真正学会。

4. 教学内容中的难点重点要放在突出的位置并预留充足的时间

对学生熟悉的问题尽量少提；对学生很容易理解的段落，尽量少问或不问；估计学生都认识的字，可以不教；对大部分学生都认识的生字，可以只对个别同学进行指导。有的教师教学是把大部分时间都花在一些无聊的问题的回答上，导致学生读书和独立思考的时间很少，字词句教学的时间也很有限。

语文教学内容不等于语文教材内容。语文课不能将语文教材内容当成语文教学内容去"教课文"，应该以课文为"例子"，指导学生掌握语文知识、语文方法和语文技能，即"用课文来教语文"。

教科书是语文教学的重要依据。教材中具体的一篇文章则提供了一种可能性，蕴含着许多"可以教"的内容。教师要最大限度地发掘教材的教学价值。但是，不可能是所有的教学价值点都需要教学，必须有所选择。

如何选择合宜的教学内容呢？

王荣生教授提出，语文课"好课"的最低标准是：首先，教师对自己的教学内容有意识，即知道自己想教什么、在教什么，并且知道自己为什么教这些内容。

其次，一堂课的教学内容相对集中因而使学生学得相对透彻。

（一）选择教学内容依据

1. 根据语文根本任务选择教学内容

对语文学科而言，学习一篇课文是如何表达的，而不是它表达了什么，学习言语形式比了解课文内容更为本质，更为关键，更为主要。对小学生来说，学语文首先是学语言——学习正确理解和运用祖国语言文字。理解，主要是对课文如何运用语言文字的理解，即理解作者为什么要这样运用语言文字而不是那样运用语言文字，学习作者为什么要这样写而不是那样写，作者为什么要这样说而不是那样说。我们说，语文教学最核心的内容是学习语言表达，训练语言表达。

一篇课文的教学价值最主要的是让学生学习如何运用语言传递信息的，也就是言语形式。

言语形式的学习内容主要包括三方面：一是积累丰富的语言材料；二是学习掌握一些基本的语言形式的知识；三是体会语言形式对内容表达所起的作用。具体来说，言语形式包括词语和句子的形式、段落的结构、文章的布局谋篇。语文课程标准就各学段语言形式的教学分别提出了要求：

第一学段："阅读中积累词语""感受语言的优美""阅读中，体会句号、问号、感叹号所表达的不同语气""背诵优秀诗文 50 篇（段）"。

第二学段："体会课文中关键词句在表情达意方面的作用""初步感受作品中生动的形象和优美的语言""体会句号与逗号的不同用法，了解冒号、引号的一般用法""积累课文中的优美词语、精彩句段，以及在课外阅读和生活中获得的语言材料""背诵优秀诗文 50 篇（段）。

第三学段："辨别词语的感情色彩""了解文章的基本说明方法""推想课文中有关词句的意思，体会其表达效果""初步领悟文章基本的表达方法""体会顿号与逗号、分号与句号的不同用法""诵读优秀诗文，注意通过诗文的声调、节奏等体味作品的内容和情感""背诵优秀诗文 60 篇（段）"。

需要注意的是，"哪些优美的语言形式""哪些基本的表达方法""哪些基本的说明方法""关键词句、标点、节奏、声调在表情达意中的哪些具体作用"等，课程标准并没有具体提出，这就需要针对具体课文提出语言形式方面的具体要求。

【对应案例】人教版五年级下册《猴王出世》。

这是一篇略读课文，选自我国古典小说《西游记》第一回。课文主要写了花果山上一块仙石孕育了一只石猴，这石猴与群猴玩耍时，因敢于第一个跳进水帘洞，被群猴拜为猴王，表现了石猴活泼可爱，敢作敢为的特点。浙江省金华师范学校附属小学王春燕老师选择了下面这些内容：

"那猴在山中，却会行走跳跃，食草木，饮涧泉，采山花，觅树果；与狼虫为伴，虎豹为群，獐鹿为友，猕猿为亲；夜宿石崖之下，朝游峰洞之中。"

为什么选定这组句子作为教学内容呢？那是因为这段话藏着秘密——内容与语言高度融合：第一，三个字的短句排列着，表现石猴的好动；第二，四个字的短句排列着，表现石猴的乐群；第三，最后一个分句是对子，表现石猴的自在。她把教学的着力点放在"言语形式探究与内容理解和谐统一"上，带领孩子们研究语言，品味语言，感受经典名著的语言魅力。

像这样经常引导学生在阅读课文的时候，除了了解课文内容，更要发现课文的表达，获得支撑他自己表达的知识，等到他自己表达的时候就有章可循。

2. 依照学生学情选择教学内容

叶圣陶先生说过，对于语文学习，"知识不能凭空得到，习惯不能凭空养成，必须有所凭借。那凭借就是国文教本。国文教本中排列着一篇篇的文章，使学生试去理解，理解不了的由教师给予帮助（教师不教学生先自设法理解，而只是一篇篇讲给学生听，这并非最妥当的帮助）；从这里，学生得到了阅读的知识。更使学生试去揣摩它们，意念要怎样地结构和表达，才正确而精密，揣摩不出的，由教师帮助；从这里，学生得到了写作的知识。"也就是说，语文教学的内容，语文教师在备课中应该关注的地方，就是学生在预习时"理解不了的""揣摩不出的"的地方。

【对应案例】按学情选择教学内容。

三年级下册第八课《海底世界》，除开头结尾外，有四个自然段写了海底世界的特点：海底很平静，有声音、动物的活动、地貌和植物，有矿藏。其中有三个自然段构段方式很有特点，体现出总分、问答的构段方式。那么，就可以在教学目标里，把通过理解主要自然段来了解课文的主要内容，学习总分和问答的构段方式作为年段阅读目标。三年级阅读教学仍然要重视词句教学，可以把表现事物特点的词语作为重点，在解读自然段内容时来教学，如"宁静""窃窃私语""嗡嗡"等象声词，"蕴藏""储藏量"等都要重点理解。文中段落的总起句和文章点明事物特点的总结句都可以作为句子教学目标。其他课文中点明主要内容和文章主题思想的重点句子，运用一定修辞的句子，点明人物特点的句子都可以作为教学的重点目标对待。

3. 依照教学目标选择教学内容

教学目标是师生通过教学活动预期达到的结果或标准，是对学习者通过教学以后将能做什么的一种明确的、具体的表述，主要描述学习者通过学习后预期产生的行为变化。教学内容服务于教学目标，旨在达成教学目标。教学内容的选择要紧扣教学目标，而不是教师想教什么就教什么，教师能教什么就教什么。

在教学内容的选择上应该关注几点：

（1）教学内容相对集中。教学内容少而精，是课堂教学的基本准则。

（2）教学内容要"整合"。一般来说，能进入教材的文章，往往具有这样的共性，既是语言学习的范本，也是人文熏陶的上品，而且两者不能分割。不少课文，语言习得和人文熏陶的结合处是教学的重点，也可以成为课堂教学的亮点。教师要尽可能选择这样的内容，通过研读赏析，实现语言习得、形象再现、情感熏陶、表达方法学习等的一举多得。

（3）教学目标和教学内容互动。在课程标准规定的年段目标范围内，一篇具体的课文，教学内容选择和教学目标确定应当是一个反复互动的过程：根据目标选择教学内容；选定教学内容后修改教学目标，不断考虑教学目标的合理性和内容选择的适切性，才能产生良好的教学效果。

【对应案例】人教版六年级上册《老人与海鸥》教学设计与教学实录

河南省焦作市山阳区塔南路小学　孙红梅[①]

教材简述及设计理念：

课文讲述了一个感人的故事。十多年前，老人在湖畔偶遇一群北方飞到昆明越冬的红嘴鸥。从此，老人与海鸥结下了不解之缘。每逢冬季来临，海鸥便成群结队地来到翠湖之畔，老人也像赶赴约会似的，每天到翠湖之畔去喂海鸥，风雨无阻。他视海鸥为儿女，给它们起名字，喂饼干，照顾伤病的海鸥。久而久之，海鸥与老人结下了深厚的情谊。然而有一天，老人去世了。海鸥们在老人的遗像前翻飞盘旋，连声鸣叫，后又肃立不动，像是为老人守灵的"儿女"，不忍离开自己的亲人。本课教学的重点是练习以较快的速度阅读课文，抓住描写老人神态、动作和语言以及描写海鸥动作的重点语句，体会蕴含其中的深厚感情，并揣摩作者是如何把老人与海鸥之间的感情写具体的。

教学目标：

① 学习 8 个生字。正确读写并理解"塑料、饼干、节奏、乐谱、吉祥、企盼、急速、抑扬顿挫、相依相随"等词语。

② 以较快的速度阅读课文，概括文意，感受老人与海鸥之间深厚的感情。

③ 抓住课文的重点词句，体会句子的意思，有感情地朗读课文。

④ 揣摩作者是如何把老人与海鸥之间的感情写具体的。

为完成以上教学目标，在教学过程中教师在"研读文本，体会老人和海鸥之间的深厚情谊"这一环节选择了这样一些内容引导学生细读品味。

（1）学习老人爱海鸥部分（根据学情指导相应的语段）。

（ppt）他背已经驼了，穿一身褪色的过时布衣，背一个褪色的蓝布包，连装鸟食的大塑料袋也用得褪了色。朋友告诉我，这位老人每天步行二十余里，从城郊赶到翠湖，只为了给海鸥送餐，跟海鸥相伴。

① 通过外貌（板书）的描写给我们展现了一位十分简朴的老人。（哪些词语的描写让你感受到这是一位简朴的老人？引导学生抓住三个"褪色"进行体会）

② 二十余里有多远，你们知道吗？

师：二十余里，相当于从我们学校走到基地军训的路程，老师记得当时我们快步行走了 4个多小时才到达。孩子们，回忆一下当时的情景，你有什么感受？指名回答。

这么远的路？他为什么不坐公交车呢？指名回答。

以学生的切身体验，来感受老人对海鸥的喜爱。

③ 师：是啊，他对自己太吝啬了！他把节约下来的钱都用来给海鸥买吃的了。让我们把感受融入文字中，齐读这段话。

（ppt）老人把饼干丁很小心地放在湖边的围栏上，退开一步，撮起嘴向鸥群呼唤。立刻便有一群海鸥应声而来，几下就扫得干干净净。老人顺着栏杆边走边放，海鸥依他的节奏起起落落，排成一片翻飞的白色，飞成一篇有声有色的乐谱。

① 通过老人喂海鸥这一细节的描写，让我们感受到老人的动作（板书）是多么的娴熟，

① 2008-09-26 人教网。

与海鸥之间的配合是那么默契、和谐!

②同学们我们就来看这一段。在这有声有色的乐谱中,你听到了什么?假如你就是老人,你会说什么?假如你是其中的一只小海鸥,你又会说什么?同桌练习说说。

③过渡:老人和海鸥究竟在说什么呢?让我们请两位同学来说一说。

④学生对话,教师评价。

⑤老人与海鸥有太多太多的话要说,他们是这么亲密,这么快乐。这真是一篇有声有色的乐谱,让我们再来读读这幅画面吧。

(ppt)在海鸥的鸣叫声里,老人抑扬顿挫地唱着什么。侧耳细听,原来是亲昵得变了调的地方话——"独脚""灰头""红嘴""老沙""公主"……

①抑扬顿挫是什么意思?(声音高低起伏和停顿转折。)从这个词语中你体会到什么?

②老人是在用心和海鸥交谈,他把海鸥当成自己的儿女,老人亲昵而自然地呼唤声,不就是一首首动听的歌曲吗?这是通过神态(板书)的描写,来表现老人对海鸥的喜爱。

海鸥最重情谊,心细着呢。……你看它们那小模样!啧啧……

①"海鸥飞出带诗来。"我们课前布置了预习,谁来给大家讲讲这句诗是谁写的?指名回答。

②从老人的语言描写(板书)既可以看出他对海鸥十分了解,足见他对海鸥的喜爱之情。

(2)师补充资料,激发学生对老人的敬佩之情。

师补充:李志雄是一位摄影师。在摄影时发现了这位老人,起初老人并不让他拍照,经过不断地接触,他们渐渐熟悉了。李志雄了解到:

(ppt)老人每月三百零八元的退休工资有一半以上都用来给海鸥买吃的。而他自己的日子却过得分外容啬:一个馒头一碗稀饭,就点咸菜,就是他的一顿美餐;他抽两毛多钱一包的金沙江烟;他从来舍不得坐5毛钱的公交车,无论到哪儿,无论有多远,他都坚持走路;他喜欢听京戏,却舍不得花上10元钱买一个收音机,而每次出门,他都背着一个破布包,为的是沿途捡拾干树枝和煤渣拿回家当燃料……

师:十多年的冬天,几千个日子,几万里路程,老人每天都到翠湖边喂海鸥,风雨无阻,老人就这样与海鸥相依相伴。可有一天老人没来,第二天老人还是没来,直到第三天的时候,才看到老人穿着一套簇新的手缝的衣服步履蹒跚地到翠湖来喂海鸥,(ppt)老人很虚弱,坐在翠湖边喂鸥时,身体弯成弓形。李志雄和老人招呼,老人说,这两天病了,2天只吃了一碗面,今天觉得好些就来看海鸥。

师:可这一看就成了绝别。当李志雄和几位朋友相约一路询问打听到老人的住处时,走进老人的家里,映入眼前的一幕让人心酸:(ppt图片)他的家小得只能放下一张床,最值钱的就是一小袋面粉和6个鸡蛋,那是给海鸥做鸡蛋馒头的。

(3)学习海鸥眷恋老人部分。

师:当我们把老人的遗像放大,带到了翠湖边时,发生了一件意想不到的事情。意想不到的事是什么?

①一群海鸥突然飞来,围着老人的遗像翻飞盘旋,连声鸣叫,叫声和姿势与平时大不一样,像是发生了什么大事。

师:你知道海鸥们为什么叫声和姿势与平时大不一样吗?

(指名回答)

师小结：海鸥也许以为是老人又来给它们喂食了，许多天没来的老人终于又来了，于是它们没等老人呼唤它们的名字就迫不及待地"突然飞来"。然而它们很快就发现不对，于是它们围着遗像"翻飞盘旋""连声鸣叫"，它们用声声鸣叫呼唤老人。

师：意想不到的事还有什么？

②（ppt）海鸥们急速扇动翅膀，轮流飞到老人遗像前的空中，像是前来瞻仰遗容的亲属。照片上的老人默默地注视着周围盘旋翻飞的海鸥们，注视着与他相伴了多少个冬天的"儿女"们……过了一会儿，海鸥纷纷落地，竟在老人遗像前后站成了两行。它们肃立不动，像是为老人守灵的白翼天使。

A．让我们再来品品这段话。男、女生分句子交替朗读。

B．从这一段话中你读懂了什么？（问刚才读这一段的学生）

C．师：是呀，海鸥眷恋老人，老人又何尝不眷恋海鸥呢？此时，天地之间也仿佛静止了，只有老人和海鸥在进行着心与心的交流，他们在说着什么呢？一、二组写写老人说的话，三、四组写写海鸥说的话。

（指名读话）

师小结：老人和海鸥有多少说不完的话啊！此时，海面上的风渐渐大了，掀起阵阵浪花。该让老人回去了，当我们不得不去收起遗像的时候，海鸥们（师拉长声音，生接读）

③（ppt）当我们不得不去收起遗像的时候，海鸥们像炸了营似的朝遗像扑过来。它们大声鸣叫着，翅膀扑得那样近，我们好不容易才从这片飞动的白色漩涡中脱出身来。

师：文中连用了两个"扑"，从这个扑字中，你体会到了什么？指名回答。

A．动物也有灵性啊！它们在用声声哀鸣呼唤着老人。假如你是这白色漩涡中的一只海鸥，你会说（指1、2名学生回答）……

B．师小结：海鸥们是那么舍不得离开老人，它们在用自己特殊的方式表达对老人的眷恋（板书）。

第三节　怎样确定教学重点和难点

合理确定教学重点难点是实现有效教学的前提。

课堂教学过程是为了实现教学目标而展开的，确定教学重点、难点是为了进一步明确教学目标，以便教学过程中突出重点，突破难点，更好地为实现教学目标服务。因此，确定教学重难点首先要明确教学目标和教学内容，其次，要了解学生原有的知识和能力的状况以及学习方法和学习习惯等。教师要在了解学生的基础上，做出预见，预见学生接受新知识的困难、可能产生的问题，以便对症下药。这样才能避免教学中的主观主义和盲目性。

小学语文课堂教学重难点的确定，首先要以语文课程标准不同教学内容的阶段目标作为依据，比如，第一学段识字教学是重点，教学过程中就要突出这一重点，在识字教学过程中培养学生的识字兴趣、识字能力，帮助学生掌握多种识字方法，第二学段开始，阅读教学等就成为教学的重点，要教给学生阅读的方法，培养阅读能力。

当然，教学重难点主要是在教学目标的指导下，根据教材内容和学生的实际学情而定，这就为教学重点难点的确定增加了难度。

【对应案例】人教版二年级上册《黄山奇石》一课。

根据课文的内容和表达方式以及二年级小学生的语言发展的特点，应以景物描写为教学的重点，围绕这个重点引导学生体会从不同角度写景和从动态、静态写景的手法。抓住与重点有关的主要词、句、段，如：描写"仙桃石""猴子观海""仙人指路""金鸡叫天都"等这些石头，不但写出了石头的"奇"，还生动地配以神话、童话的语言色彩，让学生感悟大自然的神韵。

一、确定教学重难点的依据

小学语文教学确定教学重点难点的依据如下：

（1）依据语文课程标准关于不同年段的各项教学目标的规定，确立各年段的"主攻方向"。

（2）根据不同年级各单元教材的特点，确定各单元备课的教学重点。

（3）结合不同班级学生的语文知识基础的实际，最后确立每一课完成教学重点的方法和深度。一句话，就是要做到既有通盘考虑的长计划，又要有落实到每一课的具体安排。各课的重点既有相对的独立性，又互相联系循序渐进、由浅入深。教师在备课中必须抓准重点句段，凸现重点句段在文中的重要作用。

【对应案例】人教版一年级下册《司马光》一课。

第四自然段写有一个小朋友不小心掉进水缸里，其他小朋友惊慌失措，第五自然段司马光沉着、坚决、不慌，举起石头砸缸救人的机智、勇敢，形成鲜明对比。教学过程中的重点就应该抓住重点段落进行质疑讨论教学，并作强化性点拨，这样学生就能正确合理地把握课文的思想内容。

二、不同学段语文教学重难点的确定

小学语文各学段教学目标包括识字与写字、阅读、习作、口语交际、综合性学习五大内容。学段不同，教学重点难点也应有所差异。

（一）汉语拼音教学

"汉语拼音"是第一学段教学内容的一个重要部分，主要在一年级学生入学后 7～8 周时间内学习。

2011 版《语文课程标准》汉语拼音教学第一学段目标是："学会汉语拼音。能读准声母、韵母、声调和整体认读音节。能准确地拼读音节，正确书写声母、韵母和音节。认识大写字母，熟记《汉语拼音字母表》。"并在实施建议中明确指出"汉语拼音能力的评价，重在考察学生认读和拼读的能力，以及借助汉语拼音认读汉字、纠正地方音的情况。"新课程将汉语拼音教学定位于借助汉语拼音识字、正音、学习普通话，不再提帮助阅读、写作的要求。

据此，汉语拼音教学的重难点就是读准音，认清形，正确拼读，同时根据教材内容的编排，还要适时解决拼写规则的问题。

【对应案例】"ai ei ui"教学目标及重难点设计

张店老师进修学校暨教研室　潘春丽

教学目标：

（1）学会复韵母及 ai ei ui 及它们的四声，达到读准音，认清形，正确书写。

（2）练习拼读音节，提高拼读音节的能力，正确书写规定的音节。

（3）培养学生发现问题和勤于动脑的习惯，乐于运用所学知识拼读音节。

教学重点难点：

重点：读准复韵母 ai ei ui 的音，认清复韵母的形。难点：拼读带复韵母的音节。

（二）识字写字

识字写字是第一学段的又一个教学重点，课程总目标要求小学阶段认识常用汉字 3 000 个左右，而在第一学段就要认识 1 600 个，会写 800 个，并且从开始识字教学就要培养学生的对识字的兴趣和独立识字能力。

识字教材编排采取集中识字和随课文分散识字等多种方法，注意教给学生掌握识字的方法。教学中要遵循识写分开，多认少写的原则，会认的字重在正音，会写的字重在正形。

第一学段写字教学要把正确规范书写，培养良好的写字习惯作为教学重难点。

【对应案例】一位教师教"聪明"一词时，让学生说说如何认、记这两个字。

生：两个字都是左右结构，"耳、总、日、月"以前我就认识，因此很容易记。

生：我这样记"聪明"，要想听得"明"白，"耳"朵"总"得竖着。

生：我发现"聪"字包括了人的四个器官——耳、（眼）、口、心。

师：是啊，耳、眼、口、心（古人以为人是用心思考，实际是用脑思考）这四件宝合成了一个"聪"字，这四件宝不能只用一次，要"日日"用，"月月"用，天长日久，就变得"聪明"了。

短短几分钟，学生不但创造性地用自己的方法记住了字形，体验到发现的快乐，而且受到了思想教育，体现了三维目标的整合。

【对应案例】《日月明》教学设计

特级教师　武宏钧

设计理念：

本课设计是围绕"有趣的汉字"这一主题开展实践活动的，目的是进一步扩展学生对会意字的认识，通过读词语了解四个字的意思，激发学生对祖国文字的喜爱之情。

教学目标：

（1）在熟读课文中认识汉字，并引导孩子发现构字规律，认识"笔尖、鲜花"等 8 个词语，会写本课生字"力、手、水"。

（2）正确朗读课文，初步感受汉字的构字规律。

（3）通过小组合作学习，调动团队合作的意识，提高识字效率。

（4）通过不同形式的朗读，理解、感悟汉字，掌握朗读技巧。

（5）让学生感悟汉字的构字规律，培养主动学习汉字的浓厚兴趣，激发学生热爱祖国汉字文化的热情。

教学重点难点：

帮助学生了解一些会意字的构字特点，培养学生初步的认字能力。

这节识字教材编排的都是会意字，教师在教学过程中引导学生体会会意字的构字特点，掌握会意字字形的记忆方法和领会字义的方法，培养识字能力。

（三）阅读教学

阅读教学是小学语文教学的重要内容，承担着学生全面提高学生语文素养的重任，因此，对阅读教学不同学段重难点的把握关系着语文教学的整体质量。

1. 低年段重词语理解、重朗读感悟

初入学的儿童一般只有运用口头言语的经验，还没有掌握书面言语，所以儿童最初的阅读活动只能是朗读，随着朗读能力的发展，儿童的文字感知和内容理解之间的距离日益缩短。因此，对于低年级的学生来说，受年龄的限制，理解力不强，而掌握的词汇又有限，对自己在生活中的所见所闻、所思所想，所感所悟，要用较为规范的语言清楚流畅的叙述、表达是很困难的。课堂上通过朗读训练，让学生通过反复练习把课文读通顺，能够有感情朗读课文，在读中学习、揣摩作者组合语言的方式，学习理解词语的方法以及表达的方式是一种有效的方法，也是低年级阅读能力培养的重点难点。

【对应案例】人教版二年级下《小鹿的玫瑰花》教学设计

山西太原市青年路小学　徐巧红

学习目标：

（1）会认 8 个生字，会写 12 个字。积累"我会读"中的词语，培养积累词语的兴趣和习惯。

（2）分角色有感情地朗读课文，懂得小鹿的玫瑰花为什么没有白栽。认识到为别人创造幸福，自己从中也能得到快乐。

教学重点：

（1）会认 8 个生字，会写 12 个字。

（2）分角色有感情地朗读课文，懂得小鹿的玫瑰花为什么没有白栽。

教学难点：

懂得小鹿的玫瑰花为什么没有白栽。认识到为别人创造幸福，自己从中也能得到快乐。

2. 中年段重感悟、学积累

课程标准对中年级阅读教学提出十五条目标要求，其中"能联系上下文，理解词句的意思，体会课文中关键词句在表达情意方面的作用。能借助字典、词典和生活积累，理解生词的意义"，"能初步把握文章的主要内容，体会文章表达的思想感情"，"能复述叙事性作品的大意，初步感受作品中生动的形象和优美的语言，关心作品中人物的命运和喜怒哀乐，与他人交流自己的阅读感受"，"积累课文中的优美词语、精彩句段，以及在课外阅读和生活中获得的语言材料"都是有关感悟积累方面的要求，因此在中年段语文阅读教学中，应在低年段教学的基础上重点培养学生的感悟词句、段落以及文章思想感情的能力，注重学生的语言积累。在理解的基础上，通过朗读、背诵、摘抄等形式，积累课文中的优美词语、精彩句段，同时培养对好词佳句的敏感，养成积累词句的习惯。

【对应案例】人教版四年级上册《爬山虎的脚》教学设计

湖北省安陆市王义贞花园小学　江红波

设计理念：

《爬山虎的脚》是一篇精读课文。叶圣陶老先生细致精准地描写出爬山虎充满了勃勃生机的"叶"和"脚"，形象生动、栩栩如生，这也是课文的重点。设计时分两课时教学，第一课时重点研究"叶子的特点"，第二课时重点讨论"脚"的特点。教学中立足工具——课本，注重引导学生抓住关键词句理解文章受到情感熏陶，学习作者的写作方法，充分挖掘教材的人文因素，培养学生的感悟能力、审美能力，使语文的工具性与人文性和谐统一。

教学目标：

（1）知识与技能：学习生字、词语，积累好词好句。

（2）过程与方法：能流利地朗读课文，了解爬山虎的特点；学习作者的观察方法，培养细致、有序的观察习惯。

（3）情感、态度与价值观：通过对课文的学习，培养学生像爬山虎一样的向上精神。

教学重点：

了解爬山虎的特点，学习作者的观察方法。

教学难点：

培养学生有顺序的观察事物的方法。

3．高年段重理解，学运用

阅读作为语文语言技能的重要组成部分，是语言输出的主要环节之一，也是学生在日后生活中最常用的语言技能。小学高年级学生语文阅读能力的提高可促进听、说、写能力的提高。阅读的最终目的就是理解文章、掌握信息。一方面教给学生灵活运用不同的阅读方法（浏览读、略读、精读、细读），在扩大学生阅读量、提高阅读速度的同时，着重提高阅读效率，反复训练理解技巧；一方面教会学生多角度、多层次地思考辨析，包括如何理解和阐述支持中心思想的事实和细节、如何从字里行间去读出作者的言外之意、如何进行梳理归纳、如何进行逻辑推断、如何理解人物性格等。

【对应案例】人教版六年级上册第十一课《唯一的听众》教学设计

河北省蠡县桑园镇杨北学校　李丛强

教学目标：

基础知识积累：学会6个生字。正确读写"神圣、悠悠、庄重、仪式、抱歉、溜走、介意、追问、荒唐、声望、割舍、大吃一惊"等词语。

方法与能力：有感情地朗读课文。提出不懂的问题与同学讨论。抄写印象深刻的句子；鼓励学生在学习过程中能提出不懂的、有价值的问题与同学讨论；体会课文写作上的一些特点。

情感与思想：理解课文内容，引导学生从老教授的言行与"我"的心理、行动变化两方面感受老人对"我"的爱护、鼓励，以及"我"对她的敬佩、感激之情。

拓展与延伸：结合课文内容与自己的学习实践，讨论自己以后该怎样学习，并写一篇读后感。

教学重、难点：本文的教学重难点是引导学生从老教授的言行与"我"的心理、行动变化两方面感受老人对"我"的爱护、鼓励，以及"我"对她的敬佩、感激之情。

【对应案例】人教版五年级上册说明文《假如没有灰尘》教学设计

重庆市万州区沙河小学　陈学应

这篇说明文语言准确、生动，知识性、趣味性很强。作者运用了假设、列数字、对比等说明方法，清楚明白而又生动形象地说明了灰尘与人类的密不可分的关系。选编这篇课文的意图，一是继续了解说明文的表达方法，体会作者准确地用词、形象地表达；二是让学生知道灰尘的特点和作用，懂得任何事物都有两面性，受到初步的辩证唯物主义启蒙教育。

学习目标：

（1）认识4个生字。正确读记"忽而、面临、来源、分裂、飘浮、削弱、柔和、性能、依附、稳定、朝晖、单调、庞然大物、古往今来、气象万千"等词语，理解"忽而、依附、庞然大物"等新词。

（2）正确、流利地朗读课文，理解课文内容，知道灰尘的特点和作用。

（3）领悟表达方法，并学习运用。

（4）懂得任何事物都有两面性，受到辩证唯物主义启蒙教育。

教学重点：

在理解课文内容的基础上，体会作者用词准确及说明事物的表达方法。

教学难点：

明白灰尘与人类的关系，懂得任何事物都有两面性。

学　　案	教　　案
学习提纲 （1）自学生字、新词。正确读写、理解目标1中的词语。 （2）读通读顺读流利课文。 （3）默读课文4～6自然段，填表。 	特点	用途	说明方法
---	---	---
		| （4）灰尘对人类有哪些危害？有哪些好处？从灰尘的危害与好处中你明白了什么道理	（1）导入课题，先让学生说说灰尘有哪些危害，然后再大胆设想一下，假如没有灰尘，人类和自然界将会怎样。 （2）让学生默读课文，将自己的想法与课文的内容相印证，看看有哪些异同，引起学生的思考。 （3）指导自读自悟4～6自然段，掌握字词。填表弄明白灰尘的特点、用途及作者的表达方法。 （4）拓展思维，明白道理： ① 延伸课外，说说灰尘的优劣。 ② 让学生在联系生活的讲述中明白：任何事物都有两面性，我们要学会扬长避短
练习提纲 （1）抄写目标1中的词语。 （2）以《假如我是灰尘》为题写一篇说明文，注意运用恰当的说明方法	转换迁移，训练运用

　　这两个案例一个是记叙文教学设计，一个是说明文教学设计，教学目标与重难点设计都体现了高年段语文学习的任务，注重培养学生对语言文字、思想感情及文章内容的领悟能力，同时学习运用语言表达的方法。

第四节　教法学法和教学媒体的选择

一、教学方法的选择与运用

（一）选择教学方法的态度和策略

　　教学方法的改革是教学改革的重要内容。对教学方法概念的理解，学术界有"方式说""途径说""手段说""相互作用说""教法学法统一说"等多种观点。

　　对教学方法的分类也有许多分歧。有人将教学法分为四类：语言性教学法、直观性教学法、实践性教学法、研究性教学法；有人将教学法分为提示型教学法、共同解决问题型教学法、自主型教学法三种基本类型，并认为三种方法是互相渗透、相互作用的，三种教学方法分别对应于接受性学习、合作性学习、自主性学习三种学习方式。

　　方法是人使用的，教学方法改革依赖于使用教学方法的教师素质的提高。同样的教学方法，在不同的教师手里会产生不一样的教学效果。同时教学方法是多种多样的，在具体的教师那里，教学方法更显得灵活、多变而富有个性色彩。教师的教学艺术和教学风格，包含了教学方法的个性化的灵活运用。所谓"教学有法，教无定法，贵在得法"，除了讲教学方法的多样性外，讲的就是教师贵在掌握灵活运用各种教学方法的艺术。此外，教学方法是教与学相互作用的活动方式，教学方法的运用不只是教师的事，还依赖于学生的参与，依赖于师生之间的积极互动。教师在运用各种教学方法的过程中，还要善于调动学生的主动性和创造性，善于和学生交往、互动，提高教学效果。所以，教师进行教学设计选择教学方法，首先要认真分析、研究各种教学方法，其次要正确处理继承和发展的关系，最后还要重视教学方法中人的因素，要根据自身教学技能与教师素养的现状选择教学方法。

（二）选择教学方法的依据

1. 教学目标

　　语文课程标准从三个维度设计教学目标，不同的教学目标应选择恰当的教学方法。比如识记、了解层面的目标，可通过讲授法、介绍法、阅读法实现；理解、领会层面的目标，可选用质疑法、探究法和启发式谈话法；应用层面的目标，可选用练习法、迁移法和讲评法；分析、综合、评价层面的目标，则应选用比较法、系统整理法、解决法、讨论法等。

2. 教学内容

　　小学语文教材的选文体裁丰富多样，不同的文体要采用不同的教学方法，才能达到最佳的教学效果，比如诗歌、散文适合诵读、朗读感悟法，情境教学法，而说明文则适合用探究法。

3. 学生的年龄特点及个别差异

　　角色扮演法对低年级学生来说是很适合也很受欢迎的，但发现法在低年级运用的效果就赶不上高年级。总的来说，低年级要多采用活动和游戏的方法。有的学生自己探究获得的知识可能难以留下深刻的印象，而通过教师讲解或归纳总结的知识则容易留下深刻的印象，对这样的学生，教师就应该注意在运用探究法时，适当配合讲解法和系统整理法。所以，设计教学的时候，教师要充分考虑学生的不同特点。

4. 教学组织形式

　　在采用班级授课制而班级人数太多的情况下，采用发现教学法、讨论合作教学法会遇到比较大的困难，课堂难以掌控。一般情况下，30人左右的小班额适应的教法更多。

5. 教师素质构成条件和教学风格

　　如果教师朗读、写字水平高，就可多采用示范的方法；如果教师朗读、写字水平不高，就可以多采用电化教学的方法，弥补自己的缺陷。

6. 教学条件

　　受设备条件的限制，直观法、实验法可能经常无法使用。受教学时间的限制，过多使用问题式教学、发现式教学就可能难以完成教学任务。

二、学习方式的选择和运用

积极倡导自主、合作、探究的学习方式，是《义务教育语文课程标准（2011年版）》的基本理念之一。学习方式的选择也要以教学目标、教学内容、学生的年龄特点、个别差异等为依据。

"自主学习"是相对于"被动学习"而来的，强调学生成为学习的主人。

"合作学习"是相对于"个体学习"而言的，强调学生之间的沟通与互助。

"探究学习"（发现学习）是相对于"接受"学习而言的，强调学生主动获取知识的过程。

实行"自主学习"，教师必须相信学生的学习潜力和创造力，善于"放权"；要注意激发学生的学习动机和学习兴趣，使他们能够积极、主动地参与学习活动，也乐于参与学习活动；要善于引导学生掌握学习方法，使他们会学；还要善于引导学生认识到学习的目的和意义，使他们克服困难、坚定学习意志。在学生学习的过程中，教师要引导学生逐步学会确定学习目标、选择学习内容、总结学习方法、学会自我监控、自我调节、自我评价、自我补救。

要认识到，自主学习不等于自学。低年级学生不具备自学能力，但不等于不具备自主学习能力。学生能积极主动地学习，能在学习过程中做出选择（比如选择学习伙伴和学习方式），能凭借自己的经验用自己喜欢的方式、用自己的方法认会几个没学过的字；在朗读课文时，能通过自己的努力从读不通到读通顺、读流利，在理解课文时能提出自己不懂的问题并能自己解决问题；在开展某项活动时，能给自己提要求，并能按这些要求约束自己。教师在教学过程中能多听听学生的意见，多采纳学生的意见，尊重学生的选择，这些都是学生的自主学习。

合作学习是指学生在小组或团队中为了完成共同的任务，有明确责任分工的互助性学习。开展合作学习，要处理好自主与合作的关系：自主学习是基础，不能走过场，不能在尚未充分自主学习的情况下就组织合作学习。合作学习也不等于小组学习，小组学习只是合作学习的一种方式，师生互动、同位交流、全班讨论等，也是合作学习。要注意合作学习的有效性：一看学习内容是否有价值；二看是否人人投入，互相帮助；三看是否有思维碰撞或情感交流。

课堂讨论是合作学习的一种方式，被教师们广泛利用。其实并非组织了学生讨论就体现了合作学习精神。那种时间非常短，学生还来不及进行深入思考、没有争论、没有启发、没有互相补充、没有互相帮助的所谓"讨论"，要摒弃。

课堂讨论要注意几点：

（1）问题要有讨论价值。

（2）问题难易度要合适，不能太简单，也不能太难。

（3）要给学生足够的讨论时间。

（4）分组方式要灵活多样，小组人数以 3 ~ 6 人为宜。

（5）讨论时要注意有组织、有分工、有合作。

（6）教师要发挥组织、协调、指导作用，比如要明确讨论的要求等。

（7）学生要人人参与。

（8）最好以小组为单位进行交流汇报。发言者要归纳小组的意见，包括一致的意见和分歧的意见。小组交流时，可有针对性地选择一些小组汇报，不宜一组一组地讲很长时间。还要注意组与组之间的互动，比如对其他小组的发言有何看法，或者有何补充，可以提出来交流。

探究学习是从学科领域或现实社会生活中选择和确定研究主题，在教学中创设一种类似于学术或科学研究的情境，通过学生自主发现问题、实验、操作、调查、信息搜集与处理、表达与交流等探索活动，获得知识、技能、情感与态度的发展，特别是探索精神和创新能力的发展的学习方式。探究式学习具有问题性、实践性、参与性、创新性、开放性等特点。

探究式学习方式不但在"综合性学习"中运用，而且应该运用在语文教学的各个方面、各个环节中。比如，探究发现字形特点和词语特点，围绕问题展开探究性阅读等，都是探究式学习的具体形式。

三、教学媒体的选择和运用

传统的语文教学媒体包括挂图、小黑板、投影仪、录音机、图片、生字卡片等。随着电子技术的发展，多媒体技术应用于小学语文教学越来越普遍，特别是互联网为教师教学资源的开发利用提供了非常便利的条件，教师可以通过网络搜索，获取大量现成的媒体资料为教学服务。但是，面对海量的网络教学资源，教师应认真研究语文学科的特点，合理使用教学媒体辅助教学，避免课堂上的喧宾夺主，影响语文学习的效果。要注意以下几点：

（1）处理好现代媒体和传统媒体的关系。现代媒体和传统媒体在设计制作和使用上各有优势，应该优化组合，并行不悖。

（2）处理好语言训练和直观教具的关系。学习语言主要靠读与悟（包括思考、想象），图像用得好能引起想象，用得不好会限制想象。要重视培养读文章、想画面的能力，让学生感受语言的无穷魅力，利用图像要适可而止，以给学生留有想象的空间。有的教师在诗歌教学中，一开始就播放课件，配乐示范朗诵，影响了学生自主、多元的想象。如果把课件放在学生充分自读之后，并在播放之前让学生猜一猜录像的画面，效果就会大不相同。

（3）从多媒体辅助教具的角度说，多媒体要有必要用才用（讲究目的性），用就要用好（讲求实效性）。

画面、声音等要清晰，出现时机要恰当，操作要熟练。课件制作要规范。比如，课件中的汉字尽量用楷体，不用黑体、宋体，更不要用变形的美术字体；汉语拼音用哥特体（笔画粗细均匀，不带装饰线），不用印刷体；标点符号的占位要准确。

（4）从信息技术与学科教学整合的角度说，信息技术将超越"辅助"教学的层面，和学科教学"整合"在一起。

要注意发挥信息技术的优势和特点，提高语文学习效率，比如利用它直观形象的特点，吸引学生的无意注意，激发学生的学习兴趣，帮助学生理解课文、感悟语言、体验情感；利用它信息量大的特点，培养学生搜集和处理信息的能力；利用它交互性强的特点，形成师生互动、人机互动的教学方式和学生自主、合作、探究的学习方式。另一方面，也要注意体现语文学科的特点，保证语文学科特有教学目标的实现。

【对应案例】人教版一年级上册《菜园里》教学设计

山东省淄博市 高桂霞

教学目标：

（1）知识目标：认识 14 个生字。会写"卜""又""心""风"四个字。认识 3 个偏旁"草字头”“走字底”“风字旁”和一个笔画“卧钩”。扩展学习本课以外的有关汉字，扩大知识面。

（2）能力目标：通过拼读音节读课文，掌握生字字音，了解儿歌内容。结合上下文和生活实际来理解词句。能正确、流利地朗读儿歌。认识一些蔬菜，了解它们的一些特点。

（3）情意目标：培养学生自主识字的乐趣，热爱祖国语言文字和大自然的思想感情。

教学重、难点：

认识表示蔬菜名称的汉字，了解有关蔬菜的特点，能正确、流利地朗读儿歌是本课教学的重点。识记生字、写好“心”“风”是难点。

主要教法、学法：

（1）教法：从本课集中归类识字的特点考虑，从学生实际出发，教学时主要采用尝试、情景教学法，引导、讨论、合作等方法综合运用。

（2）学法：一年级学生具有好奇、爱探索、易受感染的心理特点，容易被新鲜的事物所吸引。根据这一特点，让学生尝试自主认字，四人小组合作识字，交流识字的学法，让学生在“看看、摸摸、读读、议议、画画、说说、比比、演演、做做、教教、帮帮”的学习过程中，牢固地识记生字，提高识字效率。

教学准备：

（1）课前准备：在教室四周摆放上蔬菜，有“茄子、辣椒、黄瓜、豆角、萝卜、南瓜、白菜、卷心菜、西红柿”等。在每种蔬菜旁插上表示蔬菜名称的字词卡片（要注拼音），然后在每种蔬菜旁分别放上一个盒子，盒子里准备若干表示这种蔬菜名称的字词卡片（数量与学生数相同）。

（2）多媒体课件一组。让学生画一张自己喜欢的蔬菜画，并想办法写上蔬菜的名字。（可以是一种蔬菜，也可以是多种蔬菜。不会写的字可以请家长帮忙）

根据课文内容的编排，教师合理选择了实物和多媒体课件辅助教学，应该说，实物教具的选择比多媒体课件更具有直观性，可以帮助学生特别是城市小学生更好地认识常见蔬菜，弥补生活经验的不足。

第五节　怎样设计作业和练习

作业就是教师给学生布置的功课。一次完整的教学活动从教师备课开始，以布置、检查、讲评作业结束。对学生而言，作业有助于理解、巩固所学知识，强化技能，提高实际运用能力，培养学习的自觉性、主动性，养成良好的学习习惯，形成自学能力以及分析问题，解决问题的能力，体现了学习的过程；对教师而言，作业是教师检验课堂教学效果，调整、改善教学内容、教学方法的依据，是教师教学活动的重要组成部分。教师布置课外作业要依据一定的原则进行精心设计。

一、作业的含义

在《现代汉语词典》里，作业的名词意义有三个，其中之一就是“教师给学生布置的功课。”《辞海》则解释为“作业是为完成生产、学习、军事训练等方面的既定任务而进行的活动。”

我们现在常说的作业，一般指课外作业，也称家庭作业，即学生根据教师的要求，在上课以外的时间独立进行的学习活动。布置课外作业经常是各种类型课的一个不可缺少的教学环节。凯洛夫对此有过专门论述："家庭作业是教学工作的有机组成部分。这种作业从根本上具有独立作业的方法来巩固学生的知识，并使学生的技能和熟练技巧完善化的使命。"[①]

语文课外作业一般可分为三类：

阅读作业，包括为预习或复习而阅读教科书，为扩大学生知识领域，开阔学生视野，增加积累和感悟能力而进行的课外阅读。

口头和书面作业，包括熟读、背诵、复述、阅读理解、作文及其他创造性作业等

实践活动作业，包括调查、观察、资料搜集，写调查报告等。

作为课堂教学的有机组成部分，有效的作业设计有助于语文教学目标的达成，有助于学生语文素养的提升。

二、语文作业的类型

对作业进行分类的方法和标准很多，根据不同的方法和标准，可以分出多种作业类型。比如，根据完成作业的时间分，可以分成短时作业和长期作业；根据作业的功能可以分成准备型作业、巩固型作业、拓展型作业和创造型作业；根据学生完成作业的方式可分为口头作业和书面作业；根据不同学生完成作业内容和量的差异，可以分为必做作业和选做作业；根据完成作业的空间可以把作业分成课内作业和课外作业等。同时不同学科、不同年段学生作业分类标准也存在差异。就目前我国基础教育的实际来说，一般要求小学一二年级不允许布置书面作业，但可以布置适当的口头作业；就语文学科来说，教师为完成教学任务实现教学目标，会依据教学内容的需要和学生的学习需要布置不同功能的作业。

（一）准备型作业

准备型作业是为下节课或后面的学习做准备的作业，这类作业能使学生在随后的课堂学习中获益。

语文课课前要求学生查阅作者情况、故事背景，属于准备型作业。这些课前准备型作业可以帮助学生更好地理解课文，同时也有助于学生语文学习能力的提高和良好学习习惯的养成。但是这一类作业老师要针对不同的课文内容及作者提出不同的要求，逐步帮助学生掌握语文预习方法。

【对应案例】语文准备作业。

学习《圆明园的毁灭》一课，布置学生搜集查阅关于圆明园的屈辱历史以及这段历史的成因，可以加深对课文的理解，使学生懂得落后就要挨打的道理，进而思考作为祖国未来的主人应该怎样做才能不让这耻辱的一幕重演。

学习《一个中国孩子的呼声》一课，布置学生准备这样一些资料：联合国维和部队是一支什么样的部队？他们的主要任务是什么？他们戴的蓝盔是什么样的？学生通过查找资料，了解了这些基本常识，上课可以节省时间，同时也有助于学生更好地理解世界和平的意义。

（二）巩固型作业

巩固型作业是为了及时、有效地巩固所学的新知识，根据知识的重点、难点、关键点以

---

① 凯洛夫.实用教学技术［M］.北京：教育科学出版社，1994.

及学生掌握知识的特点，设计的有针对性的练习。

【对应案例】语文巩固作业。

（1）打开课本中的生字表，认真读一读第二单元的生字。

（2）按照结构的不同重新抄写，把相同部首的字写在一起。

（3）可以按照自己的方法编排生字表。

左右结构 $\left\{\begin{array}{l}\rule{4cm}{0.4pt}\\\rule{4cm}{0.4pt}\end{array}\right.$

上下结构 $\left\{\begin{array}{l}\rule{4cm}{0.4pt}\\\rule{4cm}{0.4pt}\end{array}\right.$

单一结构 ＿＿＿＿＿＿＿

这份作业虽然也是让学生抄写生字，但有助于学生在书写生字时进一步掌握生字的识记规律，可以使学生对生字记忆更牢固。同时，编写生字表比单纯抄写生字更有趣味性，能够调动学生识字的热情。此外，还有助于学生创新精神的培养。教师可以鼓励学生按照自己的想法编排生字表，比如可以按照字形相近、字音相近、笔画多少编排等。

（三）拓展型作业

拓展型作业是指在新课标指导下设计的，具有开放性、创造性、实践性，又能发挥学生主体性的作业。拓展型作业是巩固知识形成能力的重要手段，是培养学生良好学习习惯，促进学生个性发展的重要途径。拓展型作业不仅拓宽了相关训练所涉知识面，从多种视角、多个层面发掘教育资源，而且突破训练的时空界限，从课堂走向社会，走进生活，贴近大自然，在一个相对开放的环境中为学生搭建一个充分展示自我的平台。因而，拓展型作业能拓展学生的思路，激发学生的学习兴趣，调动学生的学习积极性，有助于培养学生的创新与实践能力。相对于传统作业重复性、应试性、机械单调、枯燥乏味，缺乏情趣，为学生提供了更多的空间、更多的渠道、更多的形式、更多的信息，它强调学生的实践操作，关注学生主体，注重发挥学生的自主性、创造性，使学生在积极主动的探究中获得发展。

【对应案例】《卢沟桥烽火》拓展作业设计。

（1）看——看一部与抗日战争有关的影片。

（2）查——可利用网络和书籍等查阅有关抗战的资料。

（3）观——参观当地的军旅纪念馆。

（4）访——采访一位抗战老英雄。

（5）思——对日本前首相小泉纯一郎参拜靖国神社和日本政府篡改教科书的反思。

（6）写——通过以上活动，以"不忘历史"为主题，写一篇自己看了这些史实后的感受。

作业方式：如果有足够的时间和精力可以独立完成，也可以与别的同学成立一个学习小组，大家分工合作完成这六个方面的作业，也可以和家长一起完成：如果没有足够的时间或条件，可以选择其中一项认真完成。（有困难可以请教老师）

呈现方式可以是日记，可以是剪报加评论，可以是照片加文字说明，可以做成手抄小报……（选择自己喜欢的方式）

作业时间：一周。

（四）创造型作业

创造型作业是指需要学生在完成过程中整合一些技能和概念，让学生走进现实生活，把书本上学到的知识同现实生活相联系并加以运用，从而有利于培养学生的创造精神和实践能力的作用。

【对应案例】《新型玻璃》创造型作业设计。

如果你是玻璃的推销员，请选择一种新型玻璃，自己设计最佳方案推销玻璃。也可以根据自己的理解，设计一种新型玻璃。

新课程改革特别重视学生创新意识、创新能力的培养，学习《新型玻璃》一课，学生了解了新型玻璃的特点、功能。无论是设计推销方案还是设计新型玻璃，无疑都给学生提供了自由创作的空间，学生可以充分发挥自己的优势，挖掘自身的潜能，进行大胆的创造。

三、语文作业设计的原则

在学校教学活动中，经常遇到这样一些情况：老师布置作业，总是有学生不写作业，有的学生作业只完成一部分，还有的学生抄别人的作业，也有的学生作业能按要求完成，但正确率很低，保量不保质。为什么出现这样一些问题呢？究其原因不外这样几点：一是老师布置的作业内容与难度和上课所学内容关系不一致，有难度的题目比例过大；二是作业量过多，超出学生的承受能力；三是没有考虑到学生的差异，大部分学生能够完成作业，但有部分学生因为学习基础较差，很难完成全部作业；还有一个原因可能就是作业形式单一，机械重复的作业居多，学生失去写作业的兴趣。所以，教师在布置作业时应考虑到教学需要和学生学习的需要，遵循一定的原则。

（一）目的性原则

教师布置作业应把握的第一个原则就是目的性原则，即给谁布置作业，为什么布置作业的问题。简单地说，课外作业是由学生根据课堂所学知识在课外完成，目的是检查、巩固课堂学习的效果，提升学生的能力，同时，教师通过作业评阅了解学生的学习情况，为今后课堂教学活动的开展提供可靠的依据。因而，课外作业的内容要符合教学大纲、教科书的要求，要与课内作业保持内在联系，使课内、课外的学习相互促进，掌握知识和发展能力互相结合。若只是为布置作业而布置作业，就失去了布置作业的意义。

（二）主体性原则

义务教育课程标准强调学生是学习的主人，因此在教学活动中要充分发挥学生的主体作用，注重学生学习态度、学习能力、学习方法、学习习惯的培养和养成。教师布置作业的目的是为了帮助学生巩固课堂知识，并通过练习形成能力。因而，教师布置作业要站在学生的角度进行作业设计，作业的形式、内容、数量要和学生的实际水平及能力相吻合。当前作业多、作业难已经成为小学生过重课业负担的主要根源。和西方发达国家相比，我国小学生的课外作业一直是偏多的，有调查显示，目前我国小学生一天的作业量相当于美国小学生一周的作业量，甚至更多。教师要认识到小学生正处于身心发育的重要阶段，大量的作业不但让孩子没有自由活动的时间，而且极易使孩子产生厌烦心理，彻底失去学习的兴趣。因而，教师在设计作业时，首先要注意作业的数量要适中。既要考虑不同年级学生身心发育的特点，还要考虑到学生每天所学的课程都会布置作业，这些科目作业加起来所用的时间不能超过孩子的承受范围。

此外，要使做作业成为学生喜欢的事，发挥学生在做作业时的主体性，还必须让学生建立起"做作业是自己的事"的观念。

（三）差异性原则

教育要面向全体学生，为了每一个学生的发展。学生之间存在着个体差异，表现在做作业方面也不例外，有的能做基本题目，有的能完成有一定难度的内容，有的喜欢具有挑战性的题目。因此，教师在设计作业时就应考虑到每个学生的实际情况，结合课堂所学内容精心设计与布置作业，以满足不同学生的不同需求，使不同层次的学生完成不同的作业。例如，可以把作业分成三部分：规定部分，保证每个学生都能获得必须的、有价值的学习，实现每个学生都应达成的目标；自选部分，满足不同个体的学习需求，体现每个学生的学习需要和选择权利；自创部分，让学生根据自身的学习情况和特殊需求自己给自己设计作业，可以激发学生自主学习的积极性，弥补个体学习上的不足。这样保证学生都能较好地完成各自的学习任务，有助于调动全体学生完成作业的积极性，提高作业的正确率，使每一个学生在完成作业的过程中都能体验到学习的幸福感，都能在原有的基础上得到逐步的提高和发展。

【对应案例】语文差异性作业——语文寒假作业。

（1）作业类别：

① 回读上学期旧课本，粗读下学期新课本，在新旧课本中"走个来回"。

② 采访一位家乡名人，探寻一段成功征程，吸取一点人生真经。

③ 调查"第三百六十一行"，搜索时代新行业，感受社会大进步。

（2）作业说明：

① 一颗星作业必须一人独立完成，二、三颗星作业可以多人合作完成，但不能超过三人。

② 请根据你的兴趣和能力自行选择作业，最少做一个，能全部完成更好，完成星数越多的作业越能证明你是好样的。

③ 一颗星作业重在查漏补缺，推荐写读书笔记；两颗星作业重在追寻名人耀眼光环背后的努力，推荐写访谈对话；三颗星作业重在挖掘顺应时代发展而产生的新型行业，可采用民间搜集、网上调查等方法，推荐写调查报告。

这一作业设计，难度有层次差异，学生可以根据自己的实际情况自主选择要完成的内容，基础差的同学通过做简单的题目帮助自己强化、巩固知识，基础好、程度高的同学可以选择有一定难度的题目，有助于自身能力的提升。

（四）趣味性原则

兴趣是学生学习的内驱力。学生只有具备了浓厚的学习兴趣，做作业积极性才会提高，才能高质量地完成作业。心理学研究表明，单调乏味的学习活动容易让学生产生疲劳，并会对学习产生厌倦心理。学生对做作业是否感兴趣，在很大程度上取决于作业形式与内容的趣味性。一般来说，小学生对内容枯燥、形式单调的作业感到乏味，而喜欢贴近生活、形式新颖、童趣盎然的作业。作业形式单一，缺少变化，频繁地重复抄写，机械地死记硬背，枯燥地题海训练，单一地应用仿效，让学生"见而生厌"，学生会应付了事。因此在作业设计中，要从学生身心特点出发，增加趣味性，传统作业内容赋予新样式，寓知识学习和技能训练于趣味性作业中，激发学生学习的积极性，提升学生做作业的热情。

【对应案例】语文趣味性作业。

电视、报纸、杂志以及街头巷尾的广告可谓是形形色色，但有些广告用语却篡改了汉语正规用法，请给下列广告词"消毒"，恢复这些成语的原貌。

A．某热水器厂广告词：随心所浴（　　　　）

B．某山地车厂广告词：骑乐无穷（　　　　）

C．某肉鸡公司广告词：鸡不可失（　　　　）

D．某制衣公司广告词：百衣百顺（　　　　）

帮助学生纠正错别字是语文教学也是学生语文作业的一项重要内容，但这个纠正错别字的作业设计把错别字和商品广告结合起来，使原本枯燥的作业变得富有情趣，同时也告诉学生无论在什么情况下，无论出于什么目的都不能写错别字。

（五）开放性原则

传统作业多为封闭式的，从作业的内容上来说，基本上以教材内容为主；从作业的答案来说，大致固定统一，很少有多种答案或没答案的情况。这样的作业训练既不利于学生思维的发展，也无助于学生能力的培养，因此有必要打开作业的封闭式格局，多布置开放性作业。从语文学科来说，可以布置学生排练短剧、采访社会各行业人士，写调查报告等。也就是说，作业要立足课本，放眼课外，放眼社会，充分利用各种资源，实现作业与生活、社会的接轨。

【对应案例】语文开放作业。

《鲁本的秘密》讲了这样一个故事：一个名叫鲁本的美国男孩，家境贫寒却十分懂事，为了买一枚胸针送给辛苦操劳的母亲，悄悄到建筑工地捡拾废弃的麻袋，用了整整一年的时间，捡了100条麻袋，终于凑足了5美元，在母亲节那天将一份最宝贵的礼物送给妈妈，献上了自己的一份爱，让妈妈感动不已。有一位语文老师在学生学习了课文《鲁本的秘密》后，布置了一项暑假作业：试着挣5元钱，给长辈买一份小礼物。但必须靠自己独立去做这份作业，不能让父母或其他人帮忙代替，不能拿家里的现成的东西去卖钱。暑假结束后，老师对这项作业的完成情况以及挣钱方式进行了统计，并让同学交流挣钱的经历，买礼物的感受，最后完成作业——写感想和收获。这项作业同学们都完成得很好，因为个个都有素材，人人都有体验，所以不一会就完成了。

这项作业既是一次生活实践，也是一次写作训练。同学们因为有亲身的体验和感受，所以写感受和收获并不难，但每个人由于家庭环境的差异，完成挣钱的任务肯定有难有易，给谁买礼物，买什么礼物也一定各有不同，因而感受和收获必定不同。但如果没有事先的"开放"，这项作业一定又和我们常见的写作训练一样千篇一律。而同学间的交流，使他们丰富了生活的体验。

（六）综合性原则

小学阶段的课程是以综合性为主的课程体系，儿童在小学阶段的发展应该是完整的人的发展，他的知识结构处于一种综合状态，因此，要通过课外作业这一载体促使学生在知识与能力、过程与方法、情感态度与价值观三个维度的全面提升，同时要注重学科知识整合，课本知识与生活实践的整合等等。唯如此，才能全面提升学生的素质。

资料贴吧

小学语文教学中常用的教学方法：

1. 朗读法

朗读法是小学语文教学中最重要最常见的一种教学方法。不仅在语文教学中重要，在其他科教学中也很常用。朗读分为齐读和自由读两种，齐读使用的情况有下列三种：①将学生的注意力转移到课本上的时候，如刚上课时朗读一下课本标题或上节课学的一个重要的知识点。②让学生对新内容适应时，这主要在预习过后，齐读可以让学生自己纠正自己读错的字词等。③提高学生积极性的时候，这主要是用在分组练习上，可以让全班都参与其中。自由读主要运用在需要学生有自我感悟，自我理解的时候，特别是在教师讲解课文的时候。当然，这其中也包括老师在课堂上点学生单个起来回答问题的情况，除此之外，还有快读、慢读、高声读、默读等多种朗读方法，朗读的作用就是认识字词，加深印象。听只是一个吸收的过程，并不代表动了脑筋，只有读出来，才代表真正吸收了，而读又是为写作铺垫的，所以才显得尤为重要。

2. 谈话法

（1）开发学生想象力的谈话，通常就是老师根据新的知识点提出一些问题，由学生自己去发现，自己去联想。

（2）在原有知识的基础上启发学生的谈话，老师在这种谈话中起的只是一个衔接作用将原有的旧知识与新知识衔接起来，这种方法还特别适用在记生字词上，在小学语文教学过程中，讲解课文时一般都采取这种谈话法。

（3）带有总结性质的谈话法，一般在一篇课文或一节课结束的时候，老师都会问你学到了什么，通过学生的回答可以达到总结和全面复习的目的。

（4）复习过程中的谈话。这主要是在学生对所学知识已基本掌握的情况下进行的。

案例评析

案例展示：人教版四年级下册《中彩那天》教学设计

广东省广州市番禺区市桥中心小学　皮　涛

1. 教材分析

《中彩那天》是人教版义务教育课程标准实验教科书四年级下册第二单元的开篇课文。文章以汽车的得而复失和人物的思想感情变化过程为线索展开，通过精彩的语言表达人物的思想感情，这是本课的一大特色。根据中年段阅读教学的主要目标及本课的特点将"初步学习把握课文的主要内容，体会作者的思想感情；体会词语表达情意的作用。"作为本课教学的主要目标。而本单元的主题是"以诚待人"，因此体会父亲诚实、讲信用的品质则是本课理解上的重点，理解"道德难题"之难，也就成了本课的难点。本课的教学对象是刚刚进入四年级的学生，虽然已经具备了一些理解词句的能力，但是把握主要内容和透过词句揣摩人物的心理上还存在一定难度，教学以学生自读自悟为基础，教师根据学情恰当引导、启发，在难点处巧设疑问，设置梯度，在重点处凸显语言文字训练，并及时总结提升写法。

2．教学目标

(1) 准确认读"拮、寐"等6个生字，结合具体语境准确理解"拮据、梦寐以求"等词语。

(2) 能正确、流利有感情地朗读课文，初步学习把握主要内容。

(3) 在理解课文内容的同时，学习作者通过人物神态、动作表现人物内心的表达方法。

3．教学准备

学生：

(1) 自读课文2～3遍。

(2) 试着结合生活实际、联系上下文或查字典理解不懂的词语。

(3) 想一想每一自然段讲了什么。

教师：自制课件。

4．教学过程

(1) 导入新课，初读课文。

今天我们学习一篇四年级下学期的课文，一起读课题——（齐读）。中彩那天究竟发生了一件什么事呢？请同学们轻声朗读课文，读准字音，读通句子。

设计意图：本课导入开门见山，简单明了地交待学习任务，带着问题走进阅读，便于学生与文本展开"对话"，使学生产生初步的阅读感受。

(2) 整体把握，学习生字词。

① 学习生字词。

（预设难读的：拮据　梦寐以求　馈赠）。

② 把握主要内容。

• 读了课文，你知道了什么？

（根据学生的回答，帮助学生把握课文的主要内容）

• 个别练说，指导方法。引导学生明白叙事性的课文可以抓住故事的起因、经过和结果来把握课文的主要内容。

• 同桌练说。

• 小结。

设计意图：把握课文的主要内容是四年级的阅读训练重点，学习本课的学生刚刚进入四年级，虽然已经具备了一些理解词句的能力，但是把握主要内容还存在难度，所以在此设计了一个问题梯度，教师根据学生已知的内容随机点拨，指导方法，使"把握课文主要内容"这项训练落到实处。

(3) 细读课文，探究"道德难题"之难。

① 探究：

父亲面临的"道德难题"指的是什么？为什么难呢？文章又是怎么写出父亲"难"的表现的？

设计意图："提领而顿，百毛皆顺"，抓住了这一牵动全文的问题，则省去了许多不必要的提问，使教路、文路、学路三线合一。定准了这一阅读的靶心，学生的探究阅读就有了明确的目标导向。

②自读自悟,圈画有关词句。

设计意图:此环节安排学生默读课文,圈画重点词句,体现了以学定教的理念。默读是四年级阅读教学的重点,要通过反复实践,使学生逐步学会默读。课中保证学生有比较充裕的时间默读,独立思考,阅读圈画,培养学生"不动笔墨不读书"的习惯。

③交流汇报:

● 抓相关词句,探寻"难"的原因。

父亲面临的"道德难题"指的是什么?

(引导学生明白:父亲不知道是留下车,还是将车还给库伯)

是留还是还?我们先来探寻留车的理由有哪些?

设计意图:只有深入了解到父亲留车的种种理由,才能更深刻地体会到父亲还车时的抉择之难。

句子一:第二次世界大战前,我们家六口人全靠父亲一人工作维持生计,生活很拮据。(重点品读"拮据")

句子二:他梦寐以求的是能有一辆属于自己的汽车。(重点品读"梦寐以求")

设计意图:学习在具体语境中理解词语的方法,并通过品读词语,体会词语表情达意的作用;也为体会下文父亲艰难抉择的表现作铺垫。

设计意图:指导学生正确、有感情地朗读重点句段,侧重指导语气、语调、节奏等,让学生进一步体会人物的思想感情。

● 扣重点词句,品析"难"的表现。

句子一:"不一会儿,我看见父亲开着车从拥挤的人群中缓缓驶过。只是,他神情严肃,看不出中彩带给他的喜悦。(重点扣住描写神态的词:"神情严肃")

句子二:我几次兴奋地想上车与父亲共享这幸福的时刻,都被他赶了下来。(重点扣住描写动作的词:"赶")

句子三:母亲让我仔细辨别两张彩票有什么不同。我看了又看,终于看到中彩的那张右上角有铅笔写的淡淡的K字。可以看出,那K字用橡皮擦过,留有淡淡的痕迹。

(重点扣住"擦"字,进一步体会父亲的抉择之难)

设计意图:通过品析父亲神态和动作描写的语句,体会父亲抉择之难的心理,并领悟作者通过人物神态、动作表现人物内心活动的表达方法。

(4)学习表达,深化理解(视时间机动)。

"我看了又看,终于看到中彩的那张右上角有铅笔写的淡淡的K字。可以看出,那K字用橡皮擦过,留有淡淡的痕迹。"从这一个"擦"字,我们感受到了父亲左右为难的矛盾心理,现在反过来想一想,在擦去K字的时候,父亲会是一种什么样的表情?什么样的动作?心里想些什么?试着写一写。

父亲终于拿起了橡皮,他_____。

设计意图:阅读教学不仅要引导学生读懂课文内容,明白课文写了什么,还要明白课文是怎么写的,引导学生领悟和学习作者表情达意的方法。本环节抓住文段的空白之处,引导想象父亲当时的动作和神态,并迁移练笔,学习作者抓住人物的神态、动作来表达心理的方法。由说到写循序渐进,进一步领悟父亲的抉择之难。

（5）总结存疑。这节课我们学习了作者通过人物的神态、动作表现人物内心的表达方法，体会到了父亲面临道德难题的抉择之难。那么是什么让父亲做出还车的最后决定呢？下节课再探讨。

设计意图：教学内容的选择尊重学生的学习规律，不求全、不违真。本节课学生带着问题进课堂，围绕着父亲的抉择之难有所悟、有所得，然后带着问题走出课堂，明确了下节课的学习重点。

5．板书设计

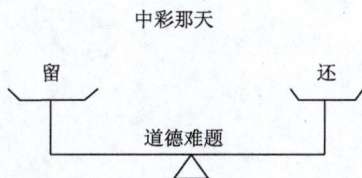

实践活动

（1）下面是苏教版五年级上册《莫高窟》一课的三个教学设计，请结合本章内容分别进行评价。

《莫高窟》教学目标设计一：

① 学会本课生字新词。

② 理解中国古代文化在世界历史上的地位，增强民族自豪感。

③ 正确、流利、有感情地朗读课文。

《莫高窟》教学目标设计二：

① 认识"凛、惟、邀"等生字，会写"记录、银弦、敦煌、描摹"等词语，理解"漫天邀游、惟妙惟肖、精妙绝伦、腐败无能"等成语。

② 理解"莫高窟是举世闻名的艺术宝库"。

③ 有感情地朗读课文，背诵课文第2至4自然段。

《莫高窟》教学目标设计三：

① 知识与能力目标：学会本课"凛"等生字，能正确读写"记录、银弦、敦煌、描摹"等词语，联系上下文理解"漫天邀游、惟妙惟肖、精妙绝伦、腐败无能"等成语，能正确、流利、有感情地朗读课文，背诵课文第2～4自然段。

② 过程与方法目标：抓住课文中承上启下的句子，理清课文脉络；借助课文插图，充分想象莫高窟的彩塑和壁画的特点。

③ 情感态度与价值观目标：走进彩塑和壁画，感悟敦煌艺术，感受劳动人民的智慧和创造力；走进藏经洞，感悟敦煌历史，感受清王朝的腐败。

（2）五人为一组任选某一版本小学语文教材中高年段一节阅读课进行独立教学设计，然后讨论交流，优化设计方案。

（3）对一所小学一个年级的作业情况进行调查，完成一篇关于语文作业的调查报告。

📖**知识巩固**

（1）小学语文教师怎样进行文本解读？

（2）确定教学目标的依据是什么？

（3）教学内容和教材内容有什么关系？

（4）语文教学如何处理合理使用教学辅助工具？

（5）小学语文作业有哪些基本类型？

第四章

识字写字教学设计

知识目标

- 了解小学语文识字写字教学的基本特点。
- 熟悉小学语文识字写字教学的内容要求及编排特点。
- 掌握小学语文识字写字教学设计的基本方法。

技能目标

掌握拼音教学、各学段识字写字教学设计的技能。

知识导图

```
                  ┌─→ 拼音教学 ─→ 认清形、读准音、拼正确 ──────────┐    教学目标解读
                  │
                  │                    ┌─ 第一学段 ─→ 清音形 ─┐
识字写字          │                    │                       │
教学设计 ─→───────┼─→ 识字教学 ───────┼─ 第二学段 ─→ 养习惯 ─┼──→   教材内容分析
                  │                    │                       │
                  │                    └─ 第三学段 ─→ 解文义 ─┘       教学要点制定
                  │
                  └─→ 写字教学 ─→ 写规范、有速度、书美观 ──────────┘    教学思路设计
```

问题导引

识字写字的教学内容是语文教学五大板块之首，从拼音教学到识字、写字教学，是小学生入学伊始首先接触的语文学习内容，识字是阅读和写作的基础，这部分教学直接关系着语文教学的质量，更是小学生受用一生的语文底蕴。汉字是记录汉语的书写符号，是中华民族文化传承的载体和纽带。识字写字教学就是引导学生感悟华夏文化，提高文化品位，汲取文

化智慧，引发学生热爱祖国语言文字，培养审美情趣的过程。

汉字具有表意性、对应性和平面性等特点，那么如何结合小学生身心及认知规律进行教学呢？

第一节 汉语拼音教学设计

汉语拼音是小学语文教学的重要内容之一，是学生学习识字写字、普通话和使用字典的重要工具，学好汉语拼音成为形成和提高学生语文综合素养的重要前提。但作为抽象的注音符号，要刚踏入校门的小学生在 7 ~ 8 周的有限时间内掌握 23 个声母、24 个韵母、16 个整体认读音节及拼读规则，需要扎实有效的方法。

一、汉语拼音教学目标分析

《义务教育语文课程标准》关于汉语拼音教学的目标设计表现出以下特点：

（一）发展变化

课程标准明确指出汉语拼音的帮助识字、学习普通话、查字典等功能，不再提帮助阅读的功能等；将原实验稿第一学段"能借助汉语拼音认读汉字，能用音序和部首检字法查字典，学习独立识字"改为"学习独立识字，能借助汉语拼音认读汉字，学会用音序检字法和部首检字法查字典"，使汉语拼音帮助识字的功能定位更明确，且注意了结合学生身心规律，注重学习的过程。

（二）明确定位

将汉语拼音定位于"学习普通话"和"帮助识字"的工具，学生掌握了汉语拼音这个工具，就能借助其正音、识字。

（三）降低难度

汉语拼音教学侧重于应用，将教学重点定位于拼读训练和学字应用。学习目标定位在拼读音节、书写音节，把教学要求适当降低，立足于拼读训练。

二、汉语拼音教材分析

（一）三维目标整合——全面提高学生的语文素养

现行各版本教材在集中学拼音部分加入汉字、词语、儿歌等，打破了以往小学语文教材的先集中学习汉语拼音，然后再学习汉字的编排方式。第一学段基本是全书注音，包括作业系统；第二、三学段的课文不再全文注音，生字采用文中、文后注音两种方式，把学拼音、认少量汉字、发展语言、陶冶情操有机统一。

（1）音字相结合，培养学习成就感。以词、短语、句子、儿歌方式，使学习的成就感不断加强，获得学习的信心与持续动力。

（2）情境中认读，培养情感态度价值观。借助图上的事物学习拼音；培养学生观察能力、口头表达能力，发展学生的语言；增强教材的趣味性。例如，学习"d t n l"时，教材配备了相应的情境图,情境图中给出四个带拼音的词语:"大米、土地、马、兔";还要学习一首儿歌《轻轻地》:"小兔小兔轻轻跳,小狗小狗慢慢跑,要是踩疼了小草,我就不跟你们好。"据儿童的心理创设了儿童喜闻乐见的形式、内容既涵盖所学,又进行环保教育。

(3)开拓想象力,培养语文综合能力。练习中有以三个圆、三条线,让学生读儿歌后自己也动手拼图案,使学生同步发展语言、思维及动手能力。

(二)导学特色突出——呈现方式富有新意和亲和力

(1)学习伙伴,学习相随。学习和练习的内容经常以"我会读、我会写、我会摆、我会连"等方式出现,仿佛有一个隐形的学习伙伴在书中和学生对话,使学生更乐于学习。

(2)注重引导,鼓励探究。以生活化、趣味化的情境图暗含拼音字母,且不唯一;练习中的摆字母等,使学生自觉去发现,自主去探究,做学习的真正主人。

(3)提供机会,展示交流。"哪些同学的姓里有下面这些字母?""读一读,拼一拼""连一连"等练习把学习和生活紧密联系在一起,把内容的实与形式的活充分统一起来。

(三)内容科学扎实——体现了拼音学习的规律

(1)y、w、yi、wu、yu前置与i、u、ü合为一课。这样减少了头绪,并节省教学时间,且能提早出现一些常用音节。

(2)an、en、in、yin和un、ün、yun、yuan合为一课。

(3)改变音节的呈现方式。旧教材以展示拼读过程为主,新教材则以出示拼读结果为主。这样增加了学生和音节直接见面的机会,有利于发挥拼音帮助识字的作用。

(4)增加带调音节。

(5)四线格里增加了字母书写的笔顺。

(6)学拼音与识汉字相结合。

三、汉语拼音教学重点难点制定

汉语拼音对刚刚入学的一年级孩子而言是比较抽象的,要在7～8周的有限时间内掌握23个声母、24个韵母、16个整体认读音节及拼读规则,教师应把握好小学生的心理发展特点,继而对不同学段的教学内容和训练形式各有侧重。第一学段汉语拼音教学的重点难点就是认清形、读准音、正确拼读,掌握拼写规则,比如标调规则等。对不同方言区来说,还要根据当地的方言情况,确定重点难点。比如,前后鼻音问题、平卷舌问题。

【对应案例】"a o e"教学重点难点设计。

本课是汉语拼音教学第一课,针对教学内容和学生初次接触拼音的情况,本课的教学重点难点确定如下:

教学重点:

(1)准确认读带调的"a o e"。

(2)读准四声。

(3)正确书写"a o e"。

教学难点:

单个认读带调韵母。

学生准确读出带调韵母是正确拼读的基础，学生不用数调就能一次性准确读出带调韵母是教学难点。

四、汉语拼音课堂教学思路设计

新课标的评价建议中要求：汉语拼音教学"重在考察学生认读和拼读的能力，以及借助汉语拼音认读汉字、讲普通话、纠正地方音的情况。"因此，拼音教学应与情感教育巧妙结合，与儿童生活紧密联系，与学说普通话、识字、口头表达等语言实践的活动整合。根据拼音类别、认读字母或者拼读练习等教学内容的不同，教学环节与教学形式自然有所不同，但总体来说，拼音教学的设计思路有些基本方式，一般包含以下主要的环节：

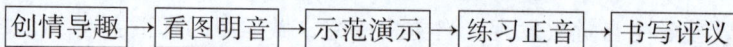

创情导趣 → 看图明音 → 示范演示 → 练习正音 → 书写评议

教学中应多利用图画、多媒体等，采用讲故事、读儿歌、编顺口溜、猜谜语等方法，利用指名读、小组读、擂台赛读、开火车读、接龙读、我读你听、口型猜读、拔萝卜读、插花读、点兵点将等各种读法，将读拼音变为情境游戏，寓教于乐。各种方法也不是各自独立的，可以交叉或综合使用。为了方便说明，下面主要从认字形的方法、读准音的方法、拼读的方法（包括两拼法、三拼法、整体认读音节），介绍几种常见的方法。

（一）认字形的方法

1．观察图示法

小学汉语拼音教材采用富有生活情趣的情境图直接表示字母的音或形。这些图，多是儿童熟知的事物，生动有趣，便于学生从旧知或经验的迁移中潜移默化地接受新知。在欣赏美图的过程中，了解拼音字母的字形与发音，在发现中学习拼音，体验自主、合作、探究学习的乐趣。教师应认真钻研教材，正确理解、把握教材内容，创造性地使用教材，在情境中引出字母，说话中正音，培养学生的观察能力与语言表达能力。学生在情境中学，在游戏活动中练，便于激发学习兴趣，受到比较全面的语文启蒙。

【对应案例】"a"教学。

1．读准音

（1）我们的a很害羞，躲到图中去了，你能把它找出来吗？哦，是小姑娘在唱歌，发出了a音。她的嘴巴是怎样的呢？（张得大大的）你能模仿她吗？（模仿a的口型）

（2）老师也学着她的样来唱一唱：13 ｜ 53 ｜ 1- ｜ aaaaa-。（学生跟唱）

（3）我们念a的时候，也和唱歌一样，要张大嘴巴，口型保持不变。看我先来念：张大嘴巴a a a，小女孩练唱a a a，阿姨的阿。医生检查口腔时，要我发a ---（学生跟念，自己体会发音要领，开火车发音）

2．认清形

（1）请你们再仔细看看图，找一找小女孩身体的哪一部分像a。是啊，小女孩圆圆的脑袋就像是a的肚子，她的小辫子就像是a的尾巴。边画头像，边念儿歌："圆脸小姑娘，小辫右边扎，要问她是谁？就是a、a、a。"

（2）我们一起来写个a（师范写）：a要一笔写成，先写半个圆，就是小姑娘的头和脸，连上去再写一笔竖弯，像条辫子，最后向右边稍弯一点儿，不要太长。（学生书写）

（3）a玩累了，要回家休息了。我们送它回去好吗？它的家就是这拼音格，跟我一起念："拼音格"——四线格就是由四条线组成的，分上格、中格、下格。我们的a就住在中格里，好，我们比一比，看谁先把a送回家。（教师巡回，纠正，学生在语文书上找到拼音格的中格，临摹写a）

a的发音不难念，联系生活实际，学生很快就能发现，很多时候都要用到。教师既保证学生的学习兴趣，又激活了生活经验，设计不同的形式来念甚至唱a。保证读准音，又避免枯燥乏味的练习。在找到a、认清字形、学习书写的环节中，都要充分发挥学生的主动性，让学生通过观察识记a的字形，加强形象思维，强化记忆。

2. 对比辨析法

汉语拼音的字母中有两个或多个相似相近，如b-d、p-q、t-f等，进行此类字母教学时就应使用对比辨析法：抓住半圆形的位置进行对比教学，"正6 bbb，反6 ddd，正9 qqq，反9 ppp。"这样利用学生早已熟知的数字6和9就能清晰地区分开这四个字母。

【对应案例】拼音变身教学设计。

激趣：小朋友，今天老师给大家带来一个有趣的游戏——变魔术，如果你们知道答案就赶紧把小手高高举起。出示：o加尾巴（　　）、f翻跟头（　　）、b字转身（　　）、i伸左脚（　　）、9字带钩（　　）、半个8字（　　）。

很多拼音字母字形相似，要想让低年段的学生在短时间内识记大量的拼音字母，教师就要帮助他们进行明晰、辨认，并且要和学生已有经验进行对比，加深印象，从而保证教学效果。

3. 游戏歌谣法

小学低年级的学生还处于形象思维活跃期，他们在游戏活动中接受的效果最好。正如教育家卡罗林说："孩子们的工作就是游戏，在游戏中激发他们的思维，是他们最愿意接受的。"新课标实施建议中也提到"汉语拼音教学要尽可能有趣味性，宜多采用活动和游戏的形式"。对于字母的认知可用体操、手势等来表示；可采用摆一摆、看口形写字母、老师摆动作学生猜字母等游戏，在游戏中学，在玩中学，体验学习的快乐。还可以通过放录像、演示实物、听音乐、表演等方式，创设图画形象、声乐和谐、师生互动的教学佳境，增加教学的生动性和趣味性。

儿歌也是学生喜闻乐见的形式，可以在朗朗上口的节奏韵律中学习体悟。正如我国台湾作家林海音所说"儿歌中有语文的学习、常识的增进、性情的陶冶、道德的灌输。"在汉语拼音教学时运用儿歌能更有效地提高学习效率，如"增长知识听广播（b），锻炼身体爬山坡（p）。捉迷藏，用手摸（m），笑口常开弥勒佛（f）。""伞把t，拐棍f，靠背椅子真像h。""两门m，一门n，n字伸头就念h。""z、c、s后有椅子，翘起舌头zh、ch、sh。""椅子一靠，舌头就翘。"

【对应案例】"ai ei ui"教学设计。

（1）"排队上车""呼叫名字""打电话"：几个孩子从高到矮排着队，一个个按次序上车，从中学会了ai（挨）；吃晚饭了，小伙伴们还在楼下玩耍着，"妈妈"扯开嗓子大声呼喊"××，快回家吃饭了。""ai（哎）或ei（诶），我来了！"一个个孩子随着呼叫声答应着，ai、ei就在声声应答中学会了。"丁零零"电话铃响了，"ui（喂），你是谁？""我是妈妈，今天单位要加班，我要晚点回家。"（再同桌互打电话）

（2）"拼一拼，找一找"：在讲桌上放了一大堆东西，如杯子、白菜、玩具乌龟、白粉笔……

出示音节 bei，第一个拼出的孩子立刻上来把杯子高高举起来，然后他当小老师，带领同学们拼读音节成 bēi。然后依次出示"cài、guī"等音节。

此教学中充分引导学生自主学习，以游戏活动贯穿始终，从生活出发，让学生在愉快的游戏中，认识了三个复韵母，学得主动、积极。以"小老师"形式激发学生的自信心和兴趣，使得学生愿学、勤学、会学，以多元活动使得学生知识、情感同步提升，能力逐步加强。

（二）读准音的方法

1. 示范演示法

汉语拼音教学首先要通过口耳进行，教师要运用动作、手势等辅助演示，示范正确发音，说明发音要领。例如，"a o e"教学时，可示范演示说明"张大嘴巴 aaa，拢圆嘴巴 ooo，嘴巴扁小 eee。"并且发 a 时，应张得很大，嘴巴不动，声音响且长；牙齿对齐 iii，小嘴鼓鼓 uuu，翘起嘴巴 ü ü ü。在进行声调教学时，可以用手的滑动方式演示声调走向，特别需要注意镜面演示，"一二三四，伸出手，我将声音做成球儿，一声平平左到右，二声向上爬山头，三声先下拐向上，四声一路往下溜。"

【对应案例】汉语拼音"a o e"教学设计（大庆师范学院　张颖）。

（1）儿歌导入：汉语拼音用处大，学习生字需要它，教我学好普通话，我们决心学好它。

（2）示范演示：在一个美丽的村庄里，绿草如茵，泉水清澈。有一天，太阳公公还没有爬上山坡，一个小姑娘已经站在山坡上唱起了 a 字歌 aaaa（教师唱歌）；大公鸡听到了小女孩的歌声，大公鸡叫声是 o，也跟着唱起了 oooo；她们的歌声引来了远处的大白鹅，大白鹅伴随着她们的歌声在水中翩翩起舞，这时他看到了自己映在水中的美丽倒影，也不由自主地哼唱起 eeee；旁边还有几只刚学会游泳的小鸭子，听到他们的歌声也都往这边赶来，参加这场音乐聚会。小朋友你们也想参加吗？下面老师就带着大家去参加这场音乐聚会，学习他们的发音和歌唱。

在这位老师声情并茂的教学中，融入了儿童喜闻乐见的儿歌、童话、歌曲方式，充分调动了学生的学习兴趣。以童话故事导入，一下子就把孩子们带入一个情趣盎然的情境之中，并注重把情境与拼音"a o e"的发音一一联系在一起进行对照，以歌唱的形式进行示范演示，在学生未正式学习之前，就明白了 a 的发音和平时唱歌中的"啊"相似，o 和大公鸡喔喔啼相似，e 和《咏鹅》的鹅发音相似，在无意识状态就开始了学习。

2. 分解夸张法

汉语拼音教学中，对发音的演示示范有时需要一步一步地进行分解，并且要以比平时发音更为夸张的方式放大其特征，才能使发音方法更为清晰可见、可学。例如，"圆圆脸蛋羊角辫，张大嘴巴 aaa，太阳出来红通通，公鸡一叫 ooo，清清池塘一只鹅，水中倒影 eee。"进行 ai、ei、ui 等的教学时，先要示范出 a 的口型，然后示范出 i 的口型，然后分解出口型由大到小的 a 到 i 滑动过程，这样才能使学生清晰掌握发音。

【对应案例】"复韵母 ei"教学设计。

（1）小朋友，你们知道他是谁吗？（课件：大力水手）大力水手力气非常大，他经常帮助别人，你们有谁愿意当一当"大力水手"？那好，咱们举行一次大力水手扳手腕比赛，谁赢了，谁就是"大力水手"！

（2）刚才听到小朋友憋足了劲，拉长声音都发 ei 的音。声音短一点就是我们今天学的第二个复韵母 ei。

（3）练习发 ei 的音。（指名读—师正音—齐读）

（4）请小朋友看图，谁说说怎么利用图来记住复韵母 ei 的音和形？

（5）谁能根据四声发音的方法，读出 ei 的四声。（出示 ei 的四声。自由读—指名读—当小老师读）

（6）"ei 娃娃"看见你们这么聪明，就打电话把他的好朋友找来了，你们看。（课件：b p m f）。ei 见到他的好朋友一高兴不知怎么打招呼了，小朋友帮帮他，好吗？（同桌试拼—指明领读—师生对口令）

在这部分教学中，教师巧妙地采用了让学生掰手腕比赛的方法，使学生在游戏活动中使用力气时不自觉地进行了 ei 的发音，更是让学生夸张地自己体悟、展示了的 ei 发音，"刚才听到小朋友憋足了劲，拉长声音都发 ei 的音"，而接下来的"声音短一点"正音就放得开，收得拢了。

（三）拼读的方法

汉语拼音的拼读方法并不复杂，学生只要掌握了拼读规则并经过练习，就能正确快速地拼读音节。例如，两拼音拼读规则："前音轻短后音重，两音相连猛一碰。"三拼音拼读规则："声轻介快韵母响，三音连读很顺当。"同时，教师要强调拼读注意事项及特殊的标调规则：声母不带调，韵母带调；整体认读音节不能拼读；标调时 i 上标调去掉点，i、u 并列标在后等。

【对应案例】两拼法教学设计。

（1）展示规则：看图小姑娘在干什么？（将 b 推向 a 成为 ba）（出示拼音方法）前音轻短后音重，两音相连猛一碰。老师带领学生读"b-a=ba"。

（2）创设情境：（出示文中四幅插图）观察四幅图画着什么？四人小组讨论，再将声母和韵母拼成音节 b-ā=bā, b-á=bá, b-ǎ=bǎ, b-à=bà。学生会读的站起来读，（相继出示音节）读对的当小老师，教大家拼读。拼读一个音节组一个词。

（3）练习拓展：① p-ā=pā, p-á=pá, p-ǎ=pǎ, p-à=pà，先以小组为单位练习拼读、组词，再在班内交流。做课间游戏："找朋友"。②八名学生拿"b、p"卡片，另八名学生拿"a、i、o、u"卡片，其他学生拍手唱《找朋友》歌，十六名学生迅速组成八个音节，带领大家拼读。

在学生对带调韵母已经掌握比较熟练的情况下，老师通过范读和讲解使学生对拼读方法形成感性认识，同时利用课本现成的资源优势，发挥小组间的合作、探究作用，渗透学习方法的引导。

【对应案例】三拼法教学设计。

（1）联系语境，练读三拼：

师：小朋友们拼得这么好，老师决定带你们到花园王国去玩，不过得先过了智慧桥才行，守桥的卫士会提出两个问题，答对就能过桥，有信心吗？

①卫士提出第 1 个问题：（屏幕出示：身穿绿衣裳，肚里红瓤子，生的儿子多，个个黑脸膛，猜一种水果。）（谜底：西瓜）

②卫士提出第 2 个问题：谁能把西瓜的瓜这个音节拼出来？

（2）学习拼读，感受规则：

① 师：出示音节 ga，全班齐读。

② 师：在音节 ga 中插入 u，介绍介母，学生试拼。

③ 看课件小女孩推动卡片，全班齐拼 gua。（课件一次出现声母、介母、韵母，然后课件演示"三音相碰"成一个音节的过程）

④ 卫士指导拼读方法：声轻，介快，韵母响，三拼连读很顺当。

⑤ 学生再拼，教师相机指导拼读方法。

（3）多元练习，正音巩固。

① 学生自由拼读。

② 在小组内合作学习，纠正读音。

③ 开火车认读三拼音节。（教师抽读拼音卡片）

（4）拼读带调，拓展深入。

① 师：瞧，这就到了花园王国了（示带音节的花瓣），我们一起来玩个"找朋友"的游戏，好吗？

生生互动，小组学习，拼拼音节，看看图片，找到朋友，贴在一起，想象练说。

② 师：老师把你们刚才拼的那些音节都变成了音节花贴在黑板上，谁愿意上来拼一拼？

指名摘取音节花，当小老师领读三拼音节。

正式学习之前，让学生从 ga 过渡到 gua，有助于帮助学生区分三拼音节与两拼音节的概念。而三拼音节的拼读方法是本课的重点，也是本课的难点。课件演示三拼音节"相碰"的过程，既形象，又直观，再辅以歌诀的形式，不仅帮助学生明白了三拼音节的拼读要领，而且是一种学习方法的传授。再通过小组、个别的形式反复练读，三拼音节的拼读技巧很快便掌握了。

【对应案例】整体认读音节教学设计。

（1）童话导入，激发兴趣。

① 学习 y w 的形。

② 学习 y w 发音。

③ 书写 y w。

（2）讲故事，学音节 yi、wu。

① 小 i（出示卡片 i）一早醒来，就吵着要妈妈带她去欢乐谷游玩。大 y 妈妈把小 i 打扮得漂漂亮亮的，牵着她的手出门了，（这时出示音节 yi），一路上，大家都和她们母女俩打招呼，称她们为 yi（顺口溜：大 y 小 i 一起走，还读 i）。欢乐谷里的人真多啊！大 y 妈妈担心小 i 走失了，紧紧地牵着她的手，一步也不离开，所以"yi"是不分开的。人们还给这样的音节取了个名字叫整体认读音节。

② w 妈妈和小 u 也来了。一起来和她们打招呼吧。（大 w 小 u 在一起，手牵手，还读 wu。）

（3）自编故事，学习 yu。

① 学生分成 4 人学习小组，共同动脑，自编 yu 的童话故事，汇报。

② 师总结。

（4）动手操作，学习整体认读音节声调。

（5）看课件，编故事，学音节。

① 学 yú（特别强调，音与实物相结合的学习方法）。

② 学 wū yā（启发学生编故事）。

生动有趣的童话故事赋予枯燥的学习内容极强的生命力，一下子吸引了孩子们的注意力，激起了浓厚的学习兴趣。教学从儿童的思维出发，以儿童的语言构建，由儿童的共同参与、集体的智慧共同完成学习任务，孩子对音节在语言环境里的读法也轻而易举地掌握了，对相同读音不同意义的字母和音节的掌握是轻松的，在游戏中学习、巩固、加强、提高，相信可能还会收到意外的教育效果。

第二节 识字教学设计

儿童在学前阶段，已经掌握了一定数量的口语词汇，具备了一定的口语交际能力，语文教学就是在此基础上培养学生运用书面语言进行阅读、写作的能力。识字，正是一个人由口头语言向书面语言过渡的桥梁。《汉字频度表》统计表明：一个人认识常用字和次常用字2 500个，就可以认识一般书刊上99%的字。如果进一步认识到3 800个字，就能阅读一般书刊的99.9%左右。① 可见，识字是阅读和写作的基础，识字教学直接关系着语文教学的质量。

一、识字教学目标分析

新课标提出的识字写字总目标是："能说普通话。认识3 500个左右常用汉字。能正确工整地书写汉字，并有一定的速度。"同时，第一学段以识字写字目标作为重点，后两个学段在第一学段的基础上继续巩固强化识字效果。

新课标识字教学目标体现出以下特点：

（一）发展变化

新课标识字教学目标最明显的变化就是降低了原实验稿识字、写字数量的要求，识字写字总量不变，但对不同年级的识字写字量进行了调整。新课标将原实验稿第一学段中的识字量由1 600～1 800个降低为1 600个左右，会写字数量由800～1 000个降低为800个左右；第二学段中的识字量要求不变，会写字数量由2 000个左右降低为1 600个左右，减少了400个；第三学段保持不变。这样的调整降低了低年段学生的识字写字负担，更加尊重小学生的生理和心理特征，保证了学习和教学质量，降低了学习和教学难度。此外，不再提出"有条件的地方，可学习使用键盘输入汉字。"

（二）培养识字愿望、激发学习兴趣

每一个汉字就是一幅无言有声的画，在进行汉字教学时要遵循学生的身心发展规律激发识字兴趣，以多种多样生动有趣的游戏方式进行识字教学，培养学生热爱祖国语言文字的感情。

（三）分开认写要求

认写分开，提出"认识""学会"两种要求，是识字与写字学习目标的一个显著特点。识字教学关注汉语汉字的独特性和小学生的身心特征，提出认写分流，区别对待，多认少写。既可以避免字字要求"四会"（会读、会写、会讲、会用），造成学生学习负担过重，又可以

① 路克修，等. 现代小学识字写字教学 [M]. 北京：语文出版社，2002：4.

防止"认""写"相互掣肘，而导致既认不快，又写不好的局面。对于会认的字，只要求见其形能读其音，不要求抄写、默写、考核；对于会写的字，也改变了原有要求"四会"，调整为会读、会写，了解字词在语言环境中的意思，逐步做到能在口头和书面表达中运用。

（四）重视识字方法、培养自主学习能力

强调识字教学应该以扎实、有效为根本，为学生的终身学习打下可持续发展的坚实基础。不但重视学习态度，还要关注习惯的养成，更要有长远的可持续发展眼光，要贯彻多认少写的识字教学原则，教授学生识字的方法，不认识或不会写的字自己解决。在低中年级打下比较扎实的识字基础。学生具有独立识字能力，识字便能做到无师自通，为自由阅读和表达提供有力保障。

（五）开拓学生视野、放开识字之路

将语文课程引入生活，从书本走向社会，从文本走向实践，引导学生利用教科书以外的学习资源、课堂以外的学习渠道，自主识字，走开放识字之路。

二、识字教材分析

小学语文识字教材编排多采用集中识字和随文识字两种。第一学段两种呈现方式兼有，每册教材基本都有 8 篇集中识字，第二、三学段只有随文识字一种呈现方式。第一学段教材是全文注音，包括作业系统；第二、三学段除课文外不注音，课文中生字采用文中、文后注音两种方式。此外，在每单元"学习园地"通过"我的发现"，让学生通过自我发现的形式掌握汉字的规律。

（一）集中识字

小学语文教材中把读音、字义类别相同、相近或相似的一组字或词语集中于一课，系统学习的识字方式就是集中识字。教材中多采用按声符归类、同音字归类、同偏旁归类、形近字归类、字义归类、象形字归类、会意字归类等方式。

人教版教材在第一学段安排集中识字，一至四册各安排 8 课集中识字，将学生要学习的生字集中安排，每课给出 8 ~ 12 个词语，或者一段韵语，每次集中学习 10 ~ 15 个左右生字。编排方式主要有以下几种：

（1）字理识字。从象形、会意、形声等字理角度说明字的构成。这种形式是利用了汉字象形、会意的特点，集中归类识象形字或会意字。例如，人教版一年级上册识字（一）中安排了象形字"口耳目"一课和会意字"日月明"一课，帮助学生了解汉字的特点。

（2）归类识字。多为内容相似或相近的词语，如人教版教材分别编入了有关四季风物、动物、蔬菜、街道、军事、节日、旅游、体育、乐器等方面的词语。排列整齐的几组词语，读起来简单上口，便于学生记诵。例如，联系家庭生活的《在家里》，列举了一系列家庭用具，让学生以此来学习汉字。联系校园生活的《操场上》，让学生通过体育活动来认识汉字。为帮助学生了解字（词）义，每课还配了精美的情境图。这样编排不仅能使学生借助韵文形式和情境图集中识字，还能帮助学生认识事物，积累词语，从而培养学生的审美情趣，了解汉字文化，认识身边的事物，初步建立词的概念。

（3）韵语识字。主要是用妙趣横生的韵语，辅以形象化的图提供语言环境的相关韵文。

例如，人教版的识字中采用的谜语、韵对、反义词等，朗朗上口的韵语，避免了识字教学的单调枯燥、功能单一。学生通过学习这些意境优美、内涵丰富的识字课本，不仅识了字，而且积累了优美的语言，丰富了知识储备，并受到思想和文化的熏陶。

集中识字的主要特点：（1）利于学生能够依据规律识字，把音、形、义有内在联系的字分别归类集中编在一起，系统地提高识字能力，同时能举一反三，为学生自主识字提供了方法，有效地提高了学生识字的能力。（2）识字课上，任务明确集中，教学目标单一，识字量大，速度快。先识字，后读书；集中教，分散练；学了一批字读一篇课文，再学一批字再读一批文。前两年基本完成识字任务。

集中识字借鉴了我国传统"三、百、千"的蒙字识字教育经验，一方面为学生识字提供了语境，使识字与阅读紧密结合；另一方面，加强了字词句的综合训练，有利于激发学生对祖国语言文字的兴趣与热爱，也利于积累语言。让学生大量识字、大量阅读，打好扎实的语文基础。

（二）随文识字

随文识字又称分散识字，即随课文学习文中出现的生字词。其最大的特点是"字不离词，词不离句，句不离文。"强调字与文的关联性，在特定的语言情境中学习字词，是一种典型的被普遍采用的识字方法和识字教材编排方式。

这种识字方法符合汉语的表意特点，多数汉字具有语素性质，且汉字有一字多音、多义的现象，只有在相应的语义场里才能确定其确切的读音和意义。利于学生在具体阅读中体悟字词的含义与用法，利于培养学生良好的语感。

另外，还有如"词语盘点"积累式识字方式、人教版的"语文园地"趣味式识字方式等，都有利于激发学生主动识字的兴趣，使学生喜欢学习汉语，有主动识字的愿望，感受汉语及中国文化的博大精深。

总体而言，小学语文识字教材编排特点如下：

1. 识写分流、多识少写。

教材编排区分会识与会写的生字，在课文正文之后明确列出本课所学应识、会写的汉字，以不同的展现形式进行区分：双直线内的为要求认识的字，田字格内的为要求会写的。形成尽快尽可能多地识字、尽早地阅读，又不加重学生负担的教材编排体系。

低年级教材采用识写异步的原则，先识一些使用频率高的常用字，先写一些笔画较少、结构较简单的字，识字写字各自形成序列。识字从"爸、妈、我"开始，写字则从"一、二、三"开始，每课写 3 ~ 5 个笔画简单的字，并且每课写的字在笔顺、笔画上还有一定的共同点。例如，人教版一年级上册识字（一）第 2 课，要求写的字是"十、木、禾"，练习基本笔画"横、竖、撇、捺"，掌握先横后竖，先撇后捺的笔顺规则；课文第 2 课，写"七、儿、九、无"，主要练写笔画"竖弯钩"和"横折弯钩"；课文第 3 课，写"口、日、中"三个字，主要练写笔画"横折"，掌握先里头后封口的笔顺规则。这样编排，就尽可能地改变了以往识字不多、字又写不好、识字写字互相掣肘的局面。

2. 揭示规律、明晰字理。

教材编排中形象生动地展示了部分汉字的造字规律。例如，看图会意明字理的日、月、山等；形声字的请、情、清等；部首带字的页字部字顶、项、颅等。

3. 吸收经验、蒙学激趣

我国古代蒙学韵语识字、读书识字、重视写字等有很多值得当下学习的经验、方法，教材中以三字经、成语、谚语、对对子、谜语、儿歌、反义词等形式出现，极大地增强了学生学习汉字的兴趣，同时使学生对博大精深的中国文化有更深的体悟。

4. 注重生活、情境识字

集中识字、随文识字，都以一定语文情境展现，如反映农村生活的《菜园里》。集中识字多在低中年段，以词组或韵文呈现，一般集中于某一方面或一类，呈现的生字之间有某种联系。随文识字更是在具体的篇章中展现字词的音形义，教师也可以利用电视、标语、标志等多种资源进行识字教学，体现生活情境中识字的特点，使学生真正达到识用结合。

三、识字教学重难点制定

汉字是表意文字，是音、形、义三者的统一。识字教学的重点也应由三部分构成：作为基础的字音教学，其要求是"准"；作为核心的字义教学，其要求是"活"；作为难点的字形教学，其要求是"清"。

2011 版新课标相对于实验稿，除了确认识字教学的重要性和基础性外，还特别强调识字写字教学"也是贯串整个义务教育阶段的重要教学内容"。由此可见，三个学段都需要注重识字写字教学，当然各有侧重。总体说来应"分进合击"[1]，第一学段主要应将读准字音、识记字形作为重点；第二学段应逐渐向字义学习转移，学会查字典；第三学段则要突出字义学习，寻找汉字规律，加强比较，减少"回生"现象，以前两个学段学习掌握的多种识字方法和形成识字能力独立识字。

【对应案例】一年级上识字（一）《操场上》教学重难点设计。

教学重点：

（1）初步认识"拍皮球、打球、拔河、踢足球、跑步、跳高"6 个词语，能读准字音。

（2）激发学生坚持参加体育锻炼的兴趣。

教学难点：

读准字音、认清字形以及两个偏旁"扌、足"。

四、识字教学思路设计

研究表明，儿童对汉字形状辨认经历的认知过程有这样三个特点：

（1）先整体后部分，即识字总是先感知字的整体，然后辨认个别笔画。

（2）先轮廓后内涵，即低年级孩子往往对字形的轮廓容易掌握，对内部细节难以掌握。

（3）先上后下、先左后右、先熟悉的字词、后生疏的字词。

因此，我们的识字教学要从易到难，由简到繁，由浅入深，形式上喜闻乐见，将儿童熟识的语言因素作为主要材料，同时充分利用儿童的生活经验，运用多种形象直观的教学手段，创设丰富多彩的教学情境，注重教给识字方法，使之易于接受和记忆，力求识用结合，从而提高识字效率。

---

[1] 郑国民. 小学识字与写字教学改革的基本理念 [J]. 学科教育，2002:6.

识字教学方法很多，只要把握好学生心理特征和思维规律，各种识字教学方法可以在各个学段互通。下面只是依据各学段的重点分别介绍目前影响较大的几种。

（一）第一学段识字教学设计

课标在具体识字教学建议中强调"识字、写字是阅读和写作的基础，是第一学段的教学重点"。因此，教学中应"多关注学生主动识字的兴趣"，在"情感·态度·价值观"这一维度中，强调培养学生"喜欢学习汉字""有主动识字的愿望"，养成良好的写字习惯；"知识·能力"这一维度中，要求教给基本的识字方法，包括读准字音、识记字形、了解字义的方法，查字典的方法，要求学生学习独立识字。

在本学段的识字教学中，应把字音教学作为基础，其要求是"准"，把字形教学作为难点，其要求是"清"，帮学生建立起音、形、义间的对应关系，从而扩大词汇量，为阅读和写话打下基础。一般可以采用这样几个教学环节：

创设情境 → 看图读字 → 明确字音 → 比形认字 → 识记生字

常用的教学方法如下：

1．注音识字

字音教学是识字教学的基础，其具体要求为"准"：读准字音。注音识字法，是以汉语拼音为认读、掌握字音的工具。这种识字方法承接了拼音教学，使拼音得以巩固，学生用拼音作为识字工具，准确地给生字定音正音，是初学识字最好的一种方法。

教师在指导学生学习拼音时，就应该让学生借助拼音读儿歌，帮助学生建立起拼音和汉字的联系；在指导学生学习识字时，可让学生借助拼音自学生字词的读音，教师就其发音进行正音指导，形成"寓识于读""以识促读"。

【对应案例】人教版一年级上册汉语拼音"j q x"教学实录。

（执教　厦门师范二附小　吴雅卿　评析　厦门教育学院　肖俊宇）

（1）激趣导入，复习音节。

（2）看图认识汉字。

师：今天，我们又要认识一些汉字朋友，这些汉字朋友在哪里？老师先带小朋友到一户人家去看看他们在干什么？你看到什么？你又想到什么？先自己看图说一说，再试着拼读图上的音节。现在请小朋友打开语文书第19页。（学生自由读课文，自己看图说一说，并拼一拼图上的音节词）

师：你看到什么？想到什么？

生1：我看到两个叔叔在下棋，我还看到一位阿姨在洗衣服，还看到一个哥哥在搭积木，还看到一个女孩在喂小鸡。

师：在这句话中只需要在后面用一个"还看到"就可以了。

生2：我看到两个叔叔在下棋，一位阿姨在洗衣服，一个哥哥在搭积木，还看到一个小女孩在喂小鸡。

生3：（拼读音节）xià qí。（再读词语）下棋。

师：你在哪里见过这个"下"字？

生1：地下室。

生2：录音机里听过这个"下"。

生3：下楼梯时看见墙壁上写着"上下楼梯靠右走"。

师：你观察很仔细。

生4："厦师二附小"的"下"。

生5："厦师二附小"的厦是厦门的"厦"。

师：放学的时候请你仔细看看校门口的牌子，"厦师二附小"到底是哪个"厦"？

生6：下车，下飞机，下楼梯。（其余汉字教学同上）

师：小朋友真用心观察。其实很多地方都可以见到我们学过的汉字，只要小朋友多留意我们身边的汉字，就可以很快和汉字交上朋友。

（3）巩固汉字。

师：请大家用手中的卡片跟同桌小朋友一起做游戏。拿音节卡片的小朋友读准音节，拿汉字卡片的小朋友拿出相应的汉字卡片读准汉字的字音，再将汉字放在音节下面。（学生动口读一读，动手摆一摆。）

生1：读 xià qí。

生2读"下棋"。（师张贴卡片全班齐读。其余音节、汉字的复习巩固同上）

师：现在我们一起来摘苹果。这些"苹果"后面藏着我们今天学的音节、汉字，谁读准了，老师将"苹果"送给他。（学生学习热情高涨，争先恐后。一双双小手高举过头，谁也不甘示弱）

生1：鸡。

生2：服。

师：这个字和"衣"组成词的时候读 fu，单个字读什么？

生3：读第二声。

师：还有"独木桥"等着我们呢！桥上有一个词语，谁能读准这个词并用这个词说一句话，就可以安全走过"独木桥"。

生1：下棋。

生2：我爸爸和叔叔爱下棋。

生3：下棋，我爸爸和我在下中国象棋。

生4：老师，我给××同学提一个小小的建议。他没有将"下棋"合在一起说。应该说我和爸爸在下棋，下棋很好玩。（这时课件发出欢呼声，"你真棒！"）

生5：洗衣服，妈妈洗衣服很辛苦。

师：你理解妈妈洗衣服很辛苦，老师相信你一定会讲卫生。

（4）读儿歌。

师：小朋友看这幅图，这群小鸡在干什么呢？请小朋友自己试着拼读儿歌，自己会拼的、会读的做个记号。（学生读儿歌）

师：你们是怎么学会这首儿歌的？

生1：我认识一些汉字，遇到不懂的就借助拼音，或者听录音。

师：你的办法真好。

教学活动中，该教师无论是在词语教学还是在儿歌教学中，都让学生借助拼音认读汉字，充分发挥了汉语拼音的定音作用，同时，该教师安排多种形式的活动、游戏，让全体学生动口、动脑、动手，多种感官协同活动，提高识字效率。全体学生都是活动的主人。因此，课堂上学生或自主学习，或合作学习，主体地位得到充分体现，学生学得积极、主动，学习热情高涨。

2. 生活识字

生活识字，即识字教学生活化。识字教学应该两条腿走路：一条腿是课内，教师指导识教科书中要求识的字；另一条腿是课外，学生在生活中自主识字。教师或家长带领学生走进实际生活，在超市、街道、影视等具体的生活场景中识字，使学生在熟悉的场景中、在实际应用中激发学习兴趣，不知不觉中习得生字词。例如，在地铁线路图中学习生字词，在牌匾纠字活动中学习生字词等，学习"奥"字时可以利用饼干"奥利奥"奥运会等。

【对应案例】人教版一年级上册识字（二）《菜园里》教学实录。

（课前，教师鼓励学生走进菜市场，了解一些蔬菜的特点，上课时把课文中提到的九种蔬菜带进课堂并配合出示相应的字词卡）

师：小朋友们，你们瞧，今天我们的教室就像一个丰收的菜园。（揭题：菜园里，读题）

师：有这么多的蔬菜宝宝来到了我们的身边。现在就请你们看一看，摸一摸，闻一闻，再读一读旁边的小卡片，试着记住它们的名字，可不要把名字叫错了。读完后把小卡片拿在手里，等把所有的蔬菜认完了，就请端端正正地坐好。

师：下面，老师要考考你们是不是真的记住了这些蔬菜的名称。我拿出一种蔬菜，你们赶快举起写有它们名字的卡片，大声读出来，比一比，谁找得快，读得准，读得响亮。

生：……

师：你们刚才认识了那么多的蔬菜，它们有什么特点呢？把你看到的、摸到的、感觉到的说一说，想说哪样就说哪样？

生：……

师：你们瞧，菜园里一片丰收的景象，蔬菜宝宝正向我们招手呢。有个作家写了一首儿歌来赞美丰收的菜园，赶快读一读吧！

（在学生扫清字词障碍后，采用多种形式鼓励学生反复朗读儿歌，并自主质疑。）

课前在生活中接触蔬菜，课中引入蔬菜形成直观教学，要求学生从外形、颜色、触感、味觉等多个角度进行感知，结合生活实际成为菜品、菜谱，充分将感性的生活经验与汉字建立联系，成功创设了生动多样的教学情境，学生学得有趣味，有成就。

3. 记形识字

识字教学的最大难点就是字形的教学。为帮助学生准确掌握字形，可以采用以下方法。

（1）直观演示法：将字词以学生可感可知的形象呈现，多包括肢体动作、实物、图画、多媒体动画等直观呈现方式。

肢体演示：在第一学段所学字词中，很多字词是可以运用孩子们的肢体进行演示表达的。例如，"大""十""看"等字，可以用展开双臂的形式表示"大""十"等，手放在眼睛上面张望表示"看"。孩子感觉到现在的"我"就是那个字，且用肢体表示所学是学前机构进行教学的常用手段，这样的肢体演示不仅可以利于幼小衔接，使低年段的学生对新知无压力感，并易于升起趣味感和成就感。

多媒体动画：多媒体给语文识字教学带来了新的契机，如很多字的演化可以用多媒体实现。

例如，"乒乓"二字，可以在多媒体中做成一个乒乓球案，然后进行演化，下面的两个点就仿佛桌腿，大横就仿佛案面，中间部分就仿佛球网，上面两撇就是来回跳动的乒乓球。低年段的学生处于形象思维阶段，多媒体的应用可以使字义形象化、趣味化，动感十足，且与字的笔画大体相应，达到了多种感官统合识字。"悟空识字""花园识字"等软件可以为教师提供参考。

图画演示：形象性是汉字的重要特点之一。我们可以充分利用低年段学生的学习规律和汉字特点进行教学。例如，"子"字，我们就可以用象形说明，小孩子刚刚出生时样子——大大的头、小小弱弱的身子，再辅以歌谣，学生就可以在趣味中记牢这个字，并得到感恩教育。而且有些音近、义联、行似，采用形象直观法进行解释效果很好。

【对应案例】人教版一年级上册识字（一）《口耳目》教学设计。

看图读字：

出示生字卡片和实物图片，学生看图说说：图上画着什么？（指导学生说）

借助拼音认读"目"，并知道"目"指的是眼睛。

比形认字：

比一比，图画右下角的古象形字和图下的现代字"目"有什么相像的地方？（看出"目"的字形与实物的形的联系：外面的"口"表示眼眶，里面的两横表示眼珠）

识记字形：学生交流识记字形的办法。

（2）笔画分析法：即用数笔画的方法来识记字形。笔画，是构成楷书汉字字形的最小单位。汉字由五种基本笔画构成，即横（一）、竖（丨）、撇（丿）、点（丶）、折（乙）。汉字笔画的组合方式主要有三种，即相接（如"丁"字）、相交（如"十"字）、相离（如"八"字）。

很多字写不对、写不好的原因是不了解这个字的笔画结构，如"了、美、走、凹、凸"等字，记住了笔画数，字形就清楚明晰了。

【对应案例】"电、风"字教学设计。

师："风"字怎么写？（教师领写）先写一撇，再写横斜钩。这个笔画在哪里学过？

生："九"字，横折弯钩。

师：（出示"九"字）"风"字和"九"字的横折弯钩有什么不同？

生："九"字的横折弯钩弯得很，"风"字的横折弯钩是斜下来的。

师："云"字怎么写？哪个小朋友能用简便的方法记住这个字？

生：我用减法记住："去"字去掉一竖就是"云"字。（师出示"去"字，再去掉一竖变成"云"字。）

师：谁能想个办法记住"电"字的写法？

生：我用加法记住这个字，"日"字加上竖弯钩就是"电"。

教师利用已学熟字中的笔画进行对比说明，使学生明确同一个笔画在不同字内使用时的不同，加深对字形的认知，并总结了识字方法"加一加""减一减"等，既帮助学生巩固了识字效果，又训练了学生自主识字的能力。

（3）字理分析法：字理分析一般包括部件分析法和构字规律分析法。

部件分析法，就是通过对汉字组合的各个部件的分析来识记字形。首先应明确几个概念：部件、偏旁、部首。

部件，即由笔画组成具有组配汉字功能的构字结构。例如，构成"尘"字的部件是"小"和"土"。①

偏旁，又称部件，是合体字的结构单位，是由笔画组成的具有组配汉字功能的构字单位。

部首，可以成批构字的一部分部件。含有同一部件的字，在字集中均排列在一起，该部件作为领头单位排在开头，成为查字典的依据。②

汉字绝大部分是形声字，由声旁和形旁构成。故而，"偏旁"主要包括声旁和形旁两类。在分析字形时，常用到"部首"，多指表义的偏旁。即部首属于偏旁，但有的偏旁不一定是部首，部首与偏旁的关系是部分与整体的关系。在偏旁中，常用的部首约 100 多个，大量的偏旁是表音的，主要是声旁，常用的有 1 000 个，且多为独体字。例如"请"中的"青"，这类声旁叫作"成字声旁"，在小学语文教学中，我们经常把这些构字能力较强的成字声旁叫作"基本字"。

构字规律分析法，立足于字源学，依据汉字的造字规律进行识字教学的方法。我们现在使用的简化汉字，有些已经看不出当年的造字缘由，但很多还是能看得出由图画的象形文字而来的发展演化，小学阶段常涉及象形字、指事字、会意字、形声字等的教学，可以用"六书"的造字法溯本求源，从内在的字源角度，见形察义。例如，象形字"日、月、水"，会意字"看、尘、尖"，指事字"刃、本、末"，形声字"湖、糊、蝴"等。

教学时，如"笔"字，可利用古代毛笔的构成来解释：上面竹，下面毛。"采"就是用手在树木等上面采摘。"火"字，先以象形的火出现，指出其造字原理，然后强调笔顺先两点、撇，然后是捺，并利用"火"的形象，延伸一下"火"的变体"四点底"，了解如"煮、烹、焦"等，之后利用会意法引申出"灭"字："那用灭火器在火上喷洒一层白色泡沫状的干冰，火会怎么样了？——灭了。"

【对应案例】人教版一年级上册识字（一）《口耳目》教学实录。

师：创设情境然后多媒体展示"兔"和兔子的彩色图片，先看看，它怎样读？

生：tù。

师：怎样记住它？　生：上面的"⺈"字头像兔子的两只耳朵，中间的"口"像兔子的头，下面像兔子的身体和爪子，一点像兔子的短尾巴。

师：嗯，是对比着事物的形状来学习的，真不错。

生："免费"的"免"我认识，加上一点就是"兔"。

师：和自己认识的字对比着学，这个办法真好！能告诉大家"免"字是怎样认识的吗？

生："六一"那天，公园门口写着"儿童免费入园"。

师：在生活中都非常善于学习，真能干！

……

教学中教师以小熊贝贝为伙伴，以闯关游戏为载体，充分激发了学生的学习兴趣与热情，使学生在竞争比赛中有意注意更为集中、有效，并让学生自己说明学习方法，且进行后面 5 个字的自主学习，真正实现了生本课堂。

（4）形近字比较法：形近字比较法即引导学生通过对形近字字形差异的比较来识记字形。

---

① 中华人民共和国教育部，国家语言文字工作委员会 . 现代常用独体字规范 [S]. 北京：语文出版社，2009:21.

② 中华人民共和国教育部，国家语言文字工作委员会 . 汉字部首表 [S]. 北京：语文出版社，2009:14.

汉字是二维文字，有左中右、上中下的位置结构，并且有些字形极为相似、相近，加之小学生的有意识观察能力不强，很容易对形近字产生混淆，产生"长得比较像"的心理，如人—入—八、商—摘、处—外等。对于形近字教学，采用比较法有利于学生认清字形，避免误用误写。

【对应案例】"鸟—乌"教学实录。

师：同学们，请看这个"鸟"字，你是用什么方法记住的啊？

生：我用的是"加一加"的方法，把乌鸦的"乌"字加一点。

师：是的，乌鸦的"乌"加上一点就是鸟字，乌鸦是鸟类的一种，所以"鸟"字笔画多了一笔。那我们写"鸟"字的时候，先写一个"乌"，然后再点上一点，可以了吗？（生议论。）

生：不可以，因为那样笔顺不对。"鸟"字第三笔是点，如果那样写的话，就是最后一笔是点了。

"鸟"和"乌"这两个字的字形相近，教师引导学生进行比较，既学到了新字，又有效区分开了这两个字。并且，在后面处理中，顺着学生的思路进行归谬，让学生在思辨中掌握了正确书写笔顺。

4. 韵文游戏识字

韵文、游戏是学生喜闻乐见的形式，在识字教学中我们可以充分利用编口诀、猜字谜、新编三字经、儿歌、对子歌、拍手歌、反义词歌、数量词歌、谚语、韵语等形式，将学生所学字词编排成朗朗上口的韵文，或使学生在游戏中识字，寓教于乐地感受汉字的特点，了解汉字的意义，发展思维能力，提高审美品位。

常见的游戏有卡片识字、听音摆图、听音点字、登山、抢答、红绿灯、打擂台、猜字、抽大奖、鸡毛信、接龙、找朋友、摘果子、闯难关、魔术变字游戏等。

【对应案例】识字口诀。

形声字，真好记。音形义，有联系，声旁都着读字音，形旁都着表字义。学习形声字，辨认要仔细。渴了要喝水，喝水要张嘴。

日月明，小大尖，小土尘，田力男。人木休，手目看，鱼羊鲜，白水泉。

二人从，三人众。众人一条心，黄土变成金。

二木林，三木森。单丝不成线，独木不成林。

字谜：一口咬掉牛尾巴。（告）

5. 字族文识字

这种识字方法有母体字、子体字、字类家族（字族）、字族文四个要素，一般有字形类联、字形类聚、字义类推三类。

首先，以母体字带字法，即通过母体字（多是独体字）加偏旁部首的方法带出一组子体字，如由母体字"方"，带出"芳、房、防、纺、仿、放"等6个子体字，组成一个字族，引导学生利用母体字学字、记字，再根据字族中不同的偏旁部首的突出，分析比较。由一个母体字，可以掌握一个字族，并利于掌握字的构成规律，形成举一反三的迁移能力。然后，以学生喜闻乐见的儿歌等韵文、故事等形式，将所学字族编成字族文，把孤立的多个字，放在一个语义场里，巧妙地将相近的字联系为一个整体，利于学生记忆。

【对应案例】"青"——"请、清、情、晴、睛"教学设计

其中母体字"青",5 个子体字"请、清、情、晴、睛",构成字类家族,由此设计字族文"小青蛙":

河水清清天气晴,小小青蛙大眼睛。

保护禾苗吃害虫,做了不少好事情。

请你保护小青蛙,她是庄稼好哨兵。

五、写字教学设计

古语有云"见字如见人",写字是一项重要的语文基本功,正确、端正、整洁地书写汉字是语文基本能力的体现之一。并且,书写姿势的正确与否,直接影响着学生的身心发育,同时练字的过程也是学生性情、态度、审美趣味养成的过程。"可见,书写汉字已经不单单只关乎所写汉字规范与否的语文能力,更关乎人的身心发育和性情、审美发展等。

(一)写字教学目标解读

语文新课标总目标写字教学目标体现了如下特点:

1. 发展变化

新课标将实验稿第一学段"养成正确的写字姿势和良好的写字习惯"调整为"努力养成良好的写字习惯,写字姿势正确",突出写字习惯培养的渐进性与过程性;将实验稿第二学段"有条件的地方,可学习使用键盘输入汉字"一项去掉;将实验稿第三学段"硬笔书写楷书,行款整齐,有一定的速度"中增加了"力求美观"。

2. 注重激发写字情感

写字教学要对学生进行民族精神教育、传统文化教育、爱国主义教育等,使学生更加热爱祖国的语言文字,"增强学习语文的自信心"。写好字的意义已经超越了写字本身,尤其是在当下这个电子时代,写字教学更应加强。

3. 强化写字习惯的培养

"良好的语文学习习惯"就包括良好的书写习惯,不良的习惯既影响写字质量、速度,又会影响身心健康,正所谓"人能写字,字也能写人"。而养成良好的习惯不是一日之功,要具有持之以恒的毅力,教师、学生、家长多方的共同配合。新课标明确指出"每个学段都要指导学生写好汉字。要求学生写字姿势正确,指导学生掌握基本的书写技能,养成良好的书写习惯,提高书写质量。"并且,明确提出练习书写的量的要求:"第一、第二、第三学段,要在每天的语文课中安排 10 分钟,在教师指导下随堂练习,做到天天练。要在日常书写中增强练字意识,讲究练字效果。"

4. 要求质量速度兼具

写字是一项重要的语文基本功,规范、端正、整洁地书写汉字是有效进行书面交流的保证,是现代公民应有的基本素养。写字和识字是相辅相成的,写字能促进对偏旁部首、间架结构的认知,精准地辨析字形,强化识字结果,巩固识字效果。实验稿在第三学段阶段目标提出"硬笔书写楷书,行款整齐,有一定的速度"的要求,在新课标加上"力求美观"四个字,从而对质量和速度都有了一定的要求。

5．兼顾全面发展

汉字书写兼顾软硬笔，"能用毛笔书写楷书，在书写中体会汉字的优美。"同时，全面发展学生综合素质，既培养热爱祖国语言文字的情感和良好的书写习惯，又培养对书法的审美；既能强化识字的能力，又能培养持之以恒的毅力，使学生的修养全方位提升。

（二）写字教材分析

识字与写字是一体两面的不可分割的整体。

汉字与表音文字不同，表音文字为一维文字，而汉字是有上中下、左中右等结构的二维文字。古语说"文如其人，字如其人。"写字是一项重要的语文基本功，规范、端正、整洁的书写汉字是有效进行书面交流的保证，也是一个人性情、气度的某种彰显。由此可见，写字教学对学生热爱祖国的语言文字，养成良好的书写习惯，形成熟练的书写技能，培养初步的书法赏析能力等都起着重要作用。

很多版本的教材经常从两个方面来编排写字教学的内容。

（1）培养书写习惯。以"培养良好的学习习惯"彩页形式展示正确的坐姿、书写姿势、握笔姿势等，以培养良好的书写习惯。

（2）明确书写规范。在课文正文之后列出本课所学应识、会写的汉字，以不同的展现形式进行区分：双直线内的为要求认识的字，田字格内的为要求会写的，利于学生读帖，在学习书写时有良好的范本，并在后面配以描红练习，真正让学生学有所依。例如，人教版小学语文教材在附录列出《汉字笔画名称》，苏教版小学语文教材在生字旁标注新出现的偏旁部首，辅以此字的每一笔的笔画及书写顺序等。

（三）写字教学重点难点制定

新课标在写字方面的要求贯穿整个小学阶段，每个学段每天都要有 10 分钟的写字练习，把写字作为识字的巩固手段，把写字的质量速度作为习作的要求之一，各个学段都有明确的要求。

第一学段要培养学生喜欢汉字的情感，写好基本笔画、基本结构和基本字。尤其一年级打好笔画、笔顺的基础，能形成主动识字、写字的愿望，初步感知美感。二年级要从字的间架结构方面多作指导，提高写字质量。

第二学段的写字教学，重在养成正确的书写姿势，形成良好的书写习惯。在"规范、端正、整洁"基础上提出更高层次的要求，在"能使用硬笔熟练地书写正楷字"，掌握了笔画部首、间架结构后，做到笔画舒展、结构匀称，整体规范美观，并且在规范工整基础上，要"有一定的速度"，还要"用毛笔临摹正楷字帖"。

第三学段的写字教学，重在速度中体现美观。从规范书写提升到行款整齐，力求美观。此外，还要关注学生的毛笔书写，对学生写字学习情况的评价，以附录"义务教育语文课程常用字表"为依据。

（四）写字教学思路设计

书法是中国的传统文化之一。一汉字一幅画，一汉字一世界。写字的过程是培养学生观察力、思维力、记忆力和想象力的过程，是养成认真做事、尊重他人等好习惯的开始。要加强写字指导，重视引导学生掌握基本的书写技能，养成良好的书写习惯，还应引导学生体会汉字的优美。尤其到了高年级，往往因课业增多，出现了重视写字完成的数量，忽视写字质量、习惯的不良现象。而培养良好的书写习惯是本次新课标在写字方面重点强调的。有研究表明，一个汉字在全身心投入练习时，7次即可达到效果，之后的重复无提高，7次也并非连续书写，而是读贴后，先书写1次，仔细观察对照，再书写2次，进行体会对比，总结感悟后再书写4次，即可达到效果。写字教学要重视对学生写字姿势的指导，引导学生掌握基本的书写技能，养成良好的书写习惯。基本教学设计如下：

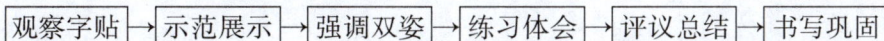

观察字贴 → 示范展示 → 强调双姿 → 练习体会 → 评议总结 → 书写巩固

1. 指导写字"双姿"

"双姿"即正确的坐姿和握笔姿势。这是养成良好书写习惯的首要任务，要做到"提笔即是练字时"。因为写字姿势的正确与否，有关写字质量，更关乎学生成长发育。教师要指导学生保持"三个一"，养成姿势不正确就不动笔的习惯。

一年级写字教学的重点为培养良好的书写姿势，为后面的教学打基础。这位教师从一个和学生同样大小的"学习伙伴"——牛牛出发，展示书写中容易出现错误姿势，并说明导致的近视等严重后果。使学生在帮助别人的过程中潜移默化地学会了书写的正确姿势。在写字教学中，教师应细心观察，集体指导加个别辅导，采用多种学生感兴趣的形式，长期坚持形成学生良好的书写基础。

2. 培养写字技能

书写应循序渐进，由硬笔到软笔，以观察、讲授、示范等方法使学生明确田字格的使用方法、笔画的书写位置、运笔的方法、笔顺规则、间架结构等；然后，描红、仿影、临帖等，并进行实践法练习。"每个学段都要指导学生写好汉字。要求学生写字姿势正确，指导学生掌握基本的书写技能，养成良好的书写习惯，提高书写质量。"评价建议还要求"写字的评价，要考察学生对于要求'会写'的字的掌握情况，重视书写的正确、端正、整洁，在此基础上，逐步要求书写流利。"

明了规范后，充分发挥学生的自主性，以生生互评的方式让学生切实领悟书写中的各种要点，一切由生自主观察、感悟、评价、实践，真正实现生本课堂。

二年级识字教学的重点，重点不重，后患无穷。教师要采用多种形式，注意加强生字的间架结构进行认知，从而复习和巩固，防止回生，同时要加强写字指导，不但要写对，更要写得好，从而达到对识字更好的巩固。

3. 养成良好书写习惯

良好的语文学习习惯就包括良好的书写习惯，即认真的写字态度，正确的写字姿势，正确的执笔方式，爱惜写字用具的习惯，保持整洁的习惯，持之以恒的习惯，等等。良好的书写习惯是在长期反复练习中形成的稳定的书写能力和书写方式，教师应在低年段学生模仿性强、可塑性大的时段，通过传授、示范、训练、督促、激励等多种教育形式，以比较法、实践法、熏陶法等培养学生良好的书写习惯。做到反复抓，抓反复，避免写字质量、速度下降，否则会对学生的身心产生严重的后果，尤其学生眼睛更易于弱视、斜视，脊柱弯曲，影响心肺功能，降低脑供血，进而影响学业甚至身体健康。有研究表明，3～12岁人形成良好行为的关键期，如果书写时经常草草了事，粗枝大叶，独行专断，那对孩子的健康心理养成也是很有害的。

◎ 案例评析

案例展示一：汉语拼音教学示例"b p m f"。

1. 指导看图

(1) 激趣导入：(出示小猴推卡图) 小朋友们，今天我们教室里来了两位新朋友，看看是谁？谁跟它们大声招呼？

(2) 引导讨论：小猴看见小朋友们这么热情，可高兴了！所以它们今天要教大家一个新本领。什么本领呢？它们先不说，请小朋友们自己观察一下，它们在干什么？

以新朋友小猴子激发学生兴趣，并以同学同伴口吻共同学习，让学生在自我观察体悟中自主学习。

(3) 过渡：小朋友们真聪明，这副图画上画的就是声母 b 和韵母 a 相拼的意思。

2. 指导拼读

(1) 老师引导：(b-a-ba) 小猴今天要教大家如何用拼音来拼读。这个 ba 就叫音节。可是该如何拼读呢？老师先拼给大家看看。在老师拼读的时候，请小朋友们仔细观察老师的嘴型有怎样的变化。

(2) 教师示范拼读，嘴型的变化可以慢一些，让学生能看仔细，并模仿。

(3) 指名说说拼读的初步感受，例如：嘴型怎样变化的，最终的发音跟原来的声母 b 和韵母 a 有什么关系。

教师以示范演示法、分解夸张法进行教授，使学生可以清楚准确了解拼读规范，并自己体验后，能进行感悟总结，真正形成自主学习、合作学习。

(4) 学生模仿试拼，教师相机正音。

(5) 总结：小朋友们拼得这么棒，小猴听了可高兴啦！它们决定再教大家一句口诀，相信你们要是记住了这句口诀，一定会拼得更好！(出示双拼口诀：前音轻短后音重，两音相连猛一碰)

(6) 学生背诵口诀，说说拼读的要领，并尝试用这种方法进行拼读。

(7) 指名试拼，教师相机正音。

在学生亲自体悟后，进行正音、总结，并辅以口诀加深记忆，事半功倍。

3. 教学带调音节

(1) 过渡：小朋友们，你们会了 b 和 a 的相拼的音节，那其他的声母和韵母 a 相拼的音节你们会吗？你们想学吗？那我们就来试试吧！

(2) 出示：b-a-ba p-a-pa m-a-ma f-a-fa。

(3) 指名点读，请同学点评。

(4) 教师引导：小朋友们拼得可真好，那小猴想要考考大家了，你们会把这些音节编成儿歌来拼读吗？比如"b-a-ba，八哥的八"。其他的你会编吗？

(5) 学生进行小组讨论，把音节的拼读编成儿歌进行记忆。

(6) 指名学生读读自己编的儿歌。编得好的可以当"小老师"带大家领读。

(7) 过渡：小朋友们可真厉害！那接下来老师就要考考大家了！(出示：p-o-po) 这个

音节你们会拼吗?

(8) 同桌讨论这个音节该如何拼读,同桌试拼、相互纠正。再指名拼读,教师相机正音。

(9) 过渡:既然小朋友们都已经解决了,相信书上的那些音节一定难不倒大家!自己拼读书上第一排无声调音节。指名拼读,比赛拼读,齐读。

举一反三,授之以渔,让学生学会方法,自己进行规则应用,加深对拼读方法的理解,并以"小老师"方式增强学生学习成就感和自信心。

4.巩固练习

小朋友们,接下来我们做一个游戏好吗?"找朋友"——四名学生拿"b、p、m、f"卡片,另四名学生拿"a、i、u、o"卡片,其他学生拍手唱歌找朋友歌,八名学生迅速组成四个音节,带领大家拼读。

案例展示二:集中识字教学示例

(江苏省无锡市惠山区 马蓓蓓)

教材内容:公园 绿树 红花 小桥 流水 宝塔

转椅 火车 山洞 滑梯 荡船 木马

师:同学们,这么精彩的游戏你们想亲自试试吗?大家可以走下座位,和你的好朋友一起去,出发啦!可要注意安全啊!

(教师和学生一起走向教室四周贴有"转椅、火车、滑梯、荡船、木马"文字和情境图的地方,开始玩游戏。玩转椅的学生手拉在一起,转圈;玩火车的学生排成一长队,后面的拉着前面学生的衣服下摆,嘴里喊着"呜—空嚓—空嚓,呜—空嚓—空嚓……"向前走,一不小心有人踩了脚,便一堆人挤在一起,"火车"也停了下来;玩滑梯的学生聚在一起你推我搡了好一会儿,才由一组学生一人托住另一人的腋下,另一人斜躺着向前移动;玩荡船的学生先是让自己的身体左右摇晃,后来便是两个人分别扛起一个人的头和脚,使劲地摇晃起来;玩木马的学生手架起骑马的姿势,嘴里念着"驾—嘀咯嘀咯嘀咯……"脚像马行走一样小跳着向前。学生们由一个游戏玩到另一个游戏,教室里由开始的轻声轻语到后来像炸开了锅,学生们的动作也由原来稍与游戏有关逐渐变成自由式跳动、推挤,整个教室吵闹纷乱。玩了约5分钟,教师示意游戏结束,学生意犹未尽地回到座位上)

师:你喜欢哪些游戏呢?感觉怎么样?

出示:我喜欢玩_____,感觉____。

教师将学生日常生活中常见的情境应用于识字教学当中,以玩带学,以玩促学,使学生在不知不觉中已经掌握了字词;游戏体验后教师以说感觉的方式引导学生把所感、所学表达出来,应用起来,在潜移默化中完成了对字词的教学。

⏳ 实践活动

请对以下两个汉语拼音"a o e"教学实录进行评价。

教学实录一:

师(出示本课情境图):看了这幅图,你想说什么?

生:我觉得这里很美。

师:美在哪儿?

生（指着图）：树木、房子、草地、小女孩、小河、小蜻蜓、大白鹅、小鸭子都很美。

生：我想到这里的空气一定很新鲜。

师：你是怎么想到的，能告诉大家吗？

生：因为我看到这里的树木很多、很绿。

师：树木很多、很绿，用一个词怎么说？

生：树木茂盛。

师：小朋友，茂盛的树木不但能给我们带来新鲜的空气，还能美化我们的环境，你喜欢这美丽的山村吗？

生（齐）：喜欢。

师（指着图）：山村的早晨实在太美了，让我们来到这美丽的山村里看看小女孩、大公鸡、大白鹅在做什么呢？哪个小朋友的耳朵最灵；能听到好听的声音呢！

生：我听到小女孩唱 a 的歌，公鸡唱 o 的歌。（师出示 a 和 o）

生：我听到小鸟叽叽喳喳地叫着，小鸭嘎嘎地叫着，大白鹅也唱歌。

生：我会背《鹅》，鹅、鹅、鹅，曲项向天歌，白毛浮绿水……（师出示 e）

师：小朋友观察得很仔细，也很聪明，现在一边看画面，一边跟老师读——小女孩唱歌，a、a、a；大公鸡打鸣，o、o、o；大白鹅拨水，é、é、é。

师：今天，我们就学第一课 a、o、e。

教学实录二：

师：同学们，你们能把 a、o、e 的形记住吗？

生：能。

师：书上这幅图能帮你们记住 a、o、e 的形，请大家看看图，想一想有什么新的发现，同桌交流交流。

师：谁愿意把自己的新发现告诉大家？上台指着图说。

生：我发现小女孩的头像 a。

生：我发现大公鸡打鸣这个圆圈像 o。

生：水中的影子像 e。

师：水中谁的影子呀？把话说完整好吗？

生：水中大白鹅的影子像 e。

师：说得好！你们还有什么好的方法把 a、o、e 记住呢？也可以编一编顺口溜，像刚才老师教你们读的那样：小女孩唱歌，a、a、a。小组讨论讨论。

生：我觉得 o 像个游泳圈。

生：我觉得 o 特别像一个钥匙圈。

生：爸爸上网时，我看见一个 e 在不停地转。

师：真聪明！这说明你们平时很注意观察生活。谁能编一编顺口溜呀？（无学生举手）我们一起编好吗？

师：水中一只鹅，它的（指着图）

师生：倒影——e、e、e。

师：（指着 o 图）谁来编顺口溜？

众生：一个圆圈，o、o、o。

📖 **知识巩固**

1. 根据下面的人教版小学语文教材内容，设计一份拼音教学设计。

2. 你准备用什么方法指导学生理解下列字词？

　　叼　　垂直　　非常　　棉花　　首
　　曲　　礼貌　　又　　　抱　　　饱

3. 说说如何指导学生记忆下列各字的字形？

　　休　　捧　　棒　　聪　　灭　　埋
　　旱　　臭　　甜　　赢　　鸟　　掰

第五章

阅读教学设计

知识目标

- 明确小学阅读教学目标和教材特点。
- 熟悉小学各学段阅读教学的重点难点，灵活选择教学方法。
- 掌握小学各学段阅读教学设计的程序和方法。

技能目标

- 能够根据不同的课文，选择合适的教学方法。
- 能根据各学段的教材内容，进行阅读教学设计。

知识导图

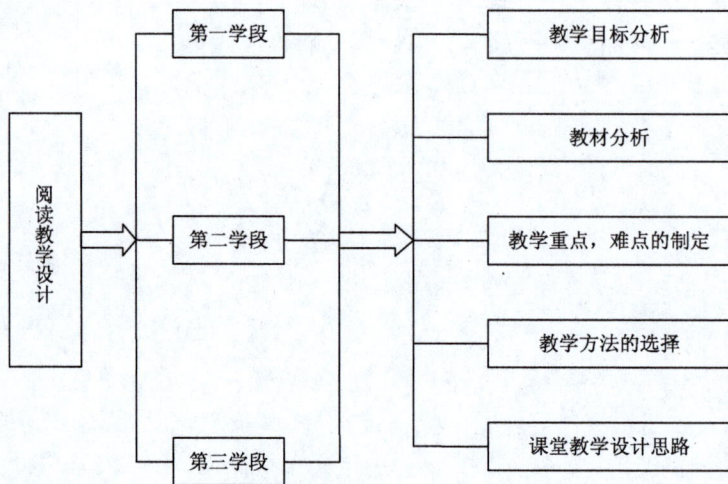

问题导引

　　在小学语文教学过程中，几乎所有的老师都有这样一个共识：阅读是小学语文教学的中心环节和主要内容。阅读教学主要培养学生的听、说、读、写能力。识字写字教学、写话和习作教学、口语交际教学的顺利实施都必须以学生的听、说、读、写能力为基础。

　　那么，不同学段阅读教学目标怎样把握？阅读教材是怎样编排的？阅读教学有哪些方法？

怎样进行阅读教学设计？

　　阅读教学是以阅读活动为主要途径和手段的有目的、有组织、有计划的教学活动，它是语文教育中最主要的内容之一，在小学语文教学中处于重要地位。阅读教学主要具有以下三种价值：知识价值、发展价值、情意价值。

　　（1）知识价值：阅读教学就是教师带领学生由浅入深、由点到面，循序渐进地获取知识、积累知识，并通过学会阅读以获取更多的知识。所以，阅读教学是学生获得知识的重要途径，这与人类的阅读史吻合。几千年来，阅读一直是人类积累、保存和传播知识的最重要的手段，是人们认识和创造世界的重要工具。

　　（2）发展价值：一是指通过阅读教学发展学生的阅读能力，即通过阅读教学激发学生阅读兴趣，掌握各种阅读策略，养成良好的阅读习惯，最终形成自读能力。二是指通过阅读教学发展学生的表达能力，即通过阅读教学帮助学生积累语言材料，积累语文感性经验，领悟语言表达技巧，形成语感，提高说与写的水平。三是通过阅读教学发展学生的思维能力，即通过阅读教学发展学生的观察力、记忆力、想象力以及分析、综合、抽象、概括、逻辑推理等多种能力。

　　（3）情意价值：好的阅读总是切入学生的"情感、态度、价值观"领域，使学生受到情感熏陶，获得思想启迪，享受审美乐趣。"书面语言"与思想观念、道德情操有着深刻的内在联系，它在培养观念和陶冶情操方面的作用甚大而且这种作用往往是潜移默化的，伴随着强烈的感情因素。

一、第一学段阅读教学目标分析

　　小学语文阅读课程教学目标在设计上体现了总分结合、梯度有序、层级递进、螺旋上升的特点。在总目标下，小学分三个学段分别提出阶段目标，体现语文课程的整体性和层次性。从学段阅读目标看，贯穿其中的是三个维度的隐性线索，在纵向上引导各学段目标做螺旋上升。

　　第一学段的阅读教学目标从三个维度提出了具体要求：

（一）情感态度和价值观目标

1. 是培养阅读兴趣

　　第一学段第一条就是要求"喜欢阅读，感受阅读的乐趣。"为此，《义务教育语文课程标准（2011 年版）》根据儿童心理，第一学段选择"浅近的童话、寓言、故事""儿歌、儿童诗和浅近的古诗"为主要阅读内容。

2. 陶冶高尚情操

　　第一学段要求阅读时"向往美好的情境，关心自然和生命"，让孩子保持一颗纯洁、真诚的赤子之心。

3. 养成良好习惯

　　第一学段要求"用普通话"朗读课文，在阅读中"积累词语"，阅读过程中"乐于与人交流"。这是最基本的阅读习惯，要逐步养成，持之以恒。第一学段还提出"喜爱图书，爱护图书"，既是重要的阅读习惯，也是美好情操和健康人格的体现，要贯穿始终。

（二）知识和能力目标

在阅读教学过程中，学生要掌握必要的语文知识，包括标点符号、汉字等知识，同时还要培养学生的语文学习能力。包括：

1. 朗读能力

"用普通话正确、流利、有感情地朗读课文"是一以贯之的要求。第一学段前加"学习"二字，第三学段前加"能"字，表明从"学习"起步，到高年级应具备一定的能力，要求基本未变，但读物的难度提高了。

2. 默读能力

第一学段只要求"学习默读，做到不出声，不指读"。朗读要经过"眼看—脑想—口读—耳听"，过程较长，速度较慢。默读没有后两步活动，速度可快可慢，更便于集中精力思考。从低年级开始培养默读能力是必要的，"不出声，不指读"两项要求，经过适当的训练是可以做到的。

3. 诵读能力

诵读指朗读、背诵韵文或古诗文。第一学段只要求诵读时"展开想象，获得初步的情感体验，感受语言的优美"。

（三）过程和方法

注意情感体验，是对过程的要求。

第一学段提出"对感兴趣的人物和事件有自己的感受和想法"；阅读方法要求，第一学段提出"借助读物中的图画阅读"，适合低年级学生形象思维丰富的特点；标点符号，过去作为知识教学，讲解过多，学生不易掌握。《义务教育语文课程标准（2011年版）》提出了"随文学习"的新方法。第一学段仅要求"认识课文中出现的常用标点符号。在阅读中，体会句号、问号、感叹号所表达的不同语气。"

二、第一学段阅读教材分析

（一）阅读教材内容

（1）从教材的文体来看，有童话、寓言、故事、儿歌、古诗、儿童诗、散文、科普文章及日记等。这些选文篇幅短小，句式简洁，富有韵律，多重复回旋的语句，读起来朗朗上口，学生可以将自己融入其中并能够发挥自己的想象，不仅能受到美的熏陶，还能积累语言，培养语感。

（2）从选文的题材来看，主要围绕儿童发展的四个外延来选择，即儿童与自然，儿童与社会，儿童与历史（文化），儿童与他人（包括自我），四个不同层面的内容在一定语境中细化而来。现行教材编写多倾向于分解成一个个主题或话题语境，不同体裁、风格、时代的课文，围绕共同的主题组织单元，为学生的阅读活动创造了一个共同的话语情境。

（二）阅读教材编排与呈现

现行教材的体例和呈现方式灵活多变，避免模式化。低年级阅读教材注重孩子的阅读心理、学习特点，综合运用较大的字体、多样化的符号、富有生活内涵和文化内涵的插图等形式灵活呈现，把教材变成了学材，把规定必学的课本变成了学生自己愿学的读物和故事。

（1）低年级课文一般是"双行阅读"，全文注音，字体较大，行距清晰，有意加强拼音、识字、阅读之间的联系，以便学生采用"双行认读"的方法，使阅读与识字可以同步进行，联系紧密。

（2）低年级教材以单元方式组合课文，或与识字单元交叉编排，或与识字课文组织在同一个单元，体现了先集中认识一批字，再学一批课文，再识字，再学课文的编排思路。

教材编排往往围绕一个专题把各项教材内容组合成一个整体。每组多以"导语"的形式点明单元专题，识字课、阅读课、语文园地都围绕本组专题合理安排，各部分相互联系，相互渗透，构成有机整体。这样安排，体现了课程标准提出的教材要避免烦琐、加强整合的思想，便于开展教学实践活动，提高学生的语文综合能力。

（3）配有丰富的彩色插图。低年级学生理解、掌握概念带有形象性的特点，在低年级教材中，课文全部配有插图，有的一篇课文配有多幅插图。图是文的形象体现，文是图的具体描述，图文呼应，构成一个有机整体，展现文章的主题。图片作为教材内容的形象再现，和课文相辅相成，具有形象性、直观性、趣味性、启迪性等特点，符合小学生由"具象"到"抽象"、由阅读"画书"向阅读"字书"过渡的阅读思维发展规律。

三、教学重难点的制定

一、二年级是阅读训练的起始阶段，按照课程标准要求，本年段阅读教学的基本任务和训练重点是：进行词和句的学习和训练；指导学生读懂课文、理解课文内容；加强朗读指导和训练。

在教学过程中，要根据教学目标，把握好低年级阅读教学的主要任务——指导学生把课文读正确、读通顺、读流利，最好能读出感情，体现由读正确——读通顺——读出感情的指导过程和学生练读的过程。

【对应案例】人教版二年级下册《我为你骄傲》教学设计

深圳后海小学 赵志祥

教学目标：

（1）认识本课9个生字，会写本课要求写的12个字。

（2）理解课文内容，能结合实际生活谈自己的体会。

（3）有感情地朗读课文，知道做人要诚实的道理。

重点难点：

有感情地朗读课文，知道在生活中要做诚实的孩子。

这一设计案例中，教师的教学重点难点的制定体现了第一学段的教学目标要求，同时也准确把握了文本的特点和学生的学情，通过有感情地朗读课文帮助学生理解课文，懂得做人的道理。

四、教学方法的选择

低年级的阅读教学主要以理解词语、句子、训练难度为重点。理解词语、句子是理解段、篇的基础。阅读教学中，低年级学生活泼好动、注意力容易分散，为了保证阅读质量，应该避免乏味的读、过多的讲解，可以用多种方法激发学生的兴趣，培养学生理解词语的能力。

（一）词语教学

词语教学在低年级教学中非常重要。词语意义与语境密切联系，词语学习应尽量放在具体的语境之中进行，主要有以下方法：

1. 直观展示法

在低年级阅读教学中，很多词语是抽象的概念。小学生抽象思维的能力不强，用直观的方式，可以使学生对词义的理解有具体形象的凭借。

一般做法是，对表示事物名称，学生又不熟悉的词语，可以用实物、插图、幻灯、音像、实验、简笔画等媒体，将词语所表示的意思直观地再现在学生眼前，使学生直接观察事物的具体形象，得到清晰的认识，便于他们准确地理解。例如，学生不容易见到的"珊瑚""翠鸟""琥珀""榕树"等，都可以用这种方法；表示动作的词，如"眺望""俯视"等，可以用动作、手势、表情等，帮助学生理解。

【对应案例】特级教师支玉恒执教人教版一年级下册《乌鸦喝水》教学片段。

师：请小朋友想一想，乌鸦把石子放到瓶子里，为什么就喝着水了？

（学生各抒己见。有一学生举手）

师：你有什么问题？

生：老师，把小石子放到瓶子里，瓶子里的水真的会升高吗？

（教师拿出准备好的教具：盛有水的瓶子和一些小石子）

师：这位小朋友爱动脑筋，问题提得好！老师要给你们做个小小的实验。好，就请你来做。

（老师当众滴了几滴红墨水在瓶子里，让大家看清水位的高度。学生把小石子一个一个地放到瓶子里，水慢慢地升起来了）

师：大家看，水在一点一点地升高，这就是"渐渐地"升高。还可以怎样说？

生：水在"慢慢地"升高。

师：说得很好。"渐渐地"就是"慢慢地"的意思。

师：谁知道水为什么会升起来呢？

生：因为石子比水重，石子放到瓶子里就把水的地方占了，水就被挤得升起来了。

师：这位同学回答得很好！

"乌鸦把石子放到瓶子里，水面渐渐升高"这是一个生活现象，学生很难想象出来，教师用实验演示的方式，直观展现给同学们，很容易就解决了这个问题，同时稍加点拨，学生就能领悟到"渐渐地"就是"慢慢地"的意思。

2. 比较辨析法

在低年级小学语文教材中，有些词语虽然含义并不深奥，却用得恰当、准确、传神，具有典型性，在阅读过程中教师要引导学生加以比较辨析，进而加深对课文内容的理解，培养学生准确用词造句的能力。

【对应案例】人教版一年级下册《小蝌蚪找妈妈》"迎上去"和"追上去"词语教学片段

师：（出示带有"迎上去"和"追上去"的句子）请看看这两个句子，句子中的"迎上去"和"追上去"分别是怎样的动作？有什么不同？请同学们边看动画边思考。

（动画演示）

生：因为鲤鱼和小蝌蚪是面对面，所以要用迎上去。

生：因为小蝌蚪急着想找到妈妈，所以就迎上去。

生：因为小蝌蚪在乌龟的后边，他们一前一后，所以用追上去。

师：从追上去还可以看出小蝌蚪的什么心情？

生：可以看出小蝌蚪找到妈妈又着急又高兴的心情。

师：可见这两个词语的意思不一样，同学们平时用这两个词语时也要注意用准确。

在《小蝌蚪找妈妈》这篇课文中课里，"迎上去"和"追上去"这两个动作相似，容易理解错误，教师将这两个词语放在一起进行辨析，使学生准确理解词义，掌握句子。

3. 互换分析法

低年级阅读时，可用互换词语的方法来引导学生理解词义。换词不但能联系旧的知识，启迪新的知识，还可以学到作者运用语言的独到功夫。

【对应案例】人教版一年级下册《小蝌蚪找妈妈》"披着"和"穿着"词语教学片段。

师：课文里有一句话把青蛙妈妈的样子写得非常美，非常可爱。请用横线画出来。

（出示句子）

师：自己轻声读读，体会一下哪些词语作者用得特别好。

生：我觉得"露着"用得特别好，写出了青蛙肚皮的样子。

生：我觉得"碧绿的"和"雪白的"用得好，写出了青蛙身子的颜色很美。

生：我觉得"鼓着"用得好。因为青蛙的眼睛是鼓鼓的。

师：同学们都说得很好。这段话里的动词都用得特别好，把青蛙的样子写得非常生动。你们知道"披着"是什么意思吗？

生："披着"就是衣服不穿袖子，不扣扣子，搭在肩上。

（师披衣服演示动作）

师：这里用"披着绿衣裳"好还是用"穿着绿衣裳"好呢？为什么？

生：用"披着"好。因为青蛙肚子上没扣扣子。

（哄堂大笑）

师：这位同学理解了，但是没有表达清楚。谁能清楚地表达出来？

生：因为用"披着"就可以看到青蛙的白肚皮了，所以用"披着"好。

师：回答得真不错！作者真会用词语！谁能读好这句话？

（指名一生读，读得不够好）

师：请大家评一评。

（二生指出他读得不够流利及读错的字音）

师：让我们为他的勇气鼓掌。下面让老师试试，我会用非常喜欢青蛙的语气来读。

（师有感情朗读）

师：老师读得好吗？希望大家读得比老师更好。

（生有感情齐读）

这种互换词语理解词义的方法，不但使学生知道有些词既有近义的特点，更有程度深浅之分，还可以让学生感受到作者准确用词的高明之处和独特的写作技巧，体会到文章显得生动、具有美感的原因所在。

4. 联系生活实际讲解法

在低年级阅读教学中，有些词语意义比较抽象，但是这些词义的具体表现形式在生活中经常出现，学生曾见过、做过、体验过。阅读教学过程中，在解词时要努力唤起孩子的体验，引导学生联系生活实际，让他们在自身的体验与感悟中理解词语，并且在情感体验上得到升华。这样学生获得的不仅是这个词语的意思，更是一个立体的多元的认知，既达到了词语教学目的，又培养了学生良好的学习习惯。

【对应案例】斯霞老师《我们爱老师》词语教学片段。

师：小朋友的意见都提得很好，"祖"字写对了，可是还写得不够好，以后我们多练习就会写得更好。你们可知道"祖国"是什么意思呢？什么叫"祖国"？

生：祖国就是南京。

（好多学生笑了，知道祖国不是南京）

师：不要笑。祖国就是南京吗？不对！南京是我们祖国的一个城市，像北京、上海一样。大家再想想，什么叫祖国？

生：祖国就是一个国家的意思。

（这个学生对"祖国"理解得比较扩大了一些，但还不对）

师：噢！祖国就是一个国家的意思。对吗？

生：不对！（答声中也有说对的）

师：美国是一个国家，日本也是一个国家，我们能说美国、日本是我们的祖国吗？

生：不能！

师：那么什么叫祖国呢？谁能再说一说？

生：祖国就是我们自己的国家。

（经一再启发，学生逐渐理解了）

师：施尉宁讲得对，祖国就是我们自己的国家。我们的爸爸、妈妈、爷爷、奶奶，祖祖辈辈生长在这个国家叫祖国。那么，我们的祖国叫什么名称呢？

生：我们的祖国叫中华人民共和国。

师：对了，我们的祖国叫中华人民共和国。我们大家都热爱我们的……（故意停顿一下，让学生接下去。）

生：（齐声答）祖国。

"祖国"一词的意义比较抽象，一年级学生很难理解，斯霞老师一步步启发引导，让学生通过自己的思考，联系已有的生活经验——"祖国就是我们自己的国家"，"我们的爷爷、奶奶、爸爸、妈妈，祖祖辈辈生长的这个国家叫祖国"，逐步正确理解词语意义，取得了较好的教学效果。

5. 巧用插图，理解词语

低年级语文教材图文并茂，是最方便最经济的教学资源，教学中可充分利用插图，把学生带入情境理解词语的意思，让学生在可视、可听的情境之中认识事物，自然而真切地感悟这些字词的意思。

【对应案例】人教版三年级上册《荷花》词语教学片段。

师：读第二自然段，说说你喜欢哪一句，为什么？

生：我觉得这一句写得很好，"荷叶挨挨挤挤的，像一个个碧绿的大圆盘。"因为这句话写出了荷叶的样子像一个个碧绿的大圆盘。

师：作者写得好，你也读得不错！请你认真观察课文插图，告诉大家这一句美在什么地方。

生：荷叶挨挨挤挤的，写出荷叶多，长得很茂盛，而且还把它当成人来写了。

（师板书：挨挨挤挤）

师：你能从挨挨挤挤这个词中体会到荷叶长得多，长得茂盛，真了不起！同学们，你们在生活中见到过挨挨挤挤的现象吗？

生：在公共汽车上，人特别多，挨挨挤挤的。

生：在火车上。

生：我们在食堂打饭的时候也是挨挨挤挤的。

生：在广场上，有一次我在广场看到好多人挨挨挤挤的，原来他们在看打狗。（众人大笑）

师：谢谢你，带给我们一个幽默笑话。同学们，"挨挨挤挤"这个词在这里是形容荷叶长得生机勃勃！

（课件播放荷叶视图）

"挨挨挤挤"一词说明荷叶长得多，长势茂盛。怎样让学生理解这个词语呢？教师充分利用了教学插图，让学生观察图画，说一说自己看到了什么样的荷叶。学生通过观察，结合自己的理解，已经懂了"挨挨挤挤"的意思；理解了词语，还要学会运用。随后，让学生说一说，还有什么是挨挨挤挤的，巩固对词语的理解。

总之，词语教学不能拘于死板的方法，要因文而异、因词而异，引导学生灵活地去理解、积累和运用，给学生语文素养的提高打下扎实的基础，使课堂教学精彩纷呈。

（二）句子教学

句子是人们运用语言交流思想的基本单位，句子能表达相对完整的意思，有一定的语调、语气，有一定的结构方式。一段文章是由一个一个句子组成的，一篇文章又是由若干个段构成的。因此，理解句子，不但有利于理解句中的词语，而且对理解段、篇都有重要作用。低年级句子教学主要有以下方法：

1. 联系上下文理解句子

"句不离文"是学习语文的规律，所以句子教学不能孤立进行，应该联系上下文理解句子。联系上下文理解句子就是把句子与上文、下文中意思有关联的句子结合在一起思考理解，从而体会到句子的意思。

【对应案例】斯霞老师《小壁虎借尾巴》教学片段。

生：（齐读最后一小节）

师：有什么问题？

生：小壁虎的尾巴断了，怎么又长出来了？

生：因为小壁虎吃了些营养，尾巴就长出来了。

（大家笑了）

师：这个问题大家再思考一下。

生：小壁虎要是不长出尾巴来，下次碰到敌人，就逃不掉了。

师：这是壁虎尾巴的用处，也是它的特点，断了又会长出来。但是新长出来的尾巴，同原来的尾巴不一样，要比原来的短而粗些。现在你们再来读读这几句话：小壁虎爬啊爬，爬到小河边……小壁虎爬啊爬，爬到大树上……这几句话说明什么？

（板书：壁虎挣断尾巴又长出来）

生：说明小壁虎爬了较长的时间，尾巴不是断了立即就长出来的。

师：对了，所以课文上写了"爬啊爬"，而不是写"爬到……"你们可去调查调查，还有什么动物的尾巴、腿、脚，弄断了又会慢慢地长出来的。现在我们再来看看书上，小壁虎把借尾巴的事告诉妈妈，为什么只用一句话带过去了？妈妈知道它去借尾巴的经过吗？

生：（纷纷举手）要是写书的叔叔、阿姨再把壁虎向小鱼、黄牛、燕子借尾巴的事写一遍，就太啰唆了。

生：这篇课文是写给我们看的，我们已经知道小壁虎向谁借尾巴了，所以不再写了。

师：对，你们都讲得对。不写我们也知道。小壁虎告诉妈妈的时候当然是很详细的，但是文章就不需要啰唆了。前面已经详细写过的内容，后面不必再写，这就是有详有略的写法。

小壁虎长出新尾巴是需要一个过程的，在分析最后一段时，斯霞老师抓住了"爬啊爬"这个动词，结合上下文让学生领悟"在小壁虎找尾巴的较长时间里，尾巴长出来"这个道理，并结合实际生活中的其他再生现象让学生进一步感悟。

2. 抓关键词语理解句子

有些句子的义蕴主要存在于关键词语之中。这些关键词语，对理解句子起重要作用。对此，可引导学生由关键词语入手来突破句意。

【对应案例】人教版一年级下册《要下雨了》教学片段。

师：小白兔看到了什么？

生：它看见小鱼在水面上游来游去。

生：我看见小鱼在吹泡泡。

师：它看见几只小鱼在水面上

生：小鱼都游到水面上来了，"都"告诉我们它看见所有的小鱼到水面上。

师：真是一只仔细的小白兔。

生：真奇怪，今天小鱼怎么在水面上了？

生：咦，怎么回事，小鱼怎么跑到水面上来？

师：真奇怪，这是怎么回事，我还是去问妈妈吧！

生：因为要下雨，天气很闷，所以小鱼都到水面上透气。

句中的"都"就是一个关键词。"都"是所有的意思，即包括无余。因为"小鱼游到水面上来"并非下雨的必然前兆，而"小鱼都游到水面上来了"，才是下雨的可靠物候。这里，教师抓住了"都"这个关键词语引导学生理解句子。

3. 利用朗读、理解句子

低年级阅读教学，教师要引导学生一句一句读课文，充分地进行朗读，读清楚、读正确，进而理解句子的含义。

【对应案例】人教版一年级下册《要下雨了》教学片段。

师：你学到了什么？

生：我知道了下雨前小鱼游在水面上。

生：我知道了燕子飞得很低。

师：无论什么时候都飞得很低吗？

生：不是，是下雨前它才飞得很低。

师：是呀，小朋友真能干，学懂了那么多！那么课文里的小白兔懂了吗？

生：懂了。

师：（奇怪）你们怎么知道的？

生：课文里写了（读）"哦，原来是这样！"小白兔明白了。

师：你觉得这句话该怎么读，为什么？（出示该句）

生：我觉得要读出明白的语气。因为小白兔的问题已经解决了。

师：你能试试吗？

生：（读句子）

生：我觉得要读出高兴的语气，因为小白兔的问题解决了，他很高兴！

师：真不错，你来试试！

生：（读句子）

师：看来小朋友把难题都解决了，那我们再来看看课文，仔细读读这句话，你有什么疑问吗？

生：我想问，小白兔是怎么解决的？

生：小白兔他都明白了什么呀？

……

师：是呀，"学问学问，边学边问"只有不断产生疑问才有知识的获得。俗话说：书读百遍，其义自现，只要我们认真读课文，一定能把这些问题解决，我们一起努力吧！

低年级阅读教学注重识字、积累。在会认会读的基础上，引导学生从文本中挖掘疑点，引导质疑，让学生带着问题学习，其目的性强。既激发了兴趣，张扬了个性，又使学生主动参与，积极读书，在读书中自己挖掘到文本的答案，在探究中形成能力，发展能力。

五、阅读教学设计

低年级儿童初学阅读，理解能力和认识水平还较低，阅读技能和习惯基本都是一片空白。因此，打好阅读教学的基础尤为重要。进行低年级阅读教学设计时，一篇完整的课文教学应该有"课前预习—第一课时—第二课时或两课时以上—课后延伸"四个环节。

具体来说，第一学段的阅读教学可以这样安排：

第一课时的基本教学设计过程为：创设情境，引发猜想，建构阅读的话题（3～5分钟）—放手试读，整体感知（10分钟左右）—强化初读，保证能够正确、连贯地朗读课文（10分钟左右）—强化对生字、生词的认知—课堂练写生字（不少于10分钟）

【对应案例】苏教版二年级上册《要好好学字》第一课时教学实录。

1．创设情境、引发猜想

师：同学们，这是毛主席的《六盘山》书法，这是毛主席用毛笔写的，称为狂草，这样的字是小时候一笔一画练出来的，他一生酷爱书法。毛主席不但自己习字，还非常关心孩子们的读书学习，你们想知道他这方面的事情吗？小朋友，今天老师要和大家学习一篇新课文，第12课（引说）要好好学字。请小朋友坐端正，伸出右手跟老师一起写课题。（师生共同书写）。

师：谁来读一读课题。

生：指名学生读题。（"好好"读正确）

师：读了这个题目后，你想知道些什么呢？

生交流：为什么要好好学字？要谁好好学字？……

师小结：小朋友真能干，看到题目就能提出这么多好问题来，会提问题是一项重要的语文能力。这些问题的答案就藏在课文当中，老师相信，只要你们仔细读、认真想，就一定能找到答案的。

2．放手试读、整体感知

师：同学们认真读一下课文，想一想这篇课文讲了一件什么事？用自己的话说一说。读课文的时候，请同学们把不认识的字画出来。

3．强化初读、保证能够正确和连贯地朗读课文

教师过渡语：下面就让我们一起来读课文吧。

师：自由读课文，听清要求，借助拼音把课文读正确，遇到难读的字词和句子可以动笔画下来，向老师和小伙伴请教。

生：自由读课文，教师巡视指导。

师：在小朋友读书的过程中，老师发现这些词语比较难读。

（出示带拼音的词语卡片）。

生：自由读——开火车读：其余学生听是否读正确——齐读。

师：去掉拼音你还会读吗？

（大屏幕显示：延安 参加 遇到 革命 知道 回答 两个 他俩）

生：同桌读——小老师领读。

师：这些词语小朋友都读好了，请大家再读课文，相信现在大家不但能读正确，而且能读得很流利。争取做到：不多字、不少字、不错字、不回读、不读破词语和句子。

师：指读课文，请同学们根据课文内容，用大屏幕上的词语说一两句话。

师生交流：毛主席在（ ）遇到（ ），毛主席教导他们要（ ）。

师小结：小朋友真能干，不仅把课文读正确、流利了，还读懂了课文的主要内容呢，老师相信在下面的学习中小朋友会表现得更出色。

4．强化对生字、生词的认知

师：阅读第一段，随文学习生字：席、延、遇、道。

（"席"从字理讲起。"延""遇"比较偏旁，顺带出"道"。再比较"道"与"到"。）

生：识记生字的音、形、义。

5．课堂练写生字

生：在硬笔练习册上书写本课时所学生字。

师：巡视指导，提醒写字姿势与执笔姿势。

低年级阅读教学第二课时的教学过程设计可以采用以下基本环节：

复习—围绕话题，选择重点，读中感悟，以读见悟—熟读背诵，形成积累—课堂练习—课外延伸拓展。

【对应案例】苏教版二年级上册《要好好学字》第二课时教学实录。

1．复习

师：（1）引导认读生字卡片。（2）请同学用"参加"说一句话。

2．选择重点、读中感悟、以读见悟

精读第一段

师：引导看图。思考问题：画的是哪里？都有什么人？

生：自由读第一自然段。

生：画的是"延安"，介绍延安宝塔。

生：自由读一读，齐读。

师：让我们一起记住这个地方吧——齐读第一句。

师：图上有哪些人？

生：毛主席。

师介绍：毛主席名字叫毛泽东，主席是他的职务，毛主席是一代伟人，是新中国成立后的第一代领导人，在他的一生中有许多故事，观看课后书法插图。

师：读一读这句话，你能读出什么？用"一个……一个……"说话。

师：现在我们8岁，14岁的时候我们在干什么？而他们却已经怎么样了？看看他们的穿着。（指导朗读，相机评价）

精读二、三自然段，体会毛主席的良苦用心和亲切关怀。

3．课堂练习

生：自学剩余生字字形。

是：指导书写。

4．课外延伸拓展

师：（1）通过本节课的学习，你对毛主席有新的认识吗？

（2）收集伟人小时候刻苦读书的实例。

以上介绍的是低年级阅读设计的通常做法，在实际教学实践中，还要考虑到各种教学影响因素，灵活应变，做出科学合理的阅读教学设计。

第二节　第二学段阅读教学设计

一、阅读教学目标分析

从第二学段开始，阅读教学取代第一学段识字写字教学的地位，成为第二学段语文教学的重点，课标第二学段的阅读教学目标，呈现以下特点：

（一）情感态度和价值观目标

1．培养阅读兴趣

二、三学段虽然没有再提喜欢阅读，实际上这条要求应该贯彻各个学段乃至教育过程的始终，而且随着学生阅读量的增多、阅读面的扩大、阅读兴趣的广泛，喜欢阅读的程度也应与日俱增。课标同时提出第二学段主要阅读叙事性作品和诵读优秀诗文。

2. 陶冶高尚情操

第二学段要求"关心作品中人物的命运和喜怒哀乐",培养关爱他人、善良质朴的情感。

3. 养成良好习惯

第二学段增加了"能对课文中不理解的地方提出疑问","养成读书看报的习惯,收藏并与同学交流图书资料"两项要求。善疑好问,读书看报,这也是终身需要的良好阅读习惯,从小学中年级培养是适时的。

(二)知识和能力目标

1. 朗读能力

"用普通话正确、流利、有感情地朗读课文"是一以贯之的要求。到第三学段前加"能"字,表明从"学习"起步,到高年级应具备一定的能力,要求基本未变,但体现出在第二学段对朗读能力训练不能放松,只有坚持训练,才能保证第三学段朗读能力目标的完成。

2. 默读能力

第二学段要求"初步学会默读"。

3. 诵读能力

第二学段要求通过诵读优秀诗文,"体验情感,展开想象,领悟诗文大意",把通过诵读理解古诗文的内容、情感作为学生古诗文的学习能力加以培养。

(三)过程和方法目标

第二学段提出"初步感受作品中生动的形象和优美的语言","注意在诵读过程中体验情感,领悟内容"。

第二学段要求"在理解语句的过程中,体会句号与逗号的不同用法,了解冒号、引号的一般用法。"

本学段是第一学段阅读教学的巩固与发展,同时又是第三学段阅读教学的基础。它起着"承上启下"的作用。根据中年级学生的认知特点,在第一学段阅读教学的基础上,第二学段的教学要求有所提高。

与以往的教学大纲相比较,中年级阅读教学目标发生了显著变化,中年级更加注重情感体验在阅读教学中的作用,加强了阅读的积累和运用,对阅读知识提出了新要求。

二、阅读教材分析

中年级教材着眼于学生素质的培养,选材文质兼美,题材广泛,内容贴近儿童世界,又具有时代特点。教材中蕴含着丰富的人文教育资源,洋溢着浓厚的时代气息,是丰富的语言和精神"矿藏"。

(一)中年级阅读教材内容

(1)从选文的文体角度看,主要是叙事性作品,还有诗歌、童话、民间神话传说、寓言故事、科学小品等。不仅能让学生了解多方面的知识,接受多方面的教育,而且还能激发学生的阅读兴趣、扩大阅读视野。

(2)从选文的题材角度看,仍然围绕儿童发展的四个外延来确定,即儿童与自然、儿童与社会、儿童与历史（文化）、儿童与他人（包括自我）。教材编写仍倾向于分解成一个个主题或话题语境，不同体裁、风格、时代的课文，围绕共同的主题组织单元。题材的内涵和外延有所扩大。

（3）从选文的类型角度看，现行各版本教材每个单元包括精读课文、略读课文，每册教材后还有选读课文。精读是认真仔细地研读，有时甚至需要咬文嚼字，结合联想和想象，加深对文本的理解。精读不但是充分理解阅读材料的重要方法，而且有助于提高理解和运用语言文字的能力；略读只要求粗知文章的大意，不要求字斟句酌。主要靠孩子自己读懂，训练读的速度，培养边读边想的习惯；选读顾名思义就是自由地选择，教师可以选择，学生可以选择，师生可以共同选择。在这三种类型的课文中，随年级的升高略读课文不断增加，体现了学生水平的提高和自读能力要求的提高。

（二）中年级阅读教材编排与呈现

（1）中年级的课文是单行阅读，个别字注音。

以人教版教材为例，三年级上册教材的注音有以下几种情况：①导语、课后练习、资料袋和语文园地里出现的不认识的字，只在全册书第一次出现时注音，后面出现均不注音。②精读课文和略读课文里的不认识的字，出现一次注一次音，直到这个字被学生认识为止。③课文中的多音字随文注音，用方括号标出。④学习伙伴的话和文章作者的姓名一律不注音。⑤有些字在具体的语境中读音要发生变化，课文标注的是变调音或轻声，如"黄澄澄"的"澄"，在课文里标注的是"dēng"，生字条里注音恢复本音。

（2）围绕专题组织单元，进一步加强单元内容整合，加强单元内精读课文与略读课文的联系。

整个单元围绕专题内容，将听说读写等语文实践活动有机结合起来。各种活动之间相互联系，密切配合。前面有布置、中间有铺垫、后面有拓展、交流。单元内各部分成为一个互相联系的有机整体，有利于全面实现课程目标。在精读课文与略读课文之间，用一段流畅的文字，很自然地由精读课文过渡到略读课文，并提示略读课文的学习要求和方法，使精读课文和略读课文形成一个整体，更好地发挥训练阅读、迁移能力和陶冶情趣的功能。

（三）中年级阅读教学重点难点

中年级的阅读，是对低年级阅读教学的巩固与发展，同时又是高年级阅读教学的基础，它起着"承上启下"的作用。因此，正确把握中年级阅读教学的重点，并寻找相应的教学策略，是提高中年级阅读教学实效的重要保障。

根据中年级学生的认知特点，中年级阅读教学的重点可确定为五项：①学习有感情地朗读课文，把握课文的主要内容；②学习略读，粗知文章大意；③初步学会默读，能联系上下文理解词句的意思，抓住关键词句，体会表情达意的作用；④培养概括文章主要内容、体会主题思想的能力；⑤注重积累课文中的优美词句和精彩句段。

【对应案例】人教版三年级下册《她是我的朋友》教学目标。

（1）会认8个生字，会写13个生字。正确读写"查看、休克、迫在眉睫、草垫、呜咽、拳头、竭力"等词语。

（2）有感情地朗读课文。

（3）从动作、神情的变化中体会阮恒的内心活动，感受朋友间真挚的友谊和阮恒无私奉献的精神。

（4）体会作者是如何抓住人物的动作、神情进行描写的，体会文章字里行间所包含的对阮恒的敬佩之情。

教学重点、难点：

抓住描写阮恒献血时动作、神情的语句，体会阮恒献血时的内心活动，感受朋友间真挚的友谊和阮恒无私奉献的精神。

三、词语教学

中年级的词语教学是阅读教学中的重要环节。词语是组成文本的基础；对语言学习来说，没有新的词汇的吸收和内化，语文素养的提高也就成了一句空话；从学情角度分析，中年级介于低、高年级之间，是由以识字、写字为重点向阅读体验为重点转化的重要年段，因此中年级的词语教学是阅读教学中重要的一环。本年段词语教学在低年段词语教学的基础上，还要帮助学生掌握以下理解词语的方法：

（一）结合上下文理解法

在阅读教学中，结合课文内容来理解词义，是最经常、最重要的词语教学的方法。因为汉语中一词多义的情况很多，这就需要把词语放到上下文中揣摩。还有些比较抽象的词，更要放在语言环境中，让学生结合上下文细细体会。

【对应案例】人教版三年级下册《她是我的朋友》中"迫在眉睫"一词教学。

师：这个受伤的小姑娘现在情况如何？她的伤势怎样？请同学们默读课文3、4自然段，把描写小姑娘当时情况的句子画出来。

（学生默读课文，勾画相关语句）

师：画好了吗？我们来交流一下。

生：经过查看，他们确认这个小姑娘伤得最严重，如果不立刻抢救，就会因为休克和流血过多而死去。（随机点击课件出示相关句子）

师：从这句话中你体会到了什么？

生：从这句话中我知道了小姑娘伤得最重，而且随时都有可能死去。

师：是呀，当时的情况多么紧急，你能通过朗读表现出来吗？（学生读句子）

师：看来你已经意识到了问题的严重、情况的危急。让我们一起读一读。

生：齐读句子。

师：我们继续来交流，你还从哪些句子中了解到了小姑娘的情况。

生：我从"医生告诉这几个孤儿，如果他们不能补足这个小姑娘失去的血，她一定会死去。"这句话，了解到小姑娘需要立刻输血。（点击课件，出示相关句子）

师：她正在死亡边缘挣扎呀！带着你的体会再来读读这句话。

生：读句子。

师：在这种紧急的情况下，课文中用了个什么词？说输血怎么样？

生：迫在眉睫。

师：还能再等吗？（生：不能）还有时间让大家再考虑一下吗？（生：没有）

师：是啊，情况如此危急，输血——（生：迫在眉睫）

阅读教学应引导学生联系上下文，理解词句的意思，在教学"迫在眉睫"这个词语的时候，教师引导学生通过读课文感知词语的大意，也能激发学生对作品中人物命运的关心，与作品中的人物产生共鸣。

（二）结合生活经验理解法

【对应案例】人教版三年级下册《燕子专列》教学片段。

师："同学们，在我的脑海中啊，一直有着这样一个美丽的形象——一身乌黑的羽毛……"

生：一对俊俏轻快的翅膀，再加上剪刀似的尾巴，凑成了活泼机灵的小燕子。

师：对，小燕子！（转身在黑板上写下了两个字：燕子）燕子是我们大家熟悉的朋友，它们是候鸟……

生：春天从南方飞回北方，秋天又从北方飞回南方。

师：我再写一个词，（教师在燕子后面板书"专列"）谁理解这个词？

生：专门为一些特殊的人开的车。一个女孩子站了起来。

师：专门为一些特殊的人开的车。（教师有意识地重复了一遍，强调"开的车"，并做出若有所思的样子，以引起学生的注意。果然，学生纷纷举手）

生：开设的列车。

师：还有要补充的么？

生：一般专列只为高级领导开。

生：一些特殊的事情有时候也用专列，比如说演员演出，军人参军等。

师：我听明白了，乘坐专列的都是人。（教师在黑板的一角写上了一个大大的"人"字）

师：把这两个词连起来读一读。（教师指着刚才板书在黑板上的"燕子"、"专列"两个词。学生读）

师："发现什么问题了么？"学生们纷纷举手。

生：燕子能长途飞行，为什么还要做专列呢？（一名学生说完了自己的疑惑，教室里如林的小手纷纷放下，看来他们的问题相同）

师：读读课文，你一定能知道其中的原因。

从这个教学片段看，老师在教学"专列"这个词时，引导学生结合自己的生活经验来理解词语，教师不失时机地引发学生质疑，进而深入地理解课文。

四、句子教学

中年级句子教学在低年级教学基础上为段落教学打基础，主要内容有：准确理解句义；体会关键语句，注意有一定内涵的句子在表达中的作用；具体地知道句子和句子之间的关系。因此，中年级的句子教学的着力点应放在理解句子方法的点拨上，让学生通过关键语句感悟并体会文章表达的思想感情。

（一）抓住主干、理解句意

中年级教材中，有一些比较长的句子，阅读时不易理解，可以先抓住句子的主干（主要成分），弄懂基本内容，再带出枝叶（附加成分），还原显现原句，进行整体理解。

【对应案例】人教版三年级下册《燕子》教学片段。

师：自由读第二段，边读边画出作者描写柳丝的句子。

（学生读第二自然段）

生：微风吹拂着千万条才展开带黄色的嫩叶的柳丝。

师：请小朋友再读这句话，我们用最简单的说法，怎样说。

生：风吹拂着柳丝。

（教师板书：风吹拂着柳丝）

师：我请一位同学念念，并说说感觉。

生：觉得这样写很干巴，没有美感。

师：请同学们自学，读一读，再比一比。课文上写的和黑板上的这一段意思相同，但又有怎样的不同呢？

师：怎样的风，怎样的柳？

生："微风"说明春风很轻很柔，非常生动形象。

生："柔柳"说明柳条很嫩、很软，很可爱。

生："微风吹拂着柔柳"，使人觉得柳枝儿在微风中飘动起来了。

师：微风吹拂着什么样儿的柳？

生：微风吹拂着才舒展开眉眼的柔柳。

师：什么颜色的眉眼？

生："黄绿"的色彩，说明了柳树刚刚发芽，使我们感到柔柳是那样青嫩。

师：这里运用了什么的手法，这样写给我们什么感觉？

生：这里运用了拟人的手法，柔柳也有眉有眼，这样就把柔柳写活了，而且好像是才睡醒了一般，舒展开眉眼。

师：这句描写柳枝的数量有多少？

生：写出柔柳的数量不是一条、两条，而是千万条，真是美极了。

师：课文用一句话写出柔柳的色彩、姿态、数量，非常生动形象，我们在习作时要学习这种给主干逐步添加修饰语，使描写生动的方法。

（朗读全句，指导节奏："微风／吹拂着／千万条／才舒展开／黄绿眉眼的／柔柳"）

《燕子》中"微风吹拂着千万条才舒展开黄绿眉眼的柔柳"一句，句子较长，描写生动。在教学时，教师抓住句子主干——微风吹拂着柔柳。抓住了主干，基本内容一目了然，在此基础上再分析附加成分，学生便可理解掌握柔柳的数量（千万条）、动态（舒展开）、颜色（黄绿色）等情况。再通过细细地品读，反复吟诵，在诵读中自然感受柳的"柔""嫩"，语言能力自然得到了发展。

（二）体会修辞手法、理解句意

课文中的一些写得生动、具体、形象的句子，有特殊的表达效果，这样的句子作者往往会运用一些修辞手法。对这样的句子有必要进行细细品读，理解其表情达意的作用，也有助于理解文章的内容和情感。

【对应案例】人教版三年级下选读《我爱故乡的杨梅》教学实录。

师：细雨如丝的季节来了，贪婪的杨梅树尽情地吮吸着春天的甘露。请看屏幕：多媒体出示风中的杨梅树，配着轻音乐。"贪婪""吮吸""伸展""欢笑"自屏幕上变化着出现。

（学生全神贯注地观看）

师：看了这个片段，你有什么感受？

生：这些画面，太美了。

师：美在哪里呢？

生：蒙蒙细雨，翠绿的杨梅树。

（营造一种美的境界，使学生陶醉其中。）

师：下面配上音乐，老师给大家范读一下。

（学生聚精会神地听着，屏幕上出现课文第二自然段）

师：听了这段课文，你有什么感受？

生：作者写得太好了，我有了身临其境的感受。

生：听了这段话，我真想在雨中散步。

生：我正想伸伸懒腰，大声地笑一笑，来释放我心中的愉悦。

师：这段话写得非常生动，大家都领悟到意境了。这句话用了比喻、拟人的修辞手法。作者是怎样把杨梅写成人的呢？

生："贪婪""吮吸"是人的动作，用得非常准确，把植物吸收水分的过程写得很形象。

生："伸展""欢笑"原本是人的动作，作者却用来描写植物，让人觉得亲切、细腻。

师：这一段作者把杨梅树赋予了人的动作，所以说采用了拟人手法。写作文时，同学们也可以运用这种方法，使文章更生动些。比喻手法又是怎样运用的呢？

生：把雨比作丝，突出春雨的特点——细、少。

生：把雨比作甘露是为了突出春雨的贵重。春雨又细又少，当然就贵重。

师：这么美丽的画面，这么形象的文字，对杨梅的热爱之情怎能不油然而生呢？尽情地读吧，读出你对杨梅的喜爱之情。

在这一教学过程中，教师抓住了比喻、拟人的修辞手法引导学生理解整句话的含义，品悟文章的语言特点，理解句子的妙处，感受作者对故乡的热爱之情。

（三）联系上下文理解句义

语言符号的多义性决定了句子往往存在多义性，但是在语境中，它的意义又具有单一性。联系上下文理解句义就是把与上下文意思有关的句子结合在一起，从而体会句子涵义。

【对应案例】人教版四年级上册《白鹅》教学片段。

师：同学们一起看看第十六自然段，看看你读懂了些什么。

生默读。

师：孩子们你们都读出自己的感受，你们有什么不懂的吗？

生：我不懂。

师：我们来读一读，读完之后让全场人都知道我们这位鹅老爷怎么吃饭的。

生读：先吃一口冷饭，再喝一口水……

师：哦，我听出来了有水有泥还有其他的吗？

生读：先吃一口冷饭，再……

师：明白了先吃一口冷饭，再吃……然后再到别处吃一……这种吃饭的方法作者用了一个词语是——

生：三眼一板。

师板书。

师：一起来写。三眼一板也叫一板三眼，就像我们音乐课上的节拍，原指京剧里的一种板式，四四拍会打吗？看老师打，会吗？伸出小手打。

生打。

师：真好再来一遍。

生打。

师：哎，真好，这就是三眼一板的本来意思，文中指的是什么？

生：做某种事不打乱顺序。

师：那鹅吃饭的顺序是什么，你读给大家听听。

生读。

师：还用看书吗？你会发现在台前就有，再读一遍给大家听。

生读。

师：明白三眼一板了吗？

生：明白。

师：有趣吗？

生：有趣。

师：吃饭的东西能少吗？

生：不能。

师：顺序能打乱吗？

生：不能。

师：这就是——

生：三眼一板。

师：再有趣地读一读这句话。

生读。

师：多有意思呀，就是它这三眼一板的吃饭方法，我们的鹅老爷为我们上演这样一幕，读读这一幕，这会动的一幕。

在这个教学片段中，教师联系上下文让学生领悟了"三眼一板"的含义，进而体会白鹅吃饭时所吃食物的种类、顺序不能改变的特点，从而更好地理解作者称其为"鹅老爷"的恰切。

（四）联系生活经验理解句子

课文中的有些句子单从字面理解比较难，但如果能引导学生联系他们的生活经验理解句子，就很容易了解句子的意思。

【对应案例】人教版四年级上册《鸟的天堂》教学片段。

师：读懂了这株榕树茂盛的同学还有补充吗？

生：第七自然段的"枝干的数目不可计数"一直到"就像一株大树卧在水面上"体现了榕树的枝非常多，也体现了它的"茂盛"。

师：你从哪个词语体会到榕树的枝干多？

生：我从"不可计数"和"枝上又生根，有许多根直垂到地面上，伸进泥土里"读懂的。

师：（板书：枝干不可计数）老师看看你是不是真的读懂了。"不可计数"是什么意思？

生：形容非常多，数不清。在课文里指枝干多得数不清。

师：为什么枝干这么多？

生：因为榕树长得非常茂盛，所以枝干非常多。

生：我见到很多大树的枝干也很茂密。

师：这是你的理解，我看到有同学在摇头了，同一个地方，如果你有不同的理解，欢迎你发表自己的见解。

生：我知道榕树还有一个特点，它的枝上会生出一些气生根，慢慢扎进泥土里，这个特点使它的枝干多。

师：（板书：枝上生根）也就是说"枝上生根"与"枝干不可计数"之间有着密切的联系，你读懂了句与句之间的联系，你很善于思考。

生：在我国云南的西双版纳有这种榕树，很多枝干就像形成一张巨网，要把你包围起来，送到一个更美的地方去。

师：你感受到了榕树的气势，感受到了榕树特别美。

（出示图画投影片：榕树近景。指名上台指出图中榕树枝、根、叶的位置）

师：看了图，再读读这句话（出示文字投影片），你们又读懂了什么？

生甲：这株榕树真大呀！（板书：大）

生乙：枝上生出的根扎进泥土里，天长日久又会长成新的干，说明这株榕树年代久远。

师：你说得真好，这棵树已经有500年的历史了。这株榕树何止大得惊人，简直是一种特有的自然美，这句话怎么读好呢？谁来试试？（指名读这句话）

师：读得好！你是带着什么感情读这句话的？

生：我带着惊奇、赞美的语气读。

师：让我们学着她这样，把这句话一起读一遍。

（生有感情地齐读）

《鸟的天堂》一课中描写大榕树的一句话："大榕树的枝干不计其数，枝上又生根，许多根直垂到地面，有的又伸进泥土里"是学生理解的难点。在教学过程中，教师启发学生联系生活中其他的树并结合图片，把已有的对树的印象与课文中写大榕树的句子联系起来，就想象出了大榕树的样子，读懂了句子。

总之，句子教学的方法是丰富多彩的，还有长句分解成短句、变化句式、比较句式等多种方法。只要教师每课有意识地抓几句作重点分析，积少成多，就能较快地提高学生的阅读能力，从而达到培养学生语文实用能力和提高语文素质的目的。

五、段和篇的教学

段，也叫自然段，是句子的发展，是介于句和篇之间的文章结构单位。从形式上看，另起一行空两格书写的几句话就是一段，叫自然段，也叫段、节、小节、自然节。自然段的教学是小学语文课堂阅读教学的重头戏。篇章教学在学生能够理解词句、读懂自然段的基础上进行。所以，段落、篇章的教学不能截然分开，孤立地进行，而要把它们有机地联系起来。

（一）掌握归纳段意的方法

这里说的归纳段意,就是准确地概括自然段段意。归纳段意有利于抓住一段话的主要内容,便于分析自然段之间的关系,为给课文分段、理清全篇的层次结构创造条件。归纳段意的主要方法有找中心句法、分清主次法、概括内容法等。

【对应案例】人教版四年级上册《猫》教学片段。

（1）导入新课。

师：同学们,你们有谁养过猫吗?有谁仔细观察过猫吗?猫给你留下什么印象?

生：可爱、淘气、贪吃、贪玩。

师：大作家老舍先生也非常喜欢猫、也养过猫,还特地为猫写了一篇文章,这就是我们今天要学习的第15课《猫》。

师：板书课题。

生：齐读课题。

（2）自由读课文：思考课文是从哪几方面写这只猫的。

生：课文写了有关猫的两个方面的内容：一是大猫的性格古怪；二是小猫的淘气可爱。

师：第一方面的内容,写大猫的性格古怪是在哪几自然段?第二方面的内容写小猫的淘气可爱又是在哪几自然段?

生：写大猫的性格古怪是在1～3自然段,写小猫的淘气可爱是在第4自然段。

（3）细读课文,体会情感及写法。

师：默读课文,找出本段的中心句。

生：猫的性格实在有些古怪。

师：这是一个总起句,总起句有什么作用?

生：总起句有什么作用是后面的内容（1～3自然段）是围绕这句话写的。

师：学习第一部分的第一自然段,轻声读课文画出表现猫性格古怪的词语。

生：老实—贪玩—尽职。

师：猫的哪些做法表现出它的老实、贪玩、尽职呢?例如：课文中是怎样描写猫的"贪玩"的?

生：说它老实吧……

师：读这个句子体会猫的老实。

生：可是它决定要出去玩……

师：读这个句子体会贪玩并用任凭……也……造句。

生：可是它听到……

师：读句子体会猫的尽职并用非不……可……造句。

师轻读课文讨论：思考：猫的"老实""贪玩""尽职"的性格与"古怪"有什么关系?

生：讨论后明确"老实"与"贪玩"是一对矛盾,"贪玩"与"尽职"也是一对矛盾,而这些矛盾性格都集中在猫的身上,因此,猫的性格是古怪的。

小组学习第2自然段。

师：指名一人读,其他同学画出表现猫性格古怪的词语。

生：性格特点——高兴时,温柔可亲；不高兴时,一声不出。

师：课文是怎样从猫的动作和叫声两方面写猫的温柔可亲的呢？

生：用身子蹭你的腿，把脖儿伸出来让你给它抓痒。

生：或是在你写作的时候，跳上桌来，在稿纸踩印几朵小梅花。

师：这里的几朵小梅花指的是什么？

生：猫的脚印。

师：为什么将猫的脚印比作小梅花？这个比喻表达了作者这样的心情？

生：作者将猫的脚印比作小梅花表达了作者对猫的喜爱之情。

师：从叫声这个方面作者是怎样写猫的温柔可亲的呢？

生：丰富多腔的叫唤。

生：给自己解闷。

师：对猫的叫唤用了"丰富多腔"、"变化多端"来形容，可以看出什么？

师：可见作者是多么喜爱猫。

在这个教学案例中，教师通过找中心句、关键词有意识地培养学生的理解并概括段落内容的能力，并引导学生体会词语的含义，体验老舍先生对猫的喜爱之情。

（二）明白课文表达的思路

课文的表达顺序，是作者思路的外在显示，也是文章的线索和脉络。任何一篇文章都是有一定的思路顺序的。正如叶圣陶先生所说："看整篇课文，要看明白作者的思路。思想是有一条路的，一句一句、一段一段，都是有路的，这条路，好文章的作者是决不乱走的。"

【对应案例】语文 S 版三年级下册《瀑布》教学片段。

生：（观后答）瀑布从千丈高山上飞溅而下，在空中经风一吹，水流洒开，许多小白点飞溅开来，夹着水汽缓缓飘落，看上去如烟、如雾、如尘。

师：对了，瀑布在岩石上溅起的水珠和水点被风一吹，像烟一样轻飘飘，像雾一样白蒙蒙，像尘一样纷纷扬扬地飘落，迷蒙神奇，美丽万分。

师：这节主要写瀑布什么特点？（展开）

生：主要写瀑布形的特点。

师：我们总结一下作者是按什么顺序观察瀑布的？

生：按照由远及近的顺序进行观察的。

师：作者是抓住瀑布的哪几方面特点进行观察、描写的？

生：作者是抓住瀑布的声、色、形三方面特点进行观察、描写的。

师：全诗表达了作者什么样的思想感情？

生：表达了作者对瀑布的赞美之情。

在本案例中，教师对作者的思路、观察顺序、表达情感进行了多方面的评析，使学生从中获得了对瀑布的整体体验和感悟，与文本产生共鸣，对整个教学产生重要的辅助作用。

总之，阅读教学方法，只有根据小学语文阅读课的教材实际，根据学生的认知特点，进行有主有次，科学合理的组织与运用，才能收到最佳的功效。

六、阅读教学设计

中年级要继续指导学生学习词句，同时在把握全篇的基础上，理解重点逐步转移到段上，如练习分段，归纳段落大意，由理解段到理解篇过渡。由此出发，进行教学设计时，要以低年级的教师教读、导读为主，逐步转向以自读为主。

中年级阅读教学第一课时的基本教学设计步骤为：设计导入，引出课题—自由朗读，读通课文—默读课文，个性感悟—自由读课文，掌握关键词句段及要点和层次—小组交流，解决问题—全班交流，体会情感。

【对应案例】苏教版三年级下册《你必须把这条鱼放掉》第一课时教学设计。

1．故事导入、引出课题

师：让学生讲小猫钓鱼的故事，让学生说出获得的启示。那么今天我们来学习一篇从钓鱼中获得启示的文章，看作者是怎样受到启示的。

板书课题。

2．自由朗读、读通课文

师：请同学们自由朗读课文，要读正确，读通顺，注意读好有拼音标注的词语，难读的地方反复读几遍。

生：自由朗读。

师：指名学生分段接读课文。

教师和学生评价。

师：这篇文章告诉我们什么？

……

3．默读课文、个性感悟

师：请同学们默读课文，看能不能读懂文中的每一个自然段。边读边想象文中描写的画面。

生：默读课文。

师：读完以后，你想象到了什么？说说自己读文章以后的感受。说说每个自然段的意思。

4．自由读课文、找出关键句子

师：自由读课文，画出印象深刻的句段，在有疑问的地方做好标记。

学：默读课文。

5．小组交流、解决问题

师：同学们请找出那些印象最深的句子，看怎样读才能把这些句子读好。哪些地方有疑问，互相帮助看能不能解决这些问题。组长记录小组内解决不了的问题。

生：小组内互相交流。

6．全班交流、体会情感

师：你们小组画出了哪些句子？从这些句子中读出了什么？能不能用你们自己的方式把这些句子蕴含的情感读出来？

生：汇报重点阅读句子。①父亲划着了一根火柴，看了看手表，这时是晚上10点，距离开放捕捞鲈鱼的时间还有两个小时，父亲盯着鲈鱼看了好一会儿，然后把目光转向了我："孩子，你得把它放回湖里去。"②道德只是个简单的是与非的问题，但是实践起来却很难。要是人们从小受到像把钓到的大鲈鱼放回湖中这样严格的教育，就会获得道德实践的勇气和力量。③晚霞辉映的湖面上溅起了一圈圈彩色的涟漪。不一会儿，月亮升起来了，湖面变得银光闪闪。④啊，这样大的鱼！我还从来没有见过，还是条鲈鱼。我和父亲得意地欣赏着这条漂亮的大鲈鱼，看着鱼鳃在银色的月光下轻轻翕动着。

师：同学们想不想听故事？老师给同学们讲一个《诺言》的故事，你们爱听吗？教师讲述故事。谁还能讲一个有关道德的故事？

学：讲述故事。

师：大家交流自己的生活体验，你觉得遵守诺言容易做到吗？

师：怎样才能读好这些句子呢？除了想象作者当时的心情，还要加进我们自己的感受。下面同学们再读一读。

生：自由读，指名读，老师指导朗读作者和父亲的对话，体会当时的思想感情。

师：从这些句子中，你体会到作者当时有什么样的感受呢？

师：以"我的心情"为主题把作者当时的心情写下来，可以加进自己的感受，也可以发挥想象。

中年级阅读教学第二课时的基本教学设计步骤为：读书体会，感悟写法—拓宽学习，加深感受—抒发感受，积累运用—分层作业，课外延伸。

【对应案例】苏教版三年级下册《你必须把这条鱼放掉》第二课时教学设计。

1. 读书体会、感悟写法

生：汇报交流上节课的习作内容。

师：再读课文，看这篇文章语言有什么特别之处。

（找到课文"跳跃、挣扎"等词语，读一读，体会语言的准确性；找到父子行动的部分，读一读，体会语言对人物形象的刻画作用；找到心理描写和对话的部分，读一读，体会对话描写对人物心理的刻画作用）

师：默读课文，画出你喜欢的句子，然后大声朗读画出的句子，说说自己为什么喜欢这些句子。

生：把画出的句子读出来，老师和其他同学评议并示范。

（通过朗读、默读，初步感受作者语言运用的特点，用朗读把自己的理解表达出来）

师：请大家背诵自己喜欢的段落。

2. 拓宽学习、加深感受

师：从古至今，人们都在面临道德的难题，怎样才能很好地解决这个问题呢？这是很多人都在思考的。下面请同学们把自己搜集到的关于道德的小故事、名言警句拿出来，读给大家听或者讲给别人听，然后说出自己的感受。

生：介绍、讲述。

……

3. 抒发感受、积累运用

师：通过大家的交流、讨论，对道德这个简单的问题有了自己的感受。用自己喜欢的形式，写出自己现在最想说的话。可以引用刚才交流的一些名言警句。

生：练习，全班交流。

4. 分层作业、课外延伸

（1）教师推荐课外读物。

（2）继续搜集有关的名言、警句、故事等，写出自己的体会，组织一次演讲。

（3）组成小组，进行社会调查，看社会上的人是如何看待道德问题的。作好记录，然后全班交流。

第三节 第三学段阅读教学设计

一、阅读教学目标分析

小学第三学段（5～6年级）是九年义务教育阶段从小学进入初中的转型时期，是学生逐步由儿童进入少年的转型时期。这个时期的学生大致为十一二岁，他们的自主意识、自我控制能力有了进一步的增强，智力特别是抽象思维能力有了长足的发展。因此，课程标准对第三学段阅读提出了更高要求。

（1）能用普通话正确、流利、有感情地朗读课文。

（2）默读有一定的速度，默读一般读物每分钟不少于300字。学习浏览，扩大知识面，根据需要搜集信息。

（3）能联系上下文和自己的积累，推想课文中有关词句的意思，辨别词语的感情色彩，体会其表达效果。

（4）在阅读中了解文章的表达顺序，体会作者的思想感情，初步领悟文章的基本表达方法。在交流和讨论中，敢于提出看法，做出自己的判断。

（5）阅读叙事性作品，了解事件梗概，能简单描述自己印象最深的场景、人物、细节，说出自己的喜爱、憎恶、崇敬、向往、同情等感受。阅读诗歌，大体把握诗意，想象诗歌描述的情境，体会作品的情感。受到优秀作品的感染和激励，向往和追求美好的理想。阅读说明性文章，能抓住要点，了解文章的基本说明方法。阅读简单的非连续性文本，能从图文等组合材料中找出有价值的信息。

（6）在理解课文的过程中，体会顿号与逗号、分号与句号的不同用法。

（7）诵读优秀诗文，注意通过语调、韵律、节奏等体味作品的内容和情感。背诵优秀诗文60篇（段）。

（8）扩展阅读面。课外阅读总量不少于100万字。

从第三学段的目标可以看出，课程标准强调情感体验的作用，要求语文教学加强阅读积累、运用积累，尊重个体差异，鼓励交流合作，这些变化要从多角度、多层面去体会运用，并根据不同的阅读教材内容，区分不同文体的特点，完成教学目标要求。

二、阅读教材分析

高年级阅读教材选文力求具有典范性，题材、体裁、风格丰富多样，力求体现时代特点和现代意识，关注人类，关注自然，视野开阔，尽可能吸纳多种文化。教材文本由博返约，深入浅出，是小学生乐于接受的精神美餐。

（一）高年级阅读教材内容

高年级的教材，编写框架仍采用"三维整合、统筹安排、因课设练、多次重复、螺旋上升"的原则。

（1）从选文的文体角度看，以叙事性作品为主，还有诗歌、童话、散文、寓言故事、新诗、小说、通信、访问记、说明文、议论文等。

（2）从选文的题材角度看，仍然围绕儿童发展的四个外延来确定，即儿童与自然，儿童与社会，儿童与历史（文化），儿童与他人（包括自我）等四个范畴。选文既有传统的优秀篇章，也有时代感浓厚的新课文。

（3）从选文的类型角度看，现行教材主要类型包括精读课文、略读课文、选读课文，与中年级安排一致。精读课文的数量逐渐减少，略读课文的数量逐渐增加。

（二）高年级阅读教材的编排与呈现

（1）单元方式组合课文。高年级教材围绕一个个专题把听说读写内容编写在一个单元。专题的角度、内容更加灵活多样，内涵更加深化。

（2）强化导学功能，引导学生思考。考虑到学生的年龄特点和已经具备一定阅读能力的实际，高年级教材不再仅仅采用第一人称的叙述方式，精读课文中也取消了提示语。但更重视教材的导学功能，引导学生自读自悟，主动思考。

三、高年级阅读教学重难点

高年级是小学生学习语文的综合提高阶段。根据课程标准的要求和高年级学生的认知特点，可确定高年级阅读教学的重点是：学会预习课文，养成预习的习惯；领悟文本的表达方式；初步掌握常见文体的阅读方法；学会归纳文章的中心思想；学习浏览，拓展阅读。

【对应案例】人教版五年级上册《圆明园的毁灭》教学目标。

1．知识与技能

(1)通过学习课文，感受圆明园当年的辉煌，了解圆明园毁灭的历史，使学生记住这一国耻，增强振兴中华的责任感。

(2)有感情地朗读课文，在读中理解、体会。

2．过程与方法

(1)搜集相关文字或图片资料，了解屈辱的过去与今天的强大。

(2)以读激情，以悟促读，提高朗读能力；以悟促诵，背诵重点段落，积累语言。

3．情感态度与价值观

(1)品读有关语句，领会句子含义。

(2)激发学生热爱祖国的思想感情和振兴中华的责任感。

教学重点与难点：

(1)通过对语言文字的理解，想象圆明园当年的样子，了解它毁灭的过程，使学生记住这一国耻，培养学生爱国情操。

(2)理解课文中重点词语和句子的深刻含义，体会圆明园的建造和毁灭反映着祖国的强盛与衰败，进一步激发学生振兴中华的责任感和使命感。

四、教学方法的选择

（一）词语教学

词语是构成课文的基本单位，理解了文章中的词语，才能读懂文章的句子，理解课文深层意蕴。因此，词句教学在整个小学阶段都要重视。第三学段词句教学包括以下内容：正确地理解词语的语境意义；懂得词语的意思，辨别词语的感情色彩；推想词语的内涵，体会表达效果。指导学生理解词语，具体方法要因词而异。

1. 词语讲授法

教师的作用在于对学生疑难处的点拨与讲解，在新课改的背景下，有一部分教师片面理解语文教学只能让学生进行自立与探究的学习，连该传授讲解的地方也不敢说了。其实在教学中，当教师发现学生对这个知识点浑然不知时，最好用的方法就是老师直接讲授给学生。

【对应案例】人教版六年级下册《卖火柴的小女孩》教学片段。

生：什么是圣诞树呢？

师：圣诞树就是圣诞节用的松树、枞树等常绿树，树上点缀着蜡烛、玩具和赠送的礼品等。圣诞节是基督教纪念耶稣诞生的节日，为每年的 12 月 25 日。

在这个案例中，学生对"圣诞树"这个词都知道但却未必能够说清楚圣诞树是什么，教师用简洁概括的语言揭示了圣诞树的作用，学生可以轻松地了解并掌握相关知识。

2. 词语品味法

小学语文课本中出现的词虽然大多属于常用词，但学生只有正确理解这些词的意思，才能为他们阅读课外读物和写好作文打下坚实的基础。教学中，对于那些远离学生生活且学生又必须理解的词语，教师应该引导学生反复咀嚼，用心品味，以便让词语抵达学生的心灵深处。

【对应案例】人教版六年级上册《我的伯父鲁迅先生》教学片段。

师：还有一件事，这件事发生在一个寒冷冬天的黄昏。好，请打开书。再请一个同学来读这个故事。

一位女生站起来读至："……呻吟"

师：读得不错，请停一下，暂时停一停。（指着"呻吟"）"呻吟"什么意思？懂了吗？

生：懂了。

师：懂了举手（有部分同学没有举手）还有不懂的，请再读这段话。

生：齐读"走到……呻吟"

师：懂了吗？"呻吟"什么意思？

生："呻吟"就是表示很难受的意思。

师：因为受伤很疼，嘴里发出一种声音，好，读一读。（指着"呻吟"）

请你往下读。（遇到难读的句子）

师：这一句很难读，都在底下练一练。你也练一练。

生：继续读完。

师：好，读得不错，请坐。请你们看这一小节。这一小节啊，我想在黑板上板书，但是我拿不准，请你们读一读，画一画，哪些词应该板书？

（两位同学上去板书：跑、扶、蹲；半跪、夹、拿、说、敷、扎）

师：你们为什么要把这些词语板书？是什么原因？

生：这些词是写爸爸和伯父给拉黄包车的人以帮助，是一些描写动作的词。

师：通过这些描写动作的词可以看出爸爸和伯父怎么样？

生：有一种助人为乐、帮助别人的精神。

师：你补充。

生：有一种帮助别人的爱心。

师：有一颗爱心、同情心。请坐下。是的，通过这一次，可以看出鲁迅先生和他的弟弟富有同情心。好，一起把这一段再读一遍，一边读一边再去体会。

师：读了这一小节，我们就知道，什么叫具体，怎样写具体，今后写作文就不愁不会写具体了。再读一遍，一边读一边体会。

教师通过引导学生品味车夫的"呻吟"和一系列描写爸爸和伯父帮助车夫的一组动词，帮助学生体会爸爸和伯父的爱心和同情心，告诉学生什么是具体，怎样写具体，顺势进行写作指导。

3．在联想中活化词语

词语是没有生命的符号，词语的选择与运用表现着作者的情感与意识。教师必须帮助学生重现语言形象，加深对词语的理解和记忆。

【对应案例】人教版六年级上册《我的伯父鲁迅先生》教学片段。

师：今天，通过读书，我们把课文读懂了，而且学会了描写人物的动作、描写人物对话时的提示语的方法。（突然发现似的说）还有一个词没弄懂："饱经风霜"没弄懂。不过，书读到这个份上，我想同学们对这个"饱经风霜"应该懂了吧？懂的举手。（许多同学举手）

我相信不要讲也会懂。但是，我还是不完全相信，究竟懂到什么程度？我要考查一下，我想了一个办法，叫你们写一段话怎么样？如果这段话写得好，就证明你们对"饱经风霜"真的懂了。三轮车夫的脸是"饱经风霜"的，那么请你想象一下，在旧社会里，一个拉黄包车的人，他那"饱经风霜"的脸是一张什么样的脸，从头发到眼睛，到皮肤，到嘴唇，甚至包括他身上穿的衣服，甚至包括头发。我给大家开个头好不好？

生：好。

师：这个车夫才三十多岁。请用这句话开头，展开想象，你认为他那"饱经风霜"的脸是一张什么样的脸？请你来写一写。但是这段话里面不准有"饱经风霜"这个词。通过你的具体的描写，告诉大家，这是一张"饱经风霜"的脸。

生写完，上讲台念。

生：这个车夫才三十多岁，但他的头发乱蓬蓬的，脸色蜡黄，一双眼睛深深地陷在眼窝中，嘴唇苍白，没有一丝血色，脸上也布满皱纹，一身寒酸的衣服打着大补丁，浑身散发出一股汗臭味。

师：这就叫"饱经风霜"。

生：这个车夫才三十多岁，他穿着一身褪色的衣服，双脚光着，手上的皱纹很多，但是头上戴着一顶帽子，乱蓬蓬的头发从帽子下钻出来。额头上有三条抬头纹，眼角也有三条皱纹，帽沿上也有许多灰尘。虽然天气很寒冷，但是他的鼻子上还是挂着许多汗珠，嘴唇上也有许多皱纹，耳朵冻得通红。我想，他拉车也不止一两天了。

师：好的，这就叫"饱经风霜"。案例中，教师运用联想深深地唤醒了学生的生活积累，使"饱经风霜"进入了学生的精神领域，学生很容易地领悟词语意义。

在这个案例中，教师引导学生通过联想自己记忆中的形象，通过语言再现"饱经风霜"的形象，加深了对这个词语的理解，更好地理解了课文，对鲁迅先生也有了更深刻的认识。

词语教学是课堂阅读教学艺术的一个小小的窗口，教师要结合学生的实际情况及所教词语的特点，采取恰当的方法，让学生从不懂到懂，从理解到鉴赏，从鉴赏到运用；通过词语教学为孩子们展现一个广袤丰美的语文世界，一个神奇绚烂的语文天堂。

（二）句子教学

高年级学生，要能联系上下文理解句子的含义，体会感情色彩。能联系课文内容理解文中对表达中心思想有较大作用的句子，还要对句中的修辞方法有一定了解。同时通过比较句子、扩句、缩句、调整句序等练习，培养其理解连贯性的语言和欣赏优美词句的能力。

1．意思较难的句子

句子所表达的意思距离儿童生活较远，是儿童生活经验中所没有的，或者意思比较艰深，学生不易理解的句子。

【对应案例】人教版五年级下册《草原》教学片段。

师：同学们翻开书，认真读这一部分，画出不认识的字和不理解的词语。

生1："勾勒"和"墨线渲染"这两个词语我不理解。

师：同学们先查字典看一看这两个词是什么意思。

生2："勾勒"就是用线勾边，"渲染"就是用颜色直接涂抹。

师：上黑板演示一下。（学生到黑板上用粉笔演示）

师：同学们，中国画有两大派，一派是用鲜明的墨线勾勒的，一派是用墨色渲染，使所画事物浑然一体的。课文是用绿色渲染的中国画来形容"到处翠色欲流"的草原。

在《草原》这篇课文中，什么是"渲染"，什么是"墨线勾勒"，一般学生不理解。像这样的句子，教师应当重视，指导学生读懂。

2．结构和内容比较复杂的句子

结构比较复杂的句子内容大多都比较复杂，包括比较复杂的单句和复句。

【对应案例】人教版六年级下册《匆匆》教学片段。

师：请大家读读3、4自然段，发现在作者笔下，日子、时间、光阴是能看得见的，是形象的。

谁来读一读。

生：像针尖上的一滴水……

师：这针尖上的一滴水，滴在大海里，有声音吗？有影子吗？

生再读。

……

师：现在你能看到八千多日子的影子吗？

生：就像针尖上的一滴水。

师：有多大？

生：一点点。

师：也就是说，八千多日子就像针尖上的一滴水，你经历了只不过半滴水都不到。你有什么感觉？

生：……

师：你们算算，八千多日子相当于多少年？

生：24年。

师：作者写这篇文章时，24岁。你读到这个句子时（板书：八千多日子像针尖上的一滴水），你能感觉到、能摸得到吗？你读了这个句子，有什么体会？

生：日子太容易被人忽视了。

生：时间太短暂了。

师：时间很珍贵，你一生有几个八千多日子？那仅仅是大海里的一滴水，你有什么感受？

生：时间太珍贵了。

师：因为少，所以珍贵，我们再来读读这句话。

生齐读。

师：八千多日子像针尖上的一滴水，是有限的，人一生只有几个八千多日子，只有几滴水一样短暂，（板书：短暂）属于你的时间就像一滴水，你现在连一滴水都不够。人的生命在时光的大海里，可以忽略不计，是那样的渺小，想到这里，所以作者"头涔涔，泪潸潸了"。

师：你明白吗？

生：一直以来，我们认为时间是用不完的，没想到，你的生命是短暂的，是有结束的那一天的，所以作者"头涔涔，泪潸潸了"。

师：你还怎么认为？

生：他浪费了一些时间，这二十几年里，他没有做什么有成就的事情，所以他"头涔涔，泪潸潸了"。

师：是啊，当他突然发现时间已经过去时，很难受，你有过这种感受吗？作者蓦然地发现八千多个日子已经过去了，你们13年已经过去了，我们齐读……

生读……

师：一滴水滴在大海里有声音吗？听不见。有影子吗？看得见吗？为什么？

生：因为人们忽视了时间。

……

师：读到这里，你不要急于回答，读第四自然段，你对这个问题会有更深刻地理解。

（生自由投入地朗读）

师：时间是个很奇怪的东西，看得见吗？摸得着吗？看不见摸不着的事物是很难写的。但是朱自清却把时间写得有模有样，让你感觉得到时间的匆匆脚步。现在我们来看，他怎么写时间？八千多日是如何匆匆而过的？读读第二自然段，有没有发现？

生："我默默算着，八千多日子已经从我手中溜去；像针尖上一滴水滴在大海里，我的日子滴在时间的流里，没有声音，也没有影子。"这个句子让我感受到八千多日是非常匆匆的。

师：具体说说。

生：时间过得非常快，像针尖上一滴水滴在大海里，滴水是非常快的，日子过得像滴水一样，可见日子过得多么快。

生：我从"八千多日子已经从我手中溜去"中这个"溜"字看出来日子过得很快。

师：有眼力！把这个字圈出来。"溜"除了表示快，有什么样的意味？

生：还表达了不能挽留。

生：悄悄的，让人感觉不到的。

生：我从"没有声音也没有影子"看出他"溜"得很快。

师：是的。我们想象一下，八千多日子，整整24年，是漫长的还是短暂的？

生：很漫长的。

师：如此漫长的时间，他现在说成是针尖上的一滴水，你觉得时间是多还是少？

生：少。

师：滴到大海里是快还是慢？

生：快。

师：明白了吗？这种手法是比喻，也是夸张：他是夸大了还是夸小了？

生：夸小了。

师：请你圈出来——滴水。八千多日就像一滴水，滴答一下，24年过去了；滴答一下，24年又过去了；再滴答一下，24年又过去了；再滴答一下，你的一生就没了。于是你的头上就要冒汗了，你眼泪都要流出来了，为什么呢？

生：可怕！

生：觉得时间过得太快了，转眼间我就要回去了。

师：是啊，滴答了几下就永远地回去了。

生："头涔涔"看出他开始急了；"泪潸潸"看出他感到非常遗憾，所以才哭了。

师：体会得很真切！转瞬即逝的时间让他害怕，你们怕死吗？

生：不怕。（众笑）

师：真勇敢！（众笑）

生：我也感受到了作者对时间的无奈。

师：说得真好！无奈啊，它要滴了，你说不要滴了，行不行？（生齐答：不行）还是滴掉了，滴在时间的流里了，八千多日成了一滴水。看不见的时间成了一滴看得见的水。谁来读第二自然段？要读出作者内心那种复杂的情感，无奈、焦急，甚至有点害怕、恐惧。

（生有感情地朗读）

师：读得真好！因为你体会得真切！八千多日子如一滴水，无声无息，无影无踪，不知不觉，匆匆而过，那如果是一个日子呢？

（生朗读第三自然段）

师：从早上起床、洗手、吃饭、默默、遮挽到睡觉，时间就像流水一样流过，称作"时间流"。再读一读这一连串描写日子脚步的词语。

生：挪移、过去、过去、过去、过去、跨过、飞去、闪过。

师：发现什么了？

生：时间的脚步越来越快。

生：时间飞快地消逝了。

师：让我们再次感觉一下一个日子过去的匆匆过程吧。

（生齐读第三自然段）生读。

"我不知道他们给了我多少日子；但我的手确乎是渐渐空虚了。在默默地算着，八千多日子已经从我手中溜去；像针尖上一滴水滴在大海里，我的日子滴在时间的流里，没有声音，也没有影子。我不禁头涔涔而泪潸潸了。"这个句子复杂而含义深刻，教师引导学生一读再读，同时结合对下一个自然段的朗读体会引导学生感受时间的匆匆离去，并且不失时机地介绍作者写作本文时的年龄，帮助孩子体会作者用"针尖上一滴水滴在大海里"这个句子表达时间的少，时间的快，从而让学生对时间的匆匆感同身受。

3. 含义比较深刻的句子

有些句子从字面看意思明白清楚，其实里面还包含着更深刻的意思，不经过反复诵读，用心思考琢磨，学生领会起来比较困难。

【对应案例】人教版六年级上册《我的伯父鲁迅先生》教学片段。

生：（第三组甲生）我们组提出的问题是"四周围黑洞洞的，还不容易碰壁吗"这句话是什么意思？经过讨论我们理解"黑洞洞"指旧社会黑暗的一面。

生：（第三组乙生）"碰壁"可能指鲁迅先生受到的迫害。

师：看来同学们对这个问题的理解不够深入，别组的同学也提出不理解这句话。

（投影片："四周围黑洞洞的，还不容易碰壁吗"引导学生思考这句话表面上是什么意思）

生：四周围很黑，没有灯光，所以就碰到墙壁了。

师：鲁迅先生的鼻子真的是被墙壁碰扁的吗？

生：不是。

师：显然，这句话另有所指，有着深刻的意思。"黑洞洞"指什么？"碰壁"又是什么意思？要理解这句话，就得了解当时的社会背景。

（教师给每个小组分发资料，学生分组认真阅读，深入思考，联系资料内容展开讨论。"恍然大悟"之后，很多学生发言积极，讨论热烈，踊跃举手）

生：我知道"黑洞洞"的意思，在暗无天日的旧社会，人民失去了自由，过着悲惨的生活，"黑洞洞"指的就是黑暗的社会现实。

生："碰壁"指鲁迅先生遇到了困难，他的文章被反动派禁止发表，反动派对他本人也进行迫害。

生：鲁迅先生虽然遇到许许多多的困难，但并没有放弃，继续进行工作。

师：我也来补充一点。鲁迅先生面对斗争中的挫折毫不畏惧，冒着生命危险先后用一百多个笔名发表文章，和敌人展开巧妙的斗争。他不仅是一个文学家，还是个伟大的革命家。现在我们知道了鲁迅先生借谈碰壁来——

生：抨击旧社会。

鲁迅先生所处的年代离现在学生的生活环境相距很远；"四周围黑洞洞的，还不容易碰壁吗"这句话含义深刻，是教学中的一个难点。在这里，老师采用了"读—思—议"这样的办法，循序渐进，层层深入地让学生从语言文字的表面理解引入深层次的理解，体会出含着的意思和所表达的思想感情，使每个学生均有收获。

4. 和文章中心思想密切相关的句子

在一篇文章中，往往有一句或者几句话，要么透出中心思想，要么反映课文脉络，要么概括一段内容，起着画龙点睛的作用，应引导学生重点理解。这些句子往往出现在句首或末尾，也有的出现在中间。

【对应案例】人教版五年级上册《落花生》教学片段。

师：刚才我们看了父亲的一段话，大家说父亲把落花生与苹果、石榴的对比当中，体会出落花生具有什么品质？

生：不炫耀自己，默默奉献。

师：那么父亲仅仅是讲落花生吗？他们就是来吃吃落花生，来讲讲落花生的吗？

生：不是。

师：打开书，看看父亲接下去怎么说的？从落花生又讲到了什么？

（范读：父亲接下去说："所以，你们要像花生，它虽然不好看，可是很有用，不是外表好看而没有实用的东西。"）

师："我"对父亲的话，听懂了没有？

生：懂了。

生：（读）我说："那么人要做有用的人，不要做只讲体面而对别人没有好处的人。"

师：父亲从落花生讲到做人道德，"我"懂了父亲的话，所以说，"那么，人要做有用的人，不要做只讲体面而对别人没有好处的人。""我"说的话同学们懂了没有，有没有不懂的地方？

生："体面"这个词是什么意思？

师作适当诱导。

生："体面"是外表好看的意思。

师："体面"就是外表的意思，那么"讲体面"是什么意思呢？

生：讲究外表。

生：做表面文章。

师："讲体面"通俗地说就是讲外表，那么我们要不要讲外表。（板书：讲）

生：要。

师：要讲外表，我们小学生日常行为规范第九条就要求仪表要整洁。

生：（齐读）只讲体面。（板书：只）

师：只讲体面，什么意思？

生：只讲究外表，不讲究别的。

师：我们能不能只讲体面？有没有见过只讲体面，不讲行为的人？

生：没有。

师：我们见到的都是既讲体面，又讲行为的人。那么"我"是怎么说的？

生：（齐读）我说："那么人要做有用的人，不要做只讲体面而对别人没有好处的人。

师：我们应该做什么样的人？

生：既讲外表，又要有真才实学，默默奉献的人。

师："既……又……"用得好。

生2：既讲体面，又要对别人有好处的人。

生3：不但要讲外表，而且要有贡献的人。

师：再读"我"的话。

生：（齐读）我说："那么人要做有用的人，不要做只讲体面而对别人没有好处的人。"

师：（引读）"这是我对你们的希望。花生做的食品都吃完了，父亲的话却常常地记在我的心上。"（稍停）读错了吗？

生：应该是"印"在我的心上。

师：记在我们心上不好吗？哪儿不好？

生：记，有时候也会忘记，印，就是深深地印在我的心里。

生：印，一般是永久的，用"记"的话每个人都有可能将这些东西忘掉的。

师：永久的。（赞赏地）

生：记是短暂的，不永久的，印是永远也抹不去的。

师：把最后一段读一读。（读出印得很深的感觉）

生：齐读。

师：再读，想一想，怎样体现"深"。

师范读，生再读，师评点。

师：语速要慢点，注意停顿，才能有味。你从哪儿看出父亲的话陪伴我走过一生的呢？

生：我是从"这是我对你们的希望"看出来的。

生2：我是从"深深印在我的心上"看出来的。

生3：开头写了"落华生"这是许地山的笔名，这说明父亲的话深深地印在我的心上了。

师：板书"华"。

师：把名字都改了，说明印得很深。

师：同学们，下面孙老师搞一个栏目《实话实说》。怎么搞呢？首先要说真话，说实话，你说当代社会和未来社会你想做落花生这样的人，还是想做苹果、石榴这样的人？为什么？

学生讨论。

师：现在我来了解一下，想做苹果、石榴的举手，我们欢迎他们上台。下面我们进行正方与反方的辩论，做花生的为正方，苹果、石榴为反方。下面四人随意组合，讨论的时候既要热烈也要注意纪律，上面的同学发言，下面的要认真倾听，认真思考，驳倒对方。

学生展示。

《落花生》这篇课文最重的两句话是"所以你们要像花生，它虽然不好看，可是很有用，不是外表好看而没有实用的东西。""那么，人要做有用的人，不要做只讲体面而对别人没有好处的人！"这两句话也是课文的中心思想所在，是作者许地山的写作意图。孙进双老师用了一课时的时间来理解这两句话。这种能突出文章中心思想或对人物的思想品格有突出作用的句子，就要着力指导学生去理解，让学生真正弄懂。

5. 句子教学的方法

句子教学的方法主要是指导学生理解句子含义的方法。指导学生理解句子含义的方法有很多，教师要学会合理运用。

6. 联系生活实际理解句子

学生理解句子是一个从已知到新知的过程。指导学生联系生活实际理解句子，就是启发学生在已知和新知之间建立起联系。

【对应案例】人教版五年级上册《落花生》教学片段。

师：我最欣赏自己提出问题，自己解决问题的孩子。为了更好地读书思考，老师这儿有个友情提示，先围绕问题读课文，就读第十自然段，边读边勾画，再把自己的理解简单地批注在旁边。写完了可以和同学交流，说说自己的看法，听听别人的意见。

（生默读课文，勾画批注）

师：好了，孩子们，我看大家都写的差不多了。谁来说说，父亲说花生的什么最可贵？

师：呦，瞧瞧你们，刚才读书很有效率，这么多人都举手了。我最喜欢看到课堂上你们林立的小手。你来说。

生：我觉得花生的品格最可贵，父亲就是要我们像花生一样朴实无华，默默无闻，不炫耀自己。

师：一连说了这么多词。有两个词我特别喜欢：朴实无华，默默无闻。谁能读读课文的原文？父亲说花生的什么最可贵？

生："它的果实埋在地里，不像桃子、石榴、苹果那样，把鲜红嫩绿的果实高高地挂在枝头上，使人一见就生爱慕之心……"

师：她读了原文，很好。老师有个问题不明白，你们也想想：父亲说花生吧就说花生，扯上桃子、石榴、苹果干什么呀？

生：因为桃子、石榴、苹果的果实都非常漂亮，而且是挂在高高的枝头上，如果像桃子、石榴、苹果这样，张扬自满，我觉得很不好。

师：其实大家想一想，桃子、石榴、苹果高高地挂在那儿，就是在炫耀吗？——摇头了。不是。那是它生长的特点呀，对不对！它就长在那！你说苹果要是长土里去那还叫苹果吗？

师：刚才这个孩子的发言有一点我很欣赏，就是她发现了父亲其实是在拿花生跟和它的生长特点截然不同的桃子、石榴、苹果干什么？

生：作比较。

师：聪明！对比啊！对比的结果就是让我们更加体会到花生虽然不好看，可是它像刚才那位孩子说的：朴实无华、默默奉献。外表不好看的花生却能默默地给人带来好处，真的是更可贵，更让人钦佩。让我们来读读这段话，读出花生的这份可贵。

对于《落花生》一文中父亲评价花生的这句话，学生很容易理解成父亲是在否定苹果、桃子、石榴赞扬花生。这位教师及时引导学生联系生活实际体会父亲这样做是通过比较让学生了解花生跟这些水果生长特点不同，从而体会花生虽然不好看但是却有着朴实无华、默默奉献这样难能可贵的特点，而这正是父亲希望孩子们拥有的品德。

7. 深究矛盾、理解句子

课文中常出现一些以文中矛盾冲突来表现其含义的句子，可引导学生发现矛盾、分析矛盾，进而理解句义。这些矛盾，一类是阅读材料本身的"矛盾"，是作者有意安排的精警之笔；一类是阅读材料和已有知识、生活经验的矛盾。

【对应案例】人教版六年级上册《卖火柴的小女孩》教学片段。

师：你们都说小女孩很可怜，可是安徒生却在课文结尾中写道，小女孩曾经很快乐，很幸福的。请同学们快速找出这句话来，读一读。

师：她曾经看到过那么美丽的东西，她曾经多么幸福地跟着她的奶奶一起走向新年的幸福中去。

师：这一切是真实的吗？小女孩看到什么美好的东西会使她感到那么幸福呢？

生：她曾经看到过美丽的东西是火炉、烤鹅、圣诞树。

师：同学们，课文中哪些词句，你能看出小女孩认为这些东西是美丽的？请自由读课文有关的段落，勾画出来读一读。

生勾画句子，交流。

生：这是一道奇异的火光！小女孩觉得自己好像生在一个大火炉前面，大火炉装着闪亮的铜脚和铜把手，火烧得旺旺的，暖烘烘的，多么舒服啊！

生：肚子里填满了苹果和梅子的烤鹅正冒着香气。更妙的是，这只鹅从盘子里跳下来，背上插着刀和叉，蹒跚地在地板上走着，一直向这个穷苦的小女孩走来。

生：翠绿的树枝上点着几千支明晃晃的蜡烛，许多幅美丽的彩色画片跟挂在商店橱窗里的一样，在向她眨眼。

生：齐读。

师：从哪些词句中，可以看出小女孩和奶奶在一起很幸福？请大家再从课文中找找、划划，并把它读出来。

生："奶奶！"小女孩叫起来，"啊！请把我带走吧！我知道，火柴一灭，您就会不见的，像那暖和的火炉，喷香的烤鹅，美丽的圣诞树一样，就会不见的！"

生：奶奶把小女孩抱起来来，搂在怀里。她们俩在光明和快乐中飞走了，越飞越高，飞到……

师：这样的地方，是多么的快乐，多么的幸福呀！假如你就是这个卖火柴的小女孩，你和奶奶一起到了这样一个幸福的天堂里去生活，你怎么读，读出这幸福生活的心情？

自由读，范读，指名读，齐读。

师：是呀，小女孩多么快乐，多么幸福呀！所以作者说：

生：齐读。

师：可是，上课开始时，你们都说小女孩很"可怜"，怎么现在又都说小女孩很"幸福"了？这不是自相矛盾吗？怎样理解安徒生写这句话的含义？

生：这句话是说小女孩因为现实中的寒冷、饥饿、痛苦、孤独，才擦燃火柴想到的，而不是真实的。

生：小女孩在幻想中越"幸福"，反衬出她的现实生活中越"悲惨"！

师：是啊，同学们，但小女孩仍无法抑制内心对幸福的渴望，她一次又一次擦火柴。然而，幻想终究不能解决寒冷、饥饿，终究得不到欢乐、疼爱！所以作者悲伤地说——

生：齐读。

师：所以作者欲哭无泪地说——

生：再次齐读。

（对两个幸福的理解，层层递进地朗读，再次升华情感。幻想中的幸福，将小女孩现实生活的悲惨反衬得淋漓尽致）

师：小女孩悲惨的命运令人同情，残酷的社会现实令人痛恨。卖火柴的小女孩永远地离开了我们，但她的故事还在流传着，引起更多人的思考。读了全文，用一个词概括小女孩的人生。

生：悲惨。

师：她的一生给我们留下怎样的一则故事？

生：凄凉。

师：小女孩的含笑死去，让我们深思，给我们警世：假如卖火柴的小女孩来到我们中间，你会对她说些、做些什么？用笔写写。

生练笔。

卖火柴的小女孩在风雪交加的大年夜冻死了，对于一个还未来得及绽放的生命该是多么悲惨的结局。但是作者却这样写道："她曾经看到过那么美丽的东西，她曾经多么幸福地跟着她的奶奶一起走向新年的幸福中去。"这与小女孩的命运是多么的不一致，一个早早逝去的生命在死后留给人间的是幸福的微笑，这不是矛盾吗？对此，教师引导学生体味小女孩的现实命运与幻想生活的极大反差，从而得出"小女孩在幻想中越'幸福'，反衬出她的现实生活中越'悲惨'"这令人无奈的结论，或许，现实生活中渴求却无法实现的愿望小女孩在幻想中得到了，她的含笑死去比悲伤地离去更具有悲剧意义。

8. 知识迁移，理解句子

课文中有些句子的含义、表达方法都相近，教师可以用知识迁移的方法，使学生举一反三。

【对应案例】人教版六年级下册《凡卡》教学片段。

生：第21段最让我感动。"他在梦里看见一铺暖炕，炕上坐着他的爷爷，奔拉着两条腿，正在念他的信……"这是凡卡在遭受毒打后的梦，是一种向往。

师：多么美好的梦，注意这个"梦"，在凡卡的世界里，写梦就是写他的悲哀。

师：你觉得凡卡的梦境能实现吗？

生：不能，因为凡卡没有写清楚地址。

师：我认为最撼动我们心灵的地方就在这里："乡下爷爷收"，为什么？你们用这样的句子来说话：这是一封永远的信。

生：这是一封永远寄不出去的信。

生：这是一封爷爷永远收不到的信。

生：这是一封永远充满希望的信。

生：这是一封永远对爷爷充满爱的信。

师：我们在学习《卖火柴的小女孩》中，也出现过关于梦境的描写，同学们还记得吗？

生：是"奶奶带小女孩飞走"那一句话。

师：同样是梦，凡卡的梦和小女孩的梦有哪些相同之处？

生：小女孩被奶奶带走，凡卡梦见爷爷念他的信，这都是他们的希望，是不能实现的。

生：因为小女孩的奶奶已经死了，不能带走她，而凡卡信封上的地址不详且未贴邮票，爷爷不会收到信，也不能把他带走。由此可见，他们的命运是多么悲惨！

师：凡卡美好的愿望是不能实现的，小女孩的愿望也是不能实现的。这告诉我们，社会的黑暗早已注定了像凡卡这样的孩子，他们的悲惨命运是无法改变的。就像他的梦一样，梦里再美，梦醒之后一切也都会破碎。

教师在理解《凡卡》中"凡卡做梦"的含义时，引导学生回忆起了《卖火柴的小女孩》中关于梦境的描写，把两个梦做比较，引导学生领悟两个梦的相同之处，实现新旧知识的迁移，从而深化主题，突出中心。

（三）段、篇教学

阅读教学中的段落、篇章教学要训练学生逐步掌握深入理解课文思想、内容的方法，进而形成独立的阅读能力，培养学生的语文素养。

1. 把握课文主要内容、体会思想感情

把握课文主要内容是体会作者思想感情的基础，二者是相辅相成的统一的过程，把握主要内容的过程中，初步感受课文的思想感情，在感受了作者的思想感情后，会对主要内容有更深刻的理解。

把握课文的主要内容，是读懂课文的重要标志。在读懂课文的过程中，指导学生设身处地的像作者那样去想，仿佛自己身临其境，从而体会课文的思想感情。

【对应案例】人教版五年级下册《冬阳·童年·骆驼队》教学片段。

（1）创设情景、引入新课。

（播放歌曲《送别》，引入课题）

师：同学们听过这首歌吗？

生：我知道，它的名字叫《送别》。

师：对，这就是我国当代作家林海音系列小说《城南旧事》中的主题曲《送别》。天之涯地之角，知交半零落，一瓢浊酒尽余欢，今宵别梦寒。唱出的不仅仅是对离去的朋友的不舍，也唱出了对美好童年的深深依恋啊！今天，我们来学习林海音的另一篇作品《冬阳·童年·骆驼队》。

（板书课题）

师：看到课题，同学们闭上眼睛想一想，说说你脑海中出现了一幅怎样的画面。

生：我脑中出现的是在冬天暖暖的阳光下，一队骆驼缓缓地走过……

生：一只只高大的骆驼走在冬天里的阳光下，洒下一路铃声……

生：……

（2）自读自悟。

师：请同学们用自己喜欢的方式读课文（学生读文），说说读了课文，你知道了什么。

生：我知道课文写的是作者的童年生活。

生：我知道课文围绕着骆驼队写了作者童年生活中的几个片段。

师：哪些事情呢？

生：看骆驼咀嚼。

看骆驼脱皮毛。

关于铃铛的遐想。

怀念骆驼队。

（3）品读感悟。

师：在刚才的学习中，同学们已经了解了课文的大概内容，现在请大家选择自己最感兴趣的片段，有感情地反复朗读，并说说从中体会到了什么。

（学生选择自己喜欢的片段，品读感悟，再在小组交流自己的想法或者看法，最后全班一起交流）

（4）拓展延伸。

师：光阴是宝贵的，童年是美好的，林海音的这篇优美的散文正向我们揭示了这个主题。学习了这篇散文，你又想到自己童年生活中哪些有趣或者难忘的经历呢？

（同桌互相说说，再派代表汇报）

学生在教师的引导下通过自主阅读，对课文的内容进行概括，然后教师引导学生细细品味课文所写的四个与骆驼相关的片段，并结合自己的童年场景体会作者对童年的无比怀念之情。作者把自己对童年的美好记忆都融入四个片段的描写之中，读后令人伤感。

2．揣摩课文表达顺序、领悟基本表达方法

任何文章的表达顺序都是服务于文章要表达的思想的。因此，我们在教学一篇课文时，不仅要让学生知道文章写了什么，还要让学生明白作者为什么要这样写？同时，要把揣摩文章的表达顺序与体会作者的思想感情、领悟文章基本的方法有机结合起来。

【对应案例】人教版五年级上册《草原》教学片段。

师：咱们今天讲哪一课？

生：草原。

师：（板书"草原"）谁能讲一讲，你想象中的草原是什么样子的？

……

师：很好。咱们先说到这里吧，大家说得都很对，想象很丰富，也都很符合草原的实际情况。那么这篇课文究竟写了哪些内容？你们预先读过课文，应该能说出来。

生：课文写了草原的美丽景色。

师：对，一开始就写草原美景，后来呢？

生：写作者去内蒙古访问，蒙古族人民怎样欢迎他们，还写喝酒、唱歌、演节目。

师：你这么一说，差不多把课文上的内容都说完了。

生：还有，作者写喝酒、唱歌等，并不是就要写这些，而是写了这些就说明了蒙古族牧民们和作者他们这些汉族的人们很友好。

师：你看出了作者心里的想法，很好，还有吗？

生：还写了蒙古族人民和作者他们告别。

师：写了没有？

生：没有。

师：没写？但是他也说对了，课文的话里已经带出要分别的意思了，对不对？

生：对。

师：哪句话？

生：我认为是最后一小节写的。"天涯碧草话斜阳"说的就是他们依依惜别的情景。

师：就这一句吗？

生：还有"蒙汉情深何忍别"。

师：大家再考虑考虑，刚才说了，课文写了那么多的内容，那么这些内容大致可以分成几部分呢？

生：大致可分为两部分。

师：讲下去。

生：第一部分是我们看到的草原上的景色。

师：第一部分是草原的美丽景色，对不对？

生：对。

师：我们给它起个名字叫草原风光，行不行？（板书："风光"）

生：行。

师：继续说。

生：第二部分写了蒙古族的人民欢迎了我们，接着我们一起联欢。

师：谁能说得更简单一些？

生：我们和蒙古族人一起联欢。

师：他用"联欢"来代表和所有蒙古族人接触的过程，可以不可以？

生：可以。

师：但是从整个接触过程中表现了一种什么情感？

生：表现了蒙古族、汉族两族人民，情谊深厚。

师：对不对？

生：对。

师：也就是说，第二部分写的是草原上的人情，（板书"人情"）人的情感，那么，你通过预习，对整个课文有一个什么初步感受？

生：我感觉到草原十分美丽，草原上的蒙古族人民和汉族人民感情十分深厚。

师：他说草原的风光是十分美丽的，这一点对不对？

生：对。

师：（在"风光"后加"美"）那么还有一点他说得不太清楚，谁来说一说？

生：草原上的人民非常好客。

师：十分热情好客，还有呢？

生：应该是，蒙古族和汉族之间存在着深厚的感情。

师：对，还有吗？热情好客，蒙古族和汉族这都表现了人情的什么？（在板书"人情"后加"美"）是不是一种人情美呀？那么整个课文连起来，草原的风光和草原的人情都是这么美好，（在"风光美"与"人情美"间画一直线相连）那么就构成了一幅（板书"草原风情画"并用直线与"人情美"连接）可不可以这样说？

生：可以。

师：这篇文章是老舍先生写的。老舍先生用他一支笔，给我们"画"出了一幅美丽的草原风情画。从课文整体来看，是不是这个意思？

生：是。

师：那么这幅画究竟是怎么样的呢？我们一会儿来仔细学。我先了解一下，大家在预习中，有什么问题解决不了的？

生：我想问，文章第一小节为什么用很大的篇幅来写草原的风光美？与后面的段落有什么关系？

师：这个问题提得很好，乍看起来，（指板书）这写的是风光，这写的是人情，似乎这之间没有什么关系，对不对？

生：对。

师：这个同学问了，这两段之间究竟是什么关系，这个问题我们一会儿再解决，你呢？再看上面的那一行字，自己也许会得到一点启发。谁还有问题？

生：我想问，文章后面几个小节都写到作者和蒙古族人民在一起团聚、联欢的事，为什么要以"草原"为题呢?

师:好,你也同样看看黑板那一行字,看你自己能不能解决,好不好?

生:好。

师:谁还有问题?

生:这篇文章最后一小节,最后一句话写"蒙汉情深何忍别,天涯碧草话斜阳"是什么意思?

师:你不懂这两句诗的意思?一会儿注意听。

……

师:因为蒙古族和汉族情深,怎么能够忍心相别呢?所以到了夕阳已经西落了,仍然谈兴正浓,是不是?下面,大家想一想这么一个问题,这篇课文,我们在刚才讨论的时候看到了,他先写的是什么呀?(指板书)

生:整体。

师:写的是"景"(板书写"景")通过写景,然后怎么样?

生:抒发感情。

师:对,抒情。(在板书"写景"后写"抒情")再后面呢?通过写什么?

生:人和事情。

师:对,写事情。(板书"写事")通过写事情,还在写什么?

生:抒情。

师:对了。(在板书"写事"后写"抒情")这两个抒情的"情"共同表达了什么情感呀?

生:共同表达了美的情感。

师:美的情感。具体一点。

生:是蒙古族和汉族两族的友谊。

师:这种友谊使作者怎么样?你们说,看到风光,又要高歌又要低吟,看到蒙古人民这么热情,他对整个的草原怎么样啊?

生:爱。

师:不但爱,而且是什么呀?

生:热爱。

师:对了。(板书"热爱")热爱到什么程度?

生:不忍别离。

师:(在板书"热爱"后写"依恋")一种依恋的情感。那么你们说,这课文的第一段和后面这些有没有关系呢?

生:有。

师:什么关系?

生:它的关系是,第一小节写了草原的景色美,后面写了人情美,这两种美结合起来,就抒发了作者热爱草原,依恋草原的感情。

师:他说得对不对?

生:对。

师:两段的关系讲明了没有?

生:讲明了。

师：从两个侧面，从风光美，从人情美，表现了他对草原的热爱和依恋，对不对？

生：对。

师：你们说，他在看到草原的时候高兴不高兴？

生：高兴。

师：对那些骏马和大牛也把它们人格化了，说它们像人一样地高兴。（指一同学）你刚才问我骏马和牛为什么也有乐趣，这回明白了吧？

生：明白了。

《草原》这篇课文篇幅较长，内容丰富，教师首先引导学生概括课文的内容，明晰课文的顺序，这样学生就很容里理解文章各部分内容之间的关系，对课文的写作特点与手法有了深入的了解，也更好地理解了蒙古族和汉族情深。

3. 拓展阅读、开阔视野

课程标准对小学高年级学生提出"课外阅读总量不少于 100 万字"的要求。如何将这个阅读量落实到实处？可以在学习课文的过程中带读相关的文章。例如，可以抓同类文体比较阅读，可以同一主题文章的类比阅读，也可以针对课文中某一疑难问题进行补充性阅读。

【对应案例】人教版五年级下册《草船借箭》教学片段。

师：同学们，通过刚才的学习我们了解了草船借箭的经过。那么，历史上是否真有其事？草船借箭真的是诸葛亮所为吗？让我们来看这段文字。

师出示 PPT 讲解。

师：《三国演义》中"七分实事、三分虚构"。作者大体按照历史真实情况来写，又虚构了大量细节和情节。这样虚实结合的写法，不仅使读者产生真实感，又使小说更生动、人物形象更丰满。小说中塑造了许多人物形象，比如：曹操、孙权、刘备、诸葛亮、张飞、关羽等，可谓家喻户晓。课下，同学们有兴趣的话，可以读读这本书中的其他故事，如《桃园三结义》《三顾茅庐》《火烧赤壁》《空城计》等篇目，我们将自由畅谈读《三国演义》的原著后的体会。

需要注意的是，学生的课外阅读，一是要有教师的指导；二是要根据不同层次的学生提出不同的要求；三是要求学生做好读书笔记；四是要定期检查督促，以防课外阅读流于形式。

4. 读写结合、训练表达

对篇章教学来说，通过阅读把握住文章的脉络，明白作者的表达顺序并不是教学重点，引导学生掌握并运用表达方式、进行读写结合习作训练，提高表达水平才是目的。习作内容的生发点往往在课文的空白处、矛盾处、关键处……抓住它可以"借题发挥"。

【对应案例】苏教版五年级下册《海伦·凯勒》教学片段。

师：大家好！我是《实话实说》节目主持人，很高兴大家都来参与这个节目，本期我们的话题是：假如我是海伦·凯勒……给大家 3 分钟时间考虑。

生：……

师：节目就要结束了，在节目的最后，让我们用一句话说说你最想说的话。

生：海伦·凯勒你是好样的！

生：海伦·凯勒，你是我们学习的榜样。

生：一分耕耘一分收获。

生：世上无难事，只要肯攀登。

......

师：请大家读读下面几句名言——

生读：无论对任何困难，我绝不屈服。（居里夫人）

逆境是人生最好的大学。（别林斯基）

苦难是人生的老师。（巴尔扎克）

师：面对困难和挫折，每个人都有不同的态度，但是如果我们都能像海伦·凯勒那样乐观自信，不屈不挠，我们的梦想就一定能变成现实！想想海伦·凯勒成长的故事，尝试着写一句自我勉励的话，并署上自己的名字。

在案例中，教师抓住了海伦·凯勒的精神内涵，用节目主持人的形式让学生说感想、写名言，进一步深化了课文内涵。

小学语文阅读教学方法多种多样，在进行小学语文阅读教学的时候，要认识到这些教法都不是尽善尽美的，都有其积极与消极的一面，在教学时就应该使各种方法互相补充。

五、阅读教学设计

阅读教学是双边活动，是教师、学生及阅读内容之间对话的全过程。在第三学段阅读教学要强化学生自主阅读意识，以学生为主，以读为本，让学生在读中整体感知，在读中体会感悟，在读中陶冶情感，在读中培养语感，在读中增强能力，培养学生良好的阅读习惯。

第三学段阅读教学的设计思路是：创设情境，导语激趣—整体感知（试读、初读）—精读品味，深入探索—整体深化，深入探索—拓展总结，畅谈感悟。

【对应案例】人教版五年级上册选读课文《鞋匠的儿子》教学设计。

1. 创设情境、导语激趣

师：让我们一起来写林肯的名字；出示林肯的生平，了解林肯的不朽功勋；现在你能用一句话来介绍林肯了吗？或者说你能来谈林肯给你的感受了吗？

（走近林肯，了解林肯的生平，引导学生体会到他是美国人民最伟大的儿子）。

2. 初读课文、整体感知

师：同样令人叹服的是，林肯是一位鞋匠的儿子。板书课题：鞋匠的儿子。在你看来，鞋匠是一份怎样的职业？

生：……

师：请你自读课文，读完后来告诉大家，在参议员们看来，鞋匠又是个怎样的职业？

生：……

（整体感受当时参议院的气氛，从平静的文字表面体会"羞辱"）

师：整个参议院的议员们都感到尴尬，因为林肯的父亲是个鞋匠。当时美国的参议员们大部分出身于名门望族，自认为是上流社会优越的人，从未料到要面对的总统是一个卑微的鞋匠的儿子。通常情况下，怎样的时候是尴尬的时候？林肯的父亲是个鞋匠怎会使整个参议院的议员都感到尴尬？

生：……

（在整体阅读的基础上，通过对"尴尬"一词的理解来达到让学生感受当时气氛的目的）

3．精读品味、深入探索

师：读第三小节。看谁能读出这一种"傲慢"？这难道仅仅是傲慢吗？你还从中读出了一种什么味道来？

生：羞辱、讥讽、嘲笑、让林肯下不了台、让林肯从此抬不起头、致林肯于死地。

师：你认为这种种意味都集中于这句话的哪一个词上？你能听出来吗？

生：朗读。

师：然而不仅仅是一个参议员，所有的参议员都参与了这个羞辱新总统的行动。他们个个大笑起来，开怀不已，这笑声充满了快意，听着这样的笑声，你真想说些什么？

生：……

（让学生在读中领悟参议员话中的含义，学会从中读出言外之意，进而明白当时林肯的处境，为学习辩论性文章树立一种有效的解读范式）

4．整体深化、深入探索

师：在《晏子使楚》中，面对侮辱诽谤，晏子巧妙反击；在《狼和小羊》中，面对挑起事端，小羊据理力争。我们同样可以看下面这个故事：

加拿大外交官朗宁在竞选省议员时，因幼年时吃过外国奶妈的奶水而受到政敌的攻击，说他身上一定有外国血统。朗宁机智地回击说："你是喝牛奶长大的，那身上一定有牛的血统了！"驳得对方无话可说。

林肯与参议员辩论的方式与朗宁一样吗？你能通过读来表现出林肯独特的辩论吗？文章里并没有说林肯当时说话的神情如何，你能用一个词来形容吗？你的理由是什么？

生：……

5．拓展总结、畅谈感悟

师：这一场辩论给你以什么启示呢？给作家林清玄的启示又是什么？

生：……

教学有法，教无定法。"有法"，是要遵循阅读教学的一般规律。要调动学生的主动性、积极性，直接与文本对话，教师要启发、诱导、点拨甚至讲解，使学生由不知到知，不懂到懂，不会阅读到逐渐学会阅读。"无定法"，指要因文而异，因生而异，以学定教，顺学而导。

资料贴吧

美国阅读教学中的合作学习及其启示

任　辉

最近我读了美国的《有效的阅读指导》一书，其中有关合作学习的部分介绍得比较清楚，看完以后有些启发，就此简单介绍一下。合作学习是美国常用的阅读教学方法之一，这种方法主要是用来提高学生阅读的熟练程度。合作学习在美国有很多不同的名称：合作学习（Cooperative Learning）、协作学习（Collaborative Learning）、合作学习策略（Cooperative Learning Strategies）、合作阅读组（Cooperative Reading Team）或者协作学习组（Collaborative Learning Group）。根据定义的不同，合作学习也有不同的步骤。这里主要介绍合作学习小组（Cooperative Learning Groups）。

1．合作学习的步骤

（1）教师详细说明学习任务。这一步主要是教师对每个小组要完成的任务进行详尽的说明。学习任务的具体形式几乎不受任何限制，只要围绕教学目标就可以了。例如，可以用合作学习来完成一个故事的阅读，让小组中的成员分角色朗读；或者给一个小组一系列的陈述，要求他们根据所阅读的文章判断这些陈述是否正确；另外，还可以在学生读完一个章节的时候，给他们列出一些有关主题的陈述，让每一个小组判断在他们所读章节中是否有支持这些陈述的信息，并把能够支持观点的信息摘录下来。

（2）教师为学生分组。在充分了解学生的基础上进行分组，通常3～5人为一组。美国的合作学习小组通常采取"异质分组"的方式，每个小组都由不同阅读能力的学生组成。这样的分组能使学生从其他小组成员独特的见识中受益，也可以避免按成绩分组带来的负面影响。小组成员的构成通常根据学习任务的不同而变化。

（3）通过合作小组活动共同完成学习任务。在合作学习过程中，每一个小组通常要指定一个成员作为记录员或者汇报员，这个学生负责记录小组成员的结论、观点等。记录是很重要的，因为小组学习结果通常会以简明的口头汇报的形式与班级的其他同学交流。

在这一步老师有时会使用一些策略，比如：在学生阅读一个故事或者一篇文章之前，老师让小组成员列出他们已经了解的有关这个主题的信息，然后把它们分类汇总起来，并作为与阅读后相比较的笔记。通过阅读前后的对比，使学生明白通过阅读他们获得了什么，完善了什么，纠正了什么，从而体验到收获的喜悦。有时在学生阅读不熟悉的章节之前，老师还给他们列出所读内容中的生字词，让学习同样内容的每个同学试着去解释这些字词，并试着用这些字词造句。然后把所有同学的解释和所造的句子收集起来，比较哪些解释更为精确，用词准确的句子可以作为例句。

（4）和其他小组交流自己的学习结果。这一步为学生提供了一个把自己的结论和其他小组的结论进行比较的机会。在学生阅读完一个故事之后，老师通常让他们在小组内形成一个要在全班展示的结论草稿。在向全班读这个草稿之前，让他们自己在小组内部反复读几遍。在学生汇报的过程中，老师通常在黑板上写出每个小组的汇报。

2．课例

以下课例是小学五年级的阅读课，任课教师是盖莱杰赫。

（1）教师详细说明学习任务。在三周内，盖莱杰赫要让学生分成五个不同的主题组，围绕当时她的学生普遍感兴趣的五个主题：神话、宠物和即将到来的奥林匹克运动会来完成任务。

"神话小组"的每个学生需要读至少一个神话故事，这些故事可以来自班级图书角，也可以从学校图书馆借得。在这一段的最后三天里，小组中的每一个成员将交流他所读的书，并从其中一个神话故事中选取一段精彩的情节，练习把它表演出来，然后在全班同学面前表演。

第二个小组，即"东欧或亚洲产的大颊的鼠类组"，则研读精选出的有关材料以及照料鼠类。在读完他们能在学校图书馆找到的所有相关资料后，这些学生要代表小组向全班汇报。

第三、第四组做相似的方案，分别探讨老鼠和热带鱼。然后，这些研究动物的小组，每组派一个组员跟随盖莱杰赫去宠物店为全班同学挑选宠物，而且这些小组将负责喂养和照料选来的宠物。

第五组，即"奥林匹克运动会小组"，要读从学校图书馆借来有关即将到来的奥林匹克运动会的材料，然后完成盖莱杰赫准备的任务书，在合作完成任务书后，小组每个成员要准备一份书面报告，在三周即将结束的时候，这一组将组织一场全班奥林匹克运动会。

（2）教师将学生分组。在分组的前两天，盖莱杰赫向学生说明各组的任务及行动方案，并给学生挂出签名纸。由于这是兴趣小组，学生可自由选取他们希望的小组和方案，但是，盖莱杰赫老师限定每一组为五人。

（3）学生合作完成学习任务。在这三个星期的阅读课上，盖莱杰赫老师不断在教室中巡视，并给学生提供帮助。她为一些学生讲解怎么使用学校的卡片目录来查取资料；指导另一部分同学怎么使用他们书中的索引来获得特定的信息；还帮助另外一些学生选取精彩的神话故事。盖莱杰赫老师随时帮助每一组孩子，使他们逐步接近、完成他们的计划方案。

（4）交流学习结果。在三周即将接近尾声的时候，为每一组安排时间来展示他们的学习结果。学校其他五年级的学生被邀请来听他们的成果汇报。

3. 启示

（1）合作学习目标要很清楚，围绕目标的任务设置也要很明确。为什么要开展合作学习，小组需要共同完成什么任务，每个小组成员需要做什么事情，都要求得非常详尽、明晰。组员的构成也要花一番心思，并不是课堂上老师一声令下，几个小学生一凑，叽叽喳喳地说一阵就是合作学习了。只有要求明确、学生学习目标清楚、任务责任到人，才能保证合作学习的实效性。

（2）合作学习的阅读教学目标是提高学生的阅读熟练程度、提升学生整体的语文素养，以及培养学生的综合思维能力。没有一种阅读教学方法，是适合所有教学目标和内容的，因此，在美国的阅读教学中，除了合作学习法外，还有好多种常用的阅读教学方法。

（3）合作学习的过程中，教师始终起到组织、参与、咨询、指导的作用，必要的时候教师也要讲。合作学习强调把学生视为学习的主人，让整个学习过程充满生命的活力，但绝不是放任自流。这点在课例中有明显的体现。人们常用叶圣陶的"教是为了不需要教"来说明发挥学生能动性的意义，但是要达到"不教"，首先要"教"，关键是看教什么、如何教。从课例中可以看出：教师对学生的指导重点不是所读材料的内容，而是对方法的指导。比如，对收集资料、获取信息的方法的指导，这些对我们的阅读教学应该有所启发。如果在进行语文合作学习时，一味地突出学生的自主，完全放手让学生去做，老师只做一个旁观者，这样的"合作学习"根本不能使学生的语文能力得到实质性的提高，而只能流于形式，成为自由化学习。

（4）合作学习中重视语言的积累和学习。如步骤中提到，在语境中理解词，读出文章的含蓄之意，以及在成果交流前，要求自己读通读顺等，都体现了对语言理解和运用能力的培养。现在语文教学中出现过多地分析课文内容的现象，有时把语文课上成表演课或资料展示课，以表演代替研读，以课件代替学生的思维，导致学生字、词不会用，文章不会读。美其名曰这是"重视情感、态度、价值观"的目标落实，事实上不深入研读文本语言，落实"情感、态度、价值观"只是空话。

"文以载道""文以贯通""文道统一"的思想是自古都有的，这个"道"是通过语言文字表达出来的。文章，尤其是文学作品，就是用语言这个看得见的链条，连缀出看不到的情感。我们要体会文章的情感，受到情感的感染，就必须从解读这个链条入手，看它是怎么一环扣一环连缀而成的，还要读出链条背后的含蓄之意、弦外之音。思想情感是贯穿在语言文字之中的，要培养学生的情感、态度、价值观，必须带领学生走过语言文字的全部过程，只有把握好语言文字的学习，才是真正的语文教学，才能真正培养出学生的语文素养。

◎ 案例评析

案例展示：小学语文名师李吉林阅读教学设计《数星星的孩子》第二课时

1. 试读全文

全班每人轮读一句，要求读正确。

正音：碧玉盘　　傻孩子

2. 分段学习

第一节：

（1）夜晚，张衡在院子里数星星，那是什么样的情景。（提出一个问题，把阅读课文和想象结合起来，引导儿童进入课文描写的情境）

谁能把这个情景讲出来？要求讲清楚什么时候在哪儿，什么人，做什么。

学生各自读课文，准备讲述。

学生口述。

（2）齐读第一段。

（3）"一颗，两颗"后面是什么标点符号？指名上黑板加标点。出示：

一颗　　两颗　　一直数到了几百颗

对比读：

"一颗、两颗，一直数到了几百颗。"
"一颗，两颗，一直数到了几百颗。"

让学生体会：用逗号停顿的时间较长，表示张衡一边数一边想，一边数一边记，张衡数星星多认真呀！

第二节：

（1）奶奶怎么说。小朋友自己读读看。

（2）现在请女同学当奶奶，读奶奶说的话，注意奶奶是笑着说的，要读得亲切。女同学朗读第二节。

（3）奶奶说的话里，哪个词儿说明张衡是经常数星星的？

指点："又"，说明他经常数的，今天又数了，一数就数了几百颗。张衡数星星真刻苦啊！

第三节：

（1）张衡是怎么说？默读张衡说话，看看张衡说了几句话，再说说每句话是什么意思？哪一句是主要的？（能看得见，就能数得清）

指点：这说明他数星星不怕苦，决心大。

张衡说"星星数得清"也是有根据的，他的根据就是下面两句话。（指定两个小朋友读）

突出：是……不是……

总是

（指导逻辑重音，齐读）

（2）张衡怎么会知道这些的呢？

请你们说一句话，说说张衡怎么数星星的。

板书：

数

张衡〔＿＿＿＿＿＿＿〕看　星星。

观察

如果加上"一边……一边……"，又可以怎么说？

（体会课文内容，指导朗读，说话训练相结合）

第四节：

（1）爷爷走过来怎么说？你能把爷爷说的话全部找出来吗？

自由读爷爷说的话。

爷爷讲的知识你们读懂了吗？（不要求回答）

创设情境。出示星空的电化教具，结合描述：现在让我们和小张衡一起数星星。

我们看这七颗星连起来成为一组，叫北斗星，离它们不远的那颗叫北极星。（按电钮：北斗星、北极星闪亮。）这里几颗星连接起来又是一组，样子挺像天鹅，就叫天鹅星。这两组星在银河两岸，就是牛郎星、和织女星。（按电钮：天鹅星座、牛郎星、织女星依次闪亮）（出示地球仪转动）地球自转着，我们在地球上，不觉得地球动，而觉得北斗星在绕着北极星转，就像我们坐在汽车里，不觉得汽车跑，而觉得树在跑一样，而这颗星到那颗星之间的位置是不变的。

（2）你们看天上这么多星星。（星座教具上星星全亮了，闪闪烁烁，谁能用"星星"说一句话。可以说星星眨眼可以打比方。（凭借学生观察所得，及时进行语言训练）（板书：星星＿＿＿＿＿＿）

结合学生说话的内容，讲读第一段的一个比喻句："满天的星星，像无数珍珠撒在碧玉盘里。"

（3）现在你们说说，爷爷告诉张衡哪些天文知识？指定两个男同学扮演爷爷和张衡，他们坐在院子里，看着满天的"星星"在谈些什么。（通过担当角色，带入情境，加深对课文的体会。）

指定学生读爷爷的话，一个人说一句，用讲话的语气说说，以加深理解课文内容。

实践活动

（1）师范生最缺少的是对小学语文教学的直接感受，缺乏对一线教学实际的了解。请你到小学听几节语文课，并认真做记录，从中体会阅读教学的方法和步骤，将理论与实践相结合。

（2）《落花生》阅读教学片段：

师：同学们已经细读了《落花生》，你们赞同文中"爸爸"说的话吗？

生甲：我很赞同，做人就要像落花生一样实实在在，做一个有用的人。

生乙：我不赞同爸爸的说法。桃子、石榴、苹果不仅好看，也很有用，他们味道鲜美，很好吃。做人要做有用的人，形象也要好看。

生丙：落花生虽然很朴实，很有用，但形象不好，不会包装自己，宣传自己，这样的人在社会上是要吃亏的。

……

随着争论的深入，"落花生"派似乎理屈词穷，"桃子、石榴、苹果派"逐渐占了上风，令上课的教师很是尴尬。

为什么课堂上会出现这样的尴尬？如果你是那位教师，你打算怎样扭转这种尴尬的局面？

（3）下面两个阅读教学目标有何不同，为什么？你能给《葡萄沟》设计一个阅读教学目标吗？

窦桂梅老师《葡萄沟》阅读教学目标：①通过虚拟的情境，让孩子在葡萄沟游览一番，在情感的世界里深深感到：葡萄沟真是个好地方。②识记"最、坡、梯、够、修、味、留"，运用多种方法感悟"梯田""山坡""茂密""五光十色""热情好客"等词语及句子。③运用采访、角色朗读、节目表演、导游等形式，在整体感悟课文中进行口语交际训练。

其他老师《葡萄沟》教学目标：①通过虚拟的情境，让学生在情感世界里领略葡萄沟的风土人情。练习正确、流利、有感情地朗读课文。②自主感悟葡萄的特点和人们的热情好客，产生对葡萄沟的向往和对维吾尔族人民的喜爱之情。③教学重点：有感情地朗读课文，感悟"葡萄沟真是个好地方"。

📖 知识巩固

（1）阅读教学的总目标、阶段目标分别是什么？

（2）三个学段的阅读教材内容有哪些？是怎样编排与呈现的？

（3）小学语文三个学段有哪些阅读方法？你还知道其他阅读方法吗？

（4）三个学段各有怎样的阅读教学设计流程步骤，请你进行阅读教学设计。

第六章

口语交际教学设计

知识目标

- 明确小学口语交际教学与听说教学的区别。
- 熟悉小学口语交际教学的内容要求及编排特点。
- 掌握小学各学段口语交际教学设计的程序。

技能目标

能根据各学段的教材内容，进行口语交际教学设计。

知识导图

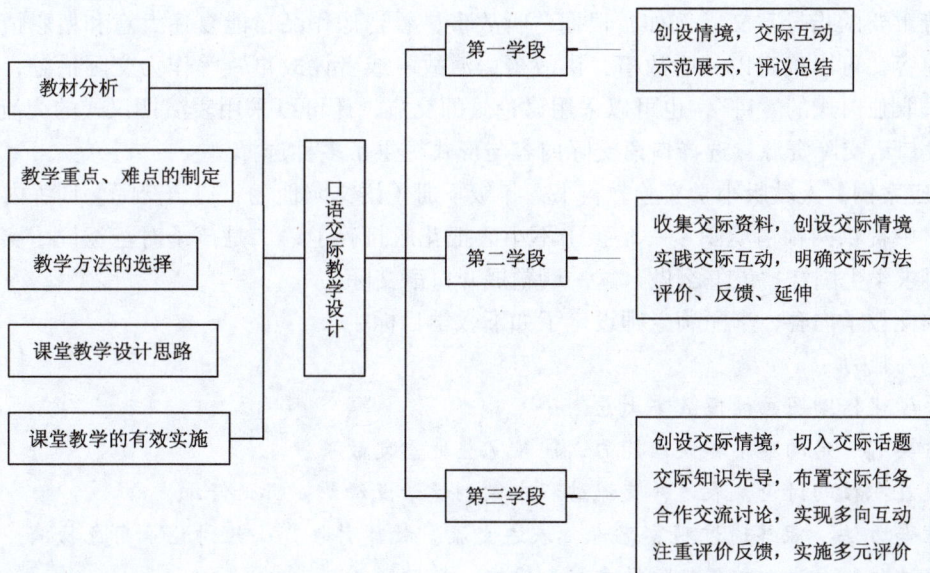

问题导引

"口语交际"这一术语第一次出现，是在2001年颁布的《全日制义务教育语文课程标准（实验稿）》。从"听说教学"到"口语交际"，将口语交际教学提到了前所未有的高度。然而，这并非仅仅是专业术语名称上的变化，其实质是全新的口语教学理念的变化，它的提出与目标设定，为语文教学注入了一泓活水源泉。

那么，"口语交际教学"与"听说教学"在本质上究竟有什么区别？如何针对不同学段的教学内容及教学目标进行教学设计？在进行教学设计与教学实施时又应该注意哪些问题？

第一节 第一学段口语交际教学设计

一、口语交际教学目标分析

随着年级的升高，新课标口语交际阶段目标对口语交际能力的要求也呈螺旋式状态上升。教学目标从初级到高级，是一个由简单到复杂，由口语的单向接收到双向互动的序列化体系，高一级的目标是建立在低一级目标的基础上的，它充分地体现了教学的层级性和系统性。

课程标准从现代公民必须具备的基本的口语交际能力的角度，对教学目标进行了科学的定位。内容具体而全面，既有对文明用语的要求，也有"倾听、表达、交流"能力方面的要求，三维交叉，整体融合。例如，根据低年级学生的认知特点，课程目标明确规定了倾听的能力，"能认真听别人讲话，努力了解讲话的主要内容"；表达能力"听故事，看音像作品，能复述大意和自己感兴趣的情节""能较完整地讲述小故事，能简要讲述自己感兴趣的见闻"；交流能力"有表达的自信心。积极参加讨论，敢于发表自己的意见"。这些都是一个人进行正常的人际沟通和社会交往所必需的基本能力，对一个人一生的发展至关重要。而从学段之间的纵向联系看，这些能力培养的要求是整体有序、逐步提高、螺旋式上升的。

课程标准的口语交际学段目标为教师具体操作提供了依据，这对教师进行口语交际教学设计有着重要的指导意义。例如，根据"听故事，看音像作品，能复述大意和精彩情节"这一目标内容，可以确定以"听故事，讲故事，演故事或者评故事"等作为交际话题，交际的形式可采取独白式的"讲"，也可以采用讨论式的交流，还可以采用表演评议式的交流，这为教师开发口语交际资源、选择口语交际内容与形式提供了多种选择。

【对应案例】人教版小学实验教科书一年级下册《语文园地七·口语交际》训练内容。

教材中提供两幅情境图：一是孩子不小心把花瓶打碎了，二是孩子对爸爸说了实情却挨打了。要求学生围绕"该怎么做"这一话题展开口语交际。

根据此教学内容，李丽莉老师设定了如下教学目标：

知识与能力：

(1) 学生借助图画读懂故事大意。

(2) 具有一定的观察和概括能力，能较完整地重复故事。

(3) 在积极的讨论、表达、交流过程中做到说话说清楚、听话仔细。

过程与方法：能够通过观察思考、表达交流、教师引导、小组讨论、角色扮演、同伴互评的学习过程和方法，增强交际的意识和能力。

情感、态度与价值观：

(1) 在交际时态度自然大方，有礼貌，有表达的愿望和自信心。

(2) 能够认同"诚实做人"的道理，以积极的态度应对生活中的实际问题，形成乐观豁达、积极向上的性格。

小学一年级的学生语言形成处于刚刚起步阶段，因此教师让学生观察情境图的同时复述故事。又因为孩子们的生活阅历肤浅，对事物的判断力能力较弱，有较强的逆反心理等特点，教师可通过引导、小组讨论、角色扮演等多种交际形式，让学生进行自我判断；对学生交际态度的目标设定，"态度自然大方，有礼貌，有自信"等诸多表述，表明教师十分重视孩子的内心世界。因此，让学生对交际话题感兴趣、乐于参与体验，敢说、愿说这才是制定低年级教学目标时所应关注的地方。

二、口语交际教材分析

（一）口语交际教材内容的选择

口语交际的话题，一般概括为以下五种类型[①]：

（1）介绍类：包括自我介绍、介绍朋友宾客、介绍自己的家、介绍自己画的画、介绍我的一张照片等。

（2）独白类：包括说笑话、讲故事、说广告、说说自己的奇思妙想、说说自己的经历、说说自己的愿望等。

（3）交往类：包括打电话、接电话、做客、待客、商量、劝说、批评、赞美、推荐与自我推荐、当导游等。

（4）表演类：包括演童话剧、演课本剧、演生活情景剧、主持节目等。

（5）讨论类：如对不对、好不好、行不行、怎么办、小建议等。

下面就以人教版一年级下册七个单元的口语交际训练为例，看看话题内容的类型分布：

独白类	介绍类	讨论类	交往类
《春天在哪里》	《身边的垃圾》	《打碎花瓶怎么办》	《猜谜语》
续讲故事	《未来的桥》	《我该怎么办》	

这7个话题既有独白式的单向"说话"训练，也有听故事、讲故事的"听说"双向训练，在听说的基础上，对自己感兴趣的话题能发表自己的见解，进而进行讨论、交流。由独白到对话，由单向到双向，这是逐级的设计，能力层级也在逐渐提高。由此可见，口语交际教学内容的设计是循序渐进，呈螺旋式上升的。

（二）口语交际教材编排与呈现的特点

综观各版本的教材，口语交际内容的设计，既有独立编排的，也有与写话和语文综合性学习活动相结合编排的。

1. 话题单独出现独立编排

小学语文低年级口语交际内容一般由"情境图"和"文字提示"两部分组成。

（1）情境图的使用。情境图的作用是交代口语交际的场合、对象、目的，创设了虚拟的交际环境。情境图只是提供了一个口语交际的话题，起到引发的作用。

【对应案例】人教版一年级上册语文园地三教学片段。

人教版一年级上册语文园地三的口语交际内容是"这样做好不好"，配有两幅情境图，第一幅图是在一个晴朗的日子里，有几个小朋友在草地上踢球，第二幅图是妈妈在洗菜，自来水不停地流淌。让学生观察情境图，抓住画面的细节与背景，通过逻辑分析弄清图意，自然引出话题，"他们这样做好不好？"图上的情境贴近学生的生活，引导学生先"看"，准确地

---

① 江平. 小学语文课程与教学 [M]. 北京：高等教育出版社，2004：249.

描述画面；然后"思"，指导学生联系自己的生活实际或身边的现象，加深对图画主题的理解和体会。比如，同学破坏学校的公共设施，在墙上、书桌上乱涂乱画，同学打架等，也可以用自己的镜头捕捉到可以讨论的话题，为后续的"交际"做好铺垫，这样就使交际话题更有针对性和实用性。

（2）文字提示的作用。口语交际教学内容的文字提示部分，其作用是显示本课的教学内容和要求。教学时教师可根据学生的实际情况，做创造性的补充或删减。例如，"这样好不好"的文字提示如下：①说说，每幅图画的是什么。②讨论：这样做为什么不好？你怎样劝说他们不要这样做。

这部分内容一般都有两个问题：前一个问题在于"说"清楚事实；后一个问题在于"评"判事实。它实际上把口语交际分为两个层次，巧妙地把口语的两种形式（独白和对话）渗透在其中。

2. 与单元主题整合编排

口语交际内容整合编排一是与阅读、写话结合在一起，二是与综合性学习结合在一起。这样既可巩固并提高阅读教学和写作教学的效果，又可拓展学生思维的广度和深度。因为选取的材料为学生所熟悉，易于激发学生兴趣，产生想要沟通的欲望。

【对应案例】人教版口语交际教材分析。

从一年级下册开始，在教材的组织上采用了以专题组织单元的方式，每个单元的口语交际话题，都与本组专题内容有关。例如，一年级下册第一组"美丽的春天"，口语交际的话题是"春天在哪里"；第二组"温暖的家"，口语交际的话题是"我该怎么办"，孩子本想帮爸妈做些家务活，可是家长总说不行，于是引发话题，"我该怎么办？"帮着出个好主意吧。二年级上册第一组"秋天"，口语交际话题是"秋游"，秋天多美，我们建议老师组织一次秋游，到哪里，干什么，做哪些准备。通过主题单元把孩子的语文学习与生活结合起来，让孩子感到学习就像生活一样，而不再觉得学习与生活是两张皮。这种组合方式，使教材更具有生成性和灵活性。

随着年级的不同，口语交际在具体安排上也有所不同。二年级下册语文园地三，特别增设了"写一写"栏目，引导学生在夸家乡的基础上，进行写话的训练，写一写家乡的秀美景色，写一写特产。对于写话没有过多的要求和提示，只是对习作能力的初步培养。要求学生练习用口语交际的内容进行写话，将口语交际和写话结合在一起，体现先说后写，说写结合的思路。

三、口语交际教学重点、难点的制定

教师在进行口语交际教学设计时，可根据小学生的心理发展特点，对不同学段的教学内容和训练形式各有侧重。在第一学段，学生的形象思维比较强，但口语规范性较差，因此，本学段的教学重点、难点就是鼓励学生大胆说、认真听。训练学生的表达能力、模仿能力，以及良好的交际习惯和文明礼仪，为后续的学习打下良好的基础。

例如"看看谁背的好"，这个口语交际的主题就非常明确，"看"就是交际的重点。教学的重点、难点就在于"看什么""怎么看"，在同学"背"的基础上讲自己的看法与观点。

【对应案例】《我最喜欢的玩具》。

教学重点：

（1）学会有条理地介绍自己的玩具，认真倾听别人的发言，并提出自己感兴趣的问题。

（2）激发学生表达的欲望，拓宽口语交际面。

教学难点：

能够准确地从外形、特点、用途等方面介绍所喜欢的玩具。

四、口语交际课堂教学设计思路

根据交际话题、交际内容的不同，教学环节与教学形式自然有所差异，但总体来说，口语交际教学的设计思路基本是一致的，一般离不开以下主要的环节：

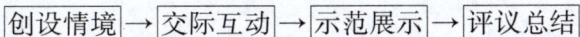

$$\boxed{创设情境} \rightarrow \boxed{交际互动} \rightarrow \boxed{示范展示} \rightarrow \boxed{评议总结}$$

（一）创设情境

创设情境是语言训练的常用手段，它会把学生带到具体生动的情境中，由此激发学生运用语言的内在需要、内在动力。交际课上，打动学生的是情，感染学生的是境。情境共生，是口语交际教学的显著特点。

第一学段的口语交际教学内容一般都贴近学生的学习、生活实际，因为孩子的生活经验少，知识储备也不丰富，所以选择的话题内容要具体、实在，要创设一个民主和谐的接近生活实际的交际环境，使他们感觉到交际对象就在眼前，从而会产生交际的动机。同时要使训练变得生动直观，既具有实用性，又具有可操作性和趣味性。只有生动逼真的极富感染力的情境才能调动学生内在真实的情感体验，激发他们更浓烈的表现欲，发展个性和创造性思维能力，达到口语交际训练的要求。

1. 利用多媒体课件创设生动形象的教学情境

【对应案例】我会拼图[①]。

老师：小朋友们，你们喜欢拼图吗？有位叫聪聪的小朋友，可喜欢拼图了，（出示CAI课件），你看，他用圆纸片拼成了许多可爱的小动物（出示CAI课件：圆纸片拼成的大熊猫、小白兔、大猪头）。小朋友们，你们也想拼一拼吗？这节课我们就用圆纸片来拼图，然后告诉其他小朋友，你用圆纸片拼成了什么？你是怎么拼成的？

2. 利用实物或表演方式创设情境

【对应案例】"学变魔术"。

老师：取出一大一小的两张圆纸片、两张半圆形纸片、两张黑色小圆纸片，然后说："变！"（这时老师快速把纸片粘贴到黑板上）纸片立即被拼成了小猪头。然后问学生：同学们，看了这个"魔术"，你们有什么感受？老师还会变出许多小动物呢。你们也想学吗？今天我们就一起来学学"变魔术"。

3. 用生动的语言描述创设情境

【对应案例】相互介绍。

针对刚入学的小学生对老师、对同学感到陌生、不敢开口这一特点，老师可以这样创设情境："小朋友们，从现在开始，我和全班所有同学就是一家人了。今后我们要在一起学习，一起生活，一起游戏。可是现在，我们互相之间还不了解，这就需要大家互相做个介绍。我是你们的老师，也是你们的大朋友，那我就先向小朋友介绍一下自己。之后，小朋友们也相互介绍一下，好不好？"

① 夏德刚，宋胜民. 语文教学通讯 [J]. 2009（1）：38.

（二）交际互动

口语交际要实现的是人与人之间的交流和沟通，核心是"交际"二字。它是一个听方与说方双向互动的过程，只有互动才能体现交际功能，互动是口语交际教学成功与否的关键。要使师生在口语交际课上真正地互动起来，不仅取决于交际情境的创设，更重要的是要强调角色意识。这主要指两个角色：一是社会角色，即教师、学生；另一个是他们在特定交际环境中的角色。第一学段的孩子们最喜欢扮演角色，又最容易进入角色，只要让他们带着这种角色所附有的特定的任务进行交际，就能真正地互动起来。

【对应案例】打电话。

为了能让学生进行多元、多层的互动交流，在练习打电话时，对几种情况进行分组创新表演，训练学生的创新思维及交际的灵活性，老师结合实际及时指导评议。

情境：你想找子豪，去他家玩，先打个电话联系一下吧。

A．子豪在家，接听人不是子豪时，你怎么说？

B．子豪不在家，接听电话的是子豪的妈妈时，你怎么说？

C．子豪在家，可子豪安排今天去看木偶剧，这时你怎么办？

D．子豪家电话没人接呢？

借此启发学生想一想，说说还有没有其他解决问题的方法。

（三）示范展示

在口语交际教学中，充分发挥典型示范的作用对低年级的小学生尤其必要。模仿是一种非常重要的内在动机——学习原动力，或称为"原型启发律"。其实任何技巧的入门，都是从示范、模仿开始的，就像练字先临帖，绘画先临摹一样。需要注意的是，示范者可以是老师，也可以是学生；优秀者做示范可为学生提供学习的范例，失败的案例也可提供值得吸取的教训或经验。总之，在示范展示的环节中，要给多数学生一个展示自己的平台。

【对应案例】《我最喜欢的玩具》[①]李小燕

1．示范介绍

师：同学们，让我们先看看图上的小朋友是怎样介绍自己喜欢的玩具的。请你认真看，仔细听，想想小朋友是按什么顺序，从哪几个方面介绍的。（课件出示范例，指名学生读例文内容）

2．指导表达

师：同学们，文中的小明小朋友是按照什么顺序，从哪几个方面介绍变形金刚的？

生：他先介绍自己最喜欢的玩具是变形金刚，再介绍它的来历，然后讲变形金刚的颜色、外形、最后说的是变形金刚的玩法。

师：那么，听了他的介绍，我们应该怎样介绍自己的玩具呢？请大家读读"友情提示"吧，它会帮助我们的。（总结板书：来历 外形 颜色 玩法）

在这个案例中，教师巧妙地引导学生先阅读例文，明确小朋友介绍玩具的顺序，"友情提示"为学生后续的交际示范引路。

（四）评议总结

模拟实战之后，师生之间的相互评议是一个重要环节。要保证口语交际教学落到实处，

① 夏德刚，宋胜民．语文教学通讯 [J]．2008（7-8）：67．

就必须做好即时性评价与反馈工作。这既可让教师了解教学情况，及时调整教学策略，又可让学生能够看到自己的学习成果，激发兴趣。评价时，教师要注意评价语对学生口语能力的提高有激励价值，并不断地以积极、宽容的态度肯定学生取得的成绩，增强学生的自信心。评价语言要谨慎，多鼓励，少批评，旨在让学生养成良好的交际意识和交际习惯。口语交际教学的评价目的不是要给学生排个高低上下，而是为了让学生得到富有建设性的反馈信息，对自己的口语交际水平有一个真实的认识，并对自身存在的问题及时改进，以利于今后的学习。

【对应案例】相互评议。

教师引导学生相互评议时，可以提示同学，要注意倾听其他同学评价：哪些地方说得好，哪些地方需要改正。

总结评价语：同学们不仅喜欢玩具，而且能清楚地介绍自己喜欢的玩具，还会设计玩具，真是了不起。你觉得这节课自己表现得怎么样，自己评价一下好吗？（引导学生自评）

五、课堂教学的有效实施

从口语交际能力形成的本质来看，它的形成主要依赖于丰富具体的语言感受与运用，是积淀的产物。而这种积淀有两个前提：一是主体的亲历性，就是学生主体必须真正参与言语过程；二是环境的真实性，这就要求语文教学必须为主体真实的言语活动提供同样真实的言语环境。因此，正确实施情境创设策略是上好口语交际课的重要前提。

那么，创设交际情境时应注意哪些问题呢？

（一）创设交际情境应根据小学生的特点

根据小学生的特点，可将教学情境分为家庭生活情境、学校生活情境和社会生活情境，第一学段强调在家庭生活情境中开展教学，第二学段强调在学校生活情境开展教学，而第三学段则强调在社会生活情境开展教学。这样，即使是同一个口语交际内容，在不同年段，创设的情境也应有所不同，给出任务的复杂程度不一，要求达到的教学目标也就不同。这也充分体现出进行口语交际训练时的层次性和系统性原则。

例如，进行"介绍"这一主题训练，纵向设计时，在第一学段可以要求学生介绍家人和朋友；在第二学段，可以介绍校园或有关学校的一项活动；而在第三学段，则要求学生介绍一项新的科学技术或介绍一档你所喜爱的节目。这样就可以根据小学生的认知特点由浅入深、由易到难、由简到繁，循序渐进地培养他们的口语能力。

在整个小学阶段，儿童最初对学习的过程、对学习的外部活动更感兴趣，以后逐渐对学习的内容、对需要独立思考的学习问题更感兴趣。这就要求教师不能盲目、随意地安排训练内容，而要根据学生所在年级的特点，按照一定的教学序列开发口语课的内容。在第一学段总的规则还是要尽量设计多种多样符合学生生活实际的情景，调动生活感知，生活积累，从而有效地培养学生的口语交际能力。

（二）创设交际情境应接近于生活却不能等同于生活

创设情境应来自于生活，又高于生活。一方面，来自于生活，就是赋予学生一个熟悉的语境，如到超市菜场购物、节日祝贺、口述见闻等生活情景，不仅增加了学习者在真实活动中的感受、体验，提高了口语交际能力，而且还学会了进行交易等适应市场经济的生活技能，丰富了学生的生活经验，为学会生存奠定了基础，可谓一举两得。另一方面，又不能仅重复生活，否则学生会停留在"语言习得"过程，学起来容易，但不能满足学生的求知欲，尤其是高年级的学生。所以，教师要对教材有所依，又要有所不依，创造性地运用和组织教材的内容。在教学中，只要教师用心去捕捉生活中的各种现象，有意识地将口语交际训练由课内延伸到课外，由课本引向生活，遵循开放性原则，这样就为学生口语交际能力的培养开拓一条十分宽广的途径，为学生成功地进入社会打下坚实的基础。

【对应案例】在上"打电话"一课时，可以设置以下几种情境。

（1）放学的时间到了，我在校门口等妈妈半天也不见人影，于是……

（2）今天我发烧了，没能上学，可是我不想落下功课，于是我拿起了电话……

（3）我的一个最要好的朋友随父母去了美国，我很想念她，可是国际长途电话费又很贵，犹豫了很久，在征得妈妈同意的情况下，我拿起了电话……

遇到这些情况怎么办呢？教师应从多角度、多层次创设交际情景，启发学生随机应变，培养灵活应对能力。由于这些内容都是从学生平时的生活中来的，所以当话题一出，孩子们便会踊跃地发言。但在这一环节的设计过程中，一定要避免重复普通的日常打电话的内容，否则将失去了这个主题训练的意义。在这个基础上教师再稍作引导，如果你要找的人不在，该怎样说？与家长与长辈与同学说话有什么不同呢？这样借助具体生活情境，引发话题，进而循序渐进，点拨引导，不仅培养了学生口语交际的文明行为和习惯，而且可以有效提高他们的实际交际能力。

（三）创设的交际情境应运用多种方式、方法

常用的有以下几种方法：

（1）图画法：通过图画创设情境。

（2）实物法：通过实物的展示创设情境。

（3）活动法：通过实际的操作和活动创设情境。

（4）音乐法：通过音乐渲染创设情境。

（5）表演法：通过表演创设情境。

（6）多媒体法：通过多媒体技术创设情境。

（7）任务法：通过给出一个实际的任务创设情境。

在信息发达的现代社会，多媒体资源设备的出现，扩展了课堂教学的时间和空间，为丰富教学手段提供了有利的帮助。教育心理学告诉我们：人们从听觉获得知识能够记忆约15％，从视觉获得的知识能够记忆约25％。如果同时使用这两种传递知识的渠道，就能接受知识约65％。[①]小学生好奇心强，注意力容易分散，采用多媒体课件进行情境教学，直观形象，很容易吸引学生的注意力，也极易让学生进入交际角色。

第二节 第二学段口语交际教学设计

一、口语交际教学目标分析

在第一学段口语交际教学的基础上，第二学段的教学要求有所提高。

---

① 张大均. 教与学的策略 [M]. 北京：人民教育出版社，2003：227.

从倾听能力看，内容仍以听别人说话为主，但要求提高到"能把握主要内容"，并做到"转述"，而转述的前提是要求转述者能听能说，要"听"得准，"说"得明白，能抓住重点，因此抓住要点和重点才是完成转述的要害。

从表达能力看，以"讲述见闻"为主，除了客观的描述之外，还要有自己的主观认识，"说出自己的感受和想法"；表达的要求逐步升级，由"能较完整地讲述"到"能具体生动地讲述"；练习方式由单项表述（复述）向双向互动转化（请教）。

从交流能力看，在低年级学说普通话的基础上，到中年级要求能自由地运用普通话进行交谈；对口语交际训练提出了"认真倾听、请教、商讨"的教学要求。仔细分析，不难看出三者之间有着密切的联系。只有"倾听"才能弄清自己不理解的问题所在，才能向他人"请教"；在请教过程中，一旦产生不同的看法，就应当和他人"商讨"，以求得问题的解决。在交际互动中情感态度起着重要的作用。因此，就要让学生学会"尊重"对方，包括不随意插嘴打断别人的发言，不说不文明的语言等，尊重是双方进行真诚交际的重要前提。

总之，这一学段的口语交际教学，具有承上启下的桥梁作用，既是第一学段的发展又是第三学段的基础。因此，教学的重点是"巩固"和"提高"。

【对应案例】我想发明的机器人。

教学目标：

(1) 展开奇特而又合理的想象，设计自己想发明的机器人，激发探索科学奥秘的兴趣。

(2) 从"名称、本领、样子和发明原因"四个方面组织语言，能清楚明白地表达介绍自己想发明的机器人。

(3) 乐于参与口语交际，认真倾听，主动提问，养成良好的交际习惯。

二、口语交际教材分析

（一）口语交际教材内容的特点

通览各种版本的小学语文教材，口语交际教学内容突破了以往线性教学序列，能够针对孩子的年龄特点、生活实际、单元主题，设计"情境"，进行模拟训练，把口语交际与实际生活、语文学习有机结合起来，在实践中提高学生的口语交际能力。重视同一训练项目在不同年段的复现，以促进口语交际能力的迁移。

第二学段的口语交际教学内容的设计具有鲜明的特点：

1．交际情境生活化

学生的交际语境离不开家庭、学校和社会。所以，这些话题设置的情境与学生的生活十分贴近。人教版教材在口语交际话题的选择上，不仅注意努力贴近孩子的生活实际，而且有助于训练学生的思维、提高他们的认识，树立正确的价值观。

例如，有围绕日常生活而确定的话题："介绍家乡的景物""生活中的传统文化""动脑筋解决问题"等。也有讨论现实生活中学生会遇到的一些两难问题："同学开的生日聚会，邀请我参加，去吧爸爸妈妈不同意，不去吧，同学疏远我，到底该怎么办？"像这样的问题来源于现实生活，是孩子们经常面临的困惑，那么就让他们在讨论中自己寻找解决的方案，其效果比老师的说教更有说服力。更有所突破的是，话题不仅局限于现实生活，还可激发学生的想象力，如三年级下册"我想发明的机器人"，四年级上册"我们的奇思妙想"，畅想未来的科技发展带给人类美好的生活。由此可见，这些话题的设计，既与当代儿童的生活和思想紧密联系，又能给孩子以较大的想象思维空间，富有挑战性。

2．交际形式多样化

口语交际的行为方式分为陈述、使令、发问、招呼、应答、表态和宣告七种。新课标对口语交际的具体要求列出的有倾听、复述、转述、讲述、口述见闻、讨论等形式，在具体操作中可以综合变通使用。

例如，三年级上册中"讲名人故事"，单从题目划分归类应属于介绍类，侧重于训练单项表述，而实际教学却应是多种形式的综合训练。"你读了哪些名人故事？请把你知道的名人故事讲给同学们听"，其表达的要求是"讲的同学要讲清楚，让别人听明白"；听的要求是"要认真倾听"；听完可以提问，也可以补充，有什么想法，大家可以讨论交流。用评一评"谁说得好"这样的环节，将陈述、发问、应答和表态等多种交际方式作为教学内容，以提高教学效果。

在第二学段，学生的抽象思维开始发展，该阶段应重视学生的内心感受和想法，提高他们的口语交际水平，并重视体态语的教学。从口语交际的形式看，要多注重交谈、讨论这些最常见的训练形式。

3．交际内容综合化

知识经济时代人们早就形成共识："获得知识是一个过程，而不是一个结果"。而且现代学科发展的根本特点是趋向综合和学科交叉，因此教材不仅是传授知识的载体，还应包括综合能力与综合素养的培养。

教材在编排口语交际内容时，顺应这一时代的发展趋势，在努力提高学生口语交际水平的同时，非常注重培养学生的评价能力、动手能力、应对能力、想象能力。例如，三年级下册针对环境污染提出"我们能做点什么？"，四年级上册引导学生围绕保护文物展开讨论。像这样的话题，在上课之前，学生就得做点社会调查、搜集资料等实践活动，这样讨论时才会做到有理有据；"说说你了解的自然奇观、田园风光、风景优美的地方"，激发孩子探索世界地理奥秘；学会"安慰和感谢"，懂得"以诚待人"，理解"妈妈对你的爱"，让学生感悟生命、懂得感恩，这都体现了口语交际教学重视综合能力培养的特点。

（二）教材编排与呈现的特点

以现行的人教版教材编排为例，中年级的口语交际内容仍然是放在"语文园地"中进行教学。每册安排八次口语交际，与本组中其他内容的学习整合在一起。延承低年级的呈现方式，运用相应的图标，色彩鲜明的图画引出话题。不同是随着年级的升高，情境图有所减少，多数为单幅图，目的只是为了交待交际对象，交际内容，引出话题。例如，四年级下册语文园地一的"以诚待人"，教材通过简单明了的图画，虚拟出一个交际的情境，一个男学生随手将垃圾扔在了地上，后面的小女孩连忙上前弯腰拾起，如果这种情境正好你遇上，你会怎么说？怎么做？怎样才能体现出你对人的真诚呢？引出话题"以诚待人"，调动学生的生活经验与知识储备，再通过文字提示，提出教学要求"讨论—交流—提建议"。注意口语交际的小图标是两个分开的麦克风。所以，一般情况下，通常是由三部分组成的——话题、情境图、文字提示。

中年级的口语交际的安排，还体现了与习作紧密结合，读写合一的编排思路。以人教版教材为例，有两种编排方式。

（1）口语交际和习作组合编排。在单元主题的基础上，进行说写结合，体现口语交际与作文结合的思路。交际的话题紧紧围绕单元主题提出要求，而后的习作则结合口语交际进行。整个三年级的教材都是秉承这个思路撰写的。

（2）口语交际与习作整合编排，体现口语交际与习作一体化的教学思路。人教版四年级教材主要采用整合编排的方式，与组合编排交叉呈现。其中，整合编排占总数的一半。话题内容结合单元专题对口语交际和习作的内容提出具体的提示和要求，插图很简单，甚至没有。

中年级开始有综合性学习的单元，口语交际成为其综合活动的有机组成部分。例如，三年级上册中的"我们的课余生活"与"生活中的传统文化"，这两个口语交际不仅与本单元的专题密切相关，同时与综合性学习结合在一起。学生一方面可以将在课文学习中获得的知识能力、情感态度价值观等迁移运用到口语交际之中，同时作为综合性学习的一个组成部分，学生也可以依托综合性学习中的其他内容提高口语交际的效果。

三、口语交际教学重点、难点的制定

在第二学段，学生的抽象思维开始发展，该阶段应重视学生的内心感受，鼓励他们能够表达自己真正的想法。要想达到理想的教学效果，教师还应特别重视体态语的教学，一个眼神、一个手势就可以传达出人的情感，是尊重还是轻蔑，是礼貌还是无礼，在双向互动中，教师应注意对学生的交际态度进行正确引导。这样才能更好地实现言语的交际功能。

【对应案例】教你学一招。

本课教学难点：

（1）交际内容陌生。三年级学生年龄小，掌握的本领不一定很多，这就为广泛交流带来了困难。

（2）语言表达能力相对较弱，难以准确、具体地把怎么做的过程说清楚，更不用说相互之间"商讨""应对"了。

为此，本课的教学重点为：

在说本领、教本领、学本领的具体情境中，把自己拿手的本领说清楚、教明白，注意语言表述的连贯性和条理性。

这样根据教材特点和学生的实际情况来确定教学重点，给人留下有理有据、重点突出的深刻印象。

四、教学方法的选择

语言教学是应用语言学研究的主要内容，从 20 世纪中期起，应用语言学家开始逐步建立起语言教学的理论，其中最有效的教学方法是交际教学法。

海姆斯提出"交际能力"之后，最初是由英国剑桥大学提出的交际教学法也随即诞生。交际法也叫功能法（Functional Approach）或意念法（Notional Approach）[①]，它的教学目标就是培养学生的交际能力，注重在教学内容和过程中对学习者交际能力的培养。这也是课改之后语文教学口语交际课的目标指向。

这种教学法理论依据如下：

（1）语言是获取信息的手段，不是知识，也不是内容。教学过程是一个交际过程，语言

---

① 于根元. 应用语言学概论 [M]. 北京：商务印书馆，2003：52.

只能在用中学，在用中掌握。

（2）学习语言的目的是能够恰当地运用语言达到交际目的，教学活动要尽量用生活中的实例来进行，要掌握真正的语言表达。

（3）语言学习有一个从不完善到完善的过程，犯错误是正常现象，应能宽容错误。

（4）学习者是教学交际活动的主体，由学习者担任角色，教师的责任是选择、组织和促进交际活动的展开。

交际教学法告诉我们，教学过程要注意语境化、交际化，要注重提供真实背景和学习环境的创造。让学生能够进行真实的口语交际活动，在亲历交际过程中，体验学习的过程，这就是能力的生成过程。

五、口语交际课堂教学设计思路

关于口语交际教学设计的一般流程在第一节已按各环节进行过简要的阐述，为了避免不必要的重复，本节将结合典型的话题类型和重点环节进行说明。

介绍类口语交际教学，就是让学生以介绍的方式进行双向或多向的信息传递、思想交流。介绍类的内容比较广泛，它可以是对一些事物的性质、形状、功用等进行分解说明，也可以是对一些事理的奥妙、变化、发展规律等进行讲解。通过介绍可以有效地锻炼学生的口头表达能力，促进学生的表达逐步走向规范化、条理化。

人教版语文教材多次安排了介绍类的口语交际内容，低年级介绍"我的家""说说我们身边的垃圾"，中年级介绍"丰富多彩的世界""可爱的小动物""向同学推荐一本书"等。介绍就是让人从感性上认识事物，然后通过讲解让人明白是怎么回事，从而把握事物的本质，在此基础上重点培养学生的交际能力。此类话题的教学设计，一般包括以下几个环节：

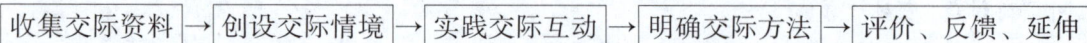

收集交际资料 → 创设交际情境 → 实践交际互动 → 明确交际方法 → 评价、反馈、延伸

这里重点提示三个环节：

（一）收集交际资料

第二学段的学生，已经具备一定的信息搜集和整理能力。但在进行表述时，往往思路不够清晰，缺乏条理，或者因对话题的内容了解不多，造成表达时空洞无物。因此，为了达到最佳的课堂教学效果，在做课前准备时，提倡让学生根据自己的兴趣，收集交际资料。例如，三年级"丰富多彩的世界，介绍国外的景物"，学生可查找自己喜欢的国外的建筑、风景等资料，并鼓励运用多媒体创设情境的方法，制作PPT，配上轻柔的音乐和优美的解说词，这样既有助于学生加深对口语交际内容的了解，又可以为后续的表达进行充分的心理准备。

在此环节中，学生学会了收集资料的方法，如通过报刊杂志查阅资料、上网搜集资料等，还可以做调查采访，进行实验，观看音像资料等。这样，不仅可以极大地激发学生自主学习探究的欲望，拓宽学生的视野，同时也可以帮助学生在口语交际时做到有话可说，有据可依。

【对应案例】针对环境污染我们该做些什么。

课前准备：

（1）把学生分成若干个小组，调查、收集有关"环境污染"和"环境保护"方面的知识与现象。

（2）整理调查结果后，填下列表格。

污染源	污染现象	你的感受

保护对象	主要措施	你的建议

（二）实践交际互动

形成双向或多向互动的交际方式，这是口语交际教学的显著特征。口语交际是人与人之间相互交换思想、看法、意见，交流成果、情感，或买卖东西，寻求帮助等待人处事的活动，其核心是交际、互动。它是一个听方与说方双向互动的过程，必须要有交际对象，构成交际关系，形成双向或多向互动的交际方式才能进行。因此，教师和学生在教学中要有双重的角色意识，注意角色的转换。师生之间除了构成教与学的双边关系外，师生之间、学生之间还要构成日常口语的交际关系，并模拟生活实际双向互动地进行练习，这样才能体现出口语交际训练的特点，切实地锻炼学生的口语交际能力。

例如，"学会劝阻"，题目要求对在公共场所的不当行为加以劝阻，如果在教学时只关注劝阻者怎么说，这个话题就失去了互动性。因而在教学中，不仅要引导劝阻者如何能说服对方，同时也要引导被劝者"能言善辩"，这样表演才不会成为一言堂，学生的口语交际能力才会有效地提高。

【对应案例】教你一招。

（1）介绍拿手本领，进行双向交流。

①教师引导，学生示范。

师：你的拿手本领是什么呀？

看到同学们做得这么精致的手工作品，你会对她说什么？（教师有意引发学生之间的对话交流）

②交际展示，点评提高。

师：同学们，他们介绍得好吗？哪里介绍得好？

在介绍自己拿手本领的时候，除了本领名称，如果再能介绍一下你这个本领好在哪儿，有什么特别的地方，就能让别人更感兴趣了。（引导交际方法）

有没有小朋友给她们提提建议？（引导学生进行礼貌交际）

组内介绍，双向交际。

（2）教学拿手本领，多向互动。

①教师示范表演绝招。

②创设师徒角色，指名一位学生上来跟师傅学绝招。

在教本领、学本领的过程中进行交际态度的指导，如何提问、学会应对、表达清楚等技巧。

案例中，多个环节安排个人陈述、同桌交流、小组交流、班级汇报等训练形式，处处体现互动，力争做到人人参与，互相交流，加强了学生的参与意识。总之，口语交际训练，教师应该提供学生想说、能说、敢说的交际条件，让学生在表达、倾听、评价、补充的环境中养成良好的语言习惯和交际态度。

（三）评价、反馈、延伸

《语文课程标准》在口语交际评价建议中指出："评价学生的口语交际能力，应重视考察学生的参与意识和情感态度。评价必须在具体的交际情境中进行，让学生承担有实际意义的交际任务，以反映学生真实的口语交际水平。"这段话不仅指明了口语交际教学评价的方法思路，而且还提出了具体的评价目标与要求。因此，在这一环节中，要注意以下三个问题：

1. 口语交际教学的评价是立体三维的

不仅要对学生的口语交际能力进行评价，还要评价其学习时的情感态度。整个评价体系，紧紧围绕知识与能力、过程与方法、情感态度与价值观三个方面。评价的目的不是要给学生排个高低上下，而是为了让他们对自己的口语交际水平有一个全面的认识，并且能够得到富有建设性的反馈信息，以促进自身口语交际能力的发展。

2. 评价必须在交际情境中进行

口语交际是在特定的情景中发生的一种交际现象，其所谈的话题、交际的对象、交际场合都是特定的，并受情景的控制。同样的话题、不同的对象和场合、言语表达方式会相差很大。因此，学生只有在具体情境中去倾听、表达和交流，才能使其各方面能力与素养得以显现。所以，脱离具体的情境的评价是无效的。

【对应案例】学会劝说。

巧借评价，及时反馈：

师：掌声响起来，说明你们演得真精彩。下面请台下的同学评一评，他们说得怎么样？

生：我觉得"爷爷"这个角色演得很好，他演得很逼真。

师：这位同学是从演的角度来评价的，我也认为他演得非常棒，那他演得最成功的地方在哪里？

（教师有针对性地对学生的评价进行概括）

生：我觉得他演得最成功的地方，就是他装出了老人的模样，说话有些结巴，而且他给我们的感觉就是年龄有些大了。

师：你真会观察，这位同学的意思我听出来了，他认为这位"爷爷"在劝说的时候不仅注意对方，而且还时刻注意自己的身份，注意自己是以老爷爷的身份在和别人交流，交流的效果才好，说明你真会观察。哪位同学还能从"说"的角度评一评谁说得好？（教师引导学生从不同角度进行评价）

生：我觉得"班主任"说得很好，比如当老爷爷说"学校就是学知识的园地，不是劳动的地方"时，班主任马上就说"劳动是知识的源泉"，我觉得她通过讲道理，能够以理服人。

师：我觉得她评得很精当。这位"班主任"在爷爷说到"学校就是学知识的园地，不是劳动的地方"时，马上委婉地反驳，说明她的反应非常快。我们在和人交往的时候，应变能力也非常重要。这位"班主任"最成功的一点就是抓住了老人的心理特点，马上对症下药，说服了老人。

评价是检测，是反馈，学生的互评更是学生对学习效果的自我观照和自觉审视。教师把评价的主动权交给学生，在引导学生互评的过程中，教师随时提醒学生从"说"的角度去评，真正让评价为教学主旨服务。

3. 拓宽、延伸口语交际课堂的阵地

扩大培养学生口语交际能力的途径，坚持开放性原则，走出课堂，课内与课外相结合。在选择话题时，教师不能拘泥于教科书，正所谓"不是教教材而是用教材教"，教师只有做生

活中的有心人，多观察学生的生活，关注他们的思想动态，才能挖掘到学生能讨论和讨论得起来的话题。教师要用敏锐的观察力，在日常生活中自觉留意各种交际情境，抓准时机，进行机智巧妙的引导、开掘，从而转化为一种口语交际的课程资源。

六、课堂教学的有效实施

在第二学段进行口语交际教学时，为了达到更好的教学效果，提高教学效率，应着重培养和强化学生的三种意识。

1. 强化学生的目的意识和话题意识

中年段更加注重交际的主动性，鼓励同学敢于与别人商讨，发表自己的观点。教学中，要让学生明确交际的目的和主要话题。只有明确自己要达到的目的，才能在具体的交际语境中，积极应对，完成交际任务。

【对应案例】"学会劝说"教学实录片段。

师：今天老师带来了两个难题，这两个难题正好需要大家的"口才"来帮助解决。愿意帮助我吗？

生（齐）：愿意！

师：事情是这样的，我所教的二（1）班有个学生叫董理，（板书董理），她名如其人，学习很好，也很尊敬老师，待人有礼貌，爱好很广泛，可就是不喜欢劳动。每次大扫除，她总是有借口，不是"我生病了"，就是"我要上厕所"，很少参加班上的劳动，老师几次谈话教育都不见效。上星期学校电视台"校园风"拍摄组刚好抓拍到了董理劳动的一幕，请看。

（课件显示录像片断：董理嘟着小嘴，极不耐烦地拿起扫帚扫了两下，然后生气地把扫把扔在地上，嘴里叨念着："在家都是爷爷奶奶干的，今天真倒霉，居然让我来做，烦死了！"）

师：同学们，如果这天你恰好从咱们教室窗外路过，亲眼看到了这一幕，你会怎么办？

生：我要对她说，你的家长不会帮你做一辈子，你应该学会自己劳动……

师：哦，你是想当面劝说她，是吗？（生点头）

师：说得很好。我想在这个时候，面对正在气头上的董理，劝说的确是一个非常有效的办法。那好，今天我们就来学学如何劝说别人。（板书：劝说）

在这个教学片段中，话题撷取来源于学生生活，符合学生的心理特点，真切可感。交际话题抛出后，调动学生已有的交际经验，去思量解决的办法。导入自然，学生很快就进入了交际角色，交际的目的就是学劝说。

2. 强化学生的效率意识

口语交际具有功利性。所谓功利性，是说任何口语交际都是为了一定的目的而进行的。交际双方都要从对方的言语中获得某种信息，达到既定的效果与目的。因此在进行口语交际时，除了要考虑怎样把话说得简洁、真实、贴切、准确外，还要考虑使用辅助手段，包括体态用语、礼貌用语和诚恳的态度等，从而达到事半功倍的效果。

【对应案例】学会劝说。

师：在生活中，我们一定劝说过别人或听到过别人的劝说，那就请大家联系生活想一想，劝说别人的时候要注意些什么。

生：说话要委婉些，不要直接揭别人的短，这样会伤害别人的自尊心。

师：你真是一个善解人意、替别人着想的孩子，很好。还有其他方面要注意吗？

生：我觉得劝说时语气不要太严厉，否则会让听者难受。

师：很好，你提醒我们劝说要注意礼貌，的确，以礼待人是我们和别人交往的敲门砖。（板书：礼）

生：还要讲道理。

师：对，还要以理服人呢！（板书：理）由此可以看出你们在生活中是个有心人。我们就不一一列举了。如何劝说才能让别人心悦诚服呢？干脆我们现场来体验体验。

教师根据学生能够理解和感知的方法进行概括和总结，指明了劝说时应做到礼貌待人、以理服人，循循善诱中培养了学生良好的交际习惯，也可以提高交际成功率。

3. 强化学生的交际对象意识

口语交际具有互动性，是一种双向的、互动的信息交流。说话时，要注意对象的年龄、身份、心理特征等，根据不同对象，选择、组织语言，并随时观察交际对象的情感变化和反应；听话时，注意观察说话人的表情动作，揣摩其语言表达的真正意图，随时注意沟通和交流，准确、及时表达自己的看法和意见。

【对应案例】"学会劝说"教学片段。

师：人们都说，家庭是孩子的第一所学校，董理小朋友在大家的帮助下有了很大的进步，开始参加班上的集体劳动了。

可是好景不长，一天，爱孙心切的奶奶来学校看见自己的娇孙女在做劳动，就来找我理论了，她说小孙女是来学校学习的呀，况且她个头那样小。我忙解释说，劳动是学生应该做的，每周每人都要做一次。结果奶奶怎么着？她挽起袖子说："那我来帮孙女做！"（生笑）如果你面对这样的情况，会怎么办呢？（自由组合，模拟交际）

师：下面大家就以小组为单位，分别以不同的角色来劝说董奶奶，比如可以以校长、老师、同学的身份，甚至可以以其他家长的身份来劝说，看这位老奶奶能不能被大家说服。同时也提醒大家，在劝说的时候不要忽视了大家刚才总结出来的劝说小窍门。

这一教学环节中，教师重设了交际情境，并让孩子们在角色扮演中，根据不同身份、不同年龄的人物心理，强化对象意识，进行群体互动。这样，既可以引导学生将思维的触角引向深处，也培养了他们的创造力以及灵活的应变力。

第三节　第三学段口语交际教学设计

一、口语交际教学目标分析

随着学生年龄的增长，知识的丰富，能力的发展，特别是需求层次的提高，对学生口语交际能力的要求也进一步提高。从能力训练方面来看：倾听，能听清楚，听明白，抓住要点；表达，要有中心，有条理，语气、语调适当，抓住要点是转述的关键；应对，是在交际中随时应答、提问或者说明。在发表意见时，有一定的质量。

从情感、态度价值观这一维度来看，《语文课程标准》对交际态度提出了更高的标准。第三学段进一步要求"与人交流能尊重和理解对方"，这是文明程度最高的表现与要求。人与人之间交往，最起码应做到相互尊重。不说"不文明的语言"，不插嘴，不随意打断别人的发言，而且还能站在对方的角度思考问题，将心比心，理解他为什么会这么想、这么做，真正做到"理解对方"。在尊重和理解的基础上，"乐于参与讨论，敢于发表自己的意见"，有自己的想法，有自己独到的见解。

此外，口语交际教学不同于阅读写作等课型的教学，有着较完整的知识体系。口语交际教学的课堂教学目标呈现出其独有的特点，首先是过程性，口语交际更关注学生交际活动的过程；其次是生成性，口语交际是建立在双方交往活动的动态之上；再次是模糊性，口语交际不只是一种语言的交往，还有环境、文化、背景等众多因素的作用。这就需要教师在设定教学目标时要从多方面精心设计。

【对应案例】《我是"小小推销员"》教学目标设计。

（1）学会在具体的情境中稍做准备，使用一定的说明方法有条理地介绍一样商品，并能努力用语言打动别人，能够认真倾听、抓住要点进行大胆提问。

（2）在互动的交际过程中，做到态度大方，有礼貌。

（3）渗透合作意识和诚信教育，培养实事求是的态度。

二、口语交际教材分析

（一）口语交际教材内容的选择

第三学段口语交际教学内容的选择，仍然沿袭依据单元主题以及语文能力训练点来设置话题内容，努力挖掘现实生活中的语文资源，力图充分体现口语交际源于生活，为生活之所需这一基本原则。话题与单元主题相关，与本组习作联系密切，每组教材中口语交际的提示语都比较好地发挥了指导方法、拓宽思路的作用。

随着学生年龄的不断增长，视野的不断开阔，五、六年级口语交际的内容十分广泛，涉及自然、社会、文化、人生等各个方面。口语交际话题与学生年龄特征、心理特征相符，与之生活经验密切相关。例如，以"爱"为主题的有父母之爱、家乡之爱（浓浓的乡情）、祖国之爱（振兴中华）、自然之爱（民俗风情介绍）、艺术之爱（身边的艺术）、生活之爱（珍惜资源）……不仅内容广泛，而且在口语交际的形式上几乎全部涉及，如讲述、复述、演讲、说明、讨论、辩论、表演等。这样的设计，既遵循口语交际自身特点，也符合儿童的言语发展规律。口语交际题材丰富，活动形式多样，有利于学生口语交际能力的快速提升。

（二）编排与呈现的特点

从高年级开始，学生的生活空间进一步扩大，抽象思维能力逐步发展，听说能力也大幅度提高，因此与中低年级相比，高年级口语交际在教材编排与呈现方式上发生了一定的变化。

从五年级开始，每组课文之后的"语文园地"，分为两个板块。以前的"日积月累、交流平台、展示台"等小栏目归入"回顾·拓展"板块里，同时新增"交流平台"栏目，目的在于引导学生交流学习本组课文后的收获，特别侧重于阅读、习作、习惯养成等方面，让学生在交流讨论中，渐渐领悟读写的基本方法，从而养成良好的学习习惯。另一部分"口语交际·习作"小栏目，上升为单元活动名称，独立成一个板块。这一变化意在表明"口语交际·习作"在小学高段要求的提高和地位的提升。

其次，在编排上与前两个学段一脉相承，口语交际与习作整合，体现读写一体化的思路。

口语交际的内容有的是从学生生活和思想实际出发，有的单元只提供一个话题，有的是提供多种活动或角度供教师和学生选择。有些口语交际有专门的主题且与习作要求保持一致。例如，六年级上册第四组口语交际的主题是"珍惜资源，保护环境"，习作的要求是针对生活中存在的"浪费资源和污染环境的现象"，写一份建议书，提出自己的看法和建议。口语交际和习作的主题高度一致，联系密切，教学时可以在口语交际的基础上指导学生习作。也有些口语交际没有专门的训练内容，与习作要求浑然一体。例如，五年级上册第七组"写读后感"的要求是"写一篇读后感"，"写好后和同学交换看一看，交流一下怎样才能写好读后感"。教学时可以先写后说，或先说后写，教材中的提示性文字，注意提供多个角度，拓宽话题范围，增加选择性，为学生回归常态进行口语交际、自主习作，留有较大的创造活动空间。

【对应案例】人教版五年级上册《口语交际·习作一》教学设计。

在这次综合性学习中，你一定有不少收获吧？根据开展活动的情况，选择一个角度进行口语交际和习作。

《窃读记》中的小女孩，在书店里得到了"窃读"的乐趣；《小苗与大树的对话》中的小女孩，在对长辈的访谈中获得了读书的启示。在你的读书经历中，有什么样的故事和大家一起分享呢？先说一说，再写下来，可以谈你和书的故事，也可以谈你读书的体会。

如果你采访了身边爱读书的人，可以和同学交流采访的经过，谈谈采访的心得体会，再根据采访时做的笔记，仿照课文整理出采访记录。

人们常说："开卷有益。"但也有人说："开卷未必有益，看了那些不健康的书反而有害。"你对这个问题怎么看？我们可以展开一次辩论。

辩论结束后，可以以"记一次辩论"为题，写一写这次辩论的经过，也可以把自己对这个问题的看法写下来。

教材之所以如此编排，就是想更好地发挥阅读与口语交际、写作间的密切联系，使读、写、听、说间相互作用，相互影响。阅读是一种通过"目"的信息输入，听是一种通过"耳"来"看"的信息输入，没有信息的输入，就没有说与写的输出。只有听、说、读、写四管齐下，才能更好地解决语文教学长期以来存在的费时低效的被动状况。

三、口语交际教学重点、难点的制定

高年级口语教学的重点、难点之一是培养学生能够做到"稍作准备，作简单的发言"，就是我们常说的即兴发言。这是一种事先没有准备的发言，需要学生根据当时具体的语境、场合、对象，迅速搜集有关资料，思维敏捷地组织语言，在短时间内，有重点有条理地表述自己的想法。这对于小学生来说，是有一定难度的，教师应注意鼓励与指导，不可过高要求。在确定教学重点、难点时，应根据本学段的教学目标和具体话题的内容而定。

【对应案例】学会申诉。

教学重点：

（1）学会申诉，摆事实，讲道理，敢于发表自己的意见。

（2）在申诉交际中，能认真、耐心听他人说话，学会应对。

（3）即兴发言，能围绕中心，抓住要点，有一定的说服力。

教学难点：学会分辨权益和义务，"合法"并不是"自认为合理"。

四、口语交际课堂教学设计思路

相对于中低年级，高年级口语交际教学从交际话题的选定到具体的交际要求都有了一定的改变。就课堂教学来讲，除了主要的教学环节没有变动外，高年级的教学设计还是应突出学段特点的，如强调交际知识的渗透，突出交往能力和合作精神的培养，引导学生学会评价的方法等。据此，高年年段口语交际教学设计大致思路为：

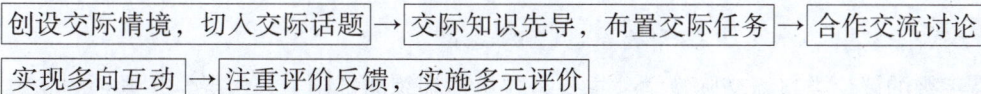

创设交际情境，切入交际话题 → 交际知识先导，布置交际任务 → 合作交流讨论

实现多向互动 → 注重评价反馈，实施多元评价

在本学段的教学设计中重点提示以下两个问题：

（一）应该传授必要的口语交际知识

新课标建议中明确指出：口语交际教学应"努力选择贴近生活的话题，利用灵活的形式组织教学，不必过多传授口语交际知识。"那么如何理解"不必过多传授口语交际知识"呢？许多教师片面地强调感性经验，而对理性经验不予重视，这样就忽视了科学理论对口语交际能力的重要指导作用。口语交际得以进行的必备条件是交际双方应该具有必要的知识、信息，它是交际展开的起点和解码，还原信息的支撑平台和逻辑依据。所以，在进行口语交际的过程中，除了要求孩子具有一定的知识储备之外，同时要求他们在口语交际之前进行必要的交际知识准备。在口语交际教学实践中，或在布置交际任务之前，或在学生饶有兴趣的实践活动过程中，在他们最需要的时候，应相机切实、精当地讲解或提示有关知识，点拨语言表达，纠正听说习惯、交际方式与态度上的偏差，使之受到正确的训练，有效地提高实际口语交际能力。

【对应案例】无法预约的精彩[①]。

真实的交际情境（在早操时一位同学的校服丢在操场上了，急得直哭）

师：学校这么大，到哪去找？谁有好主意？（借机给学生抛出交际任务）

生：我们到一个个教室去问，到老师办公室去问。

于是，学生们兴致勃勃地讨论如何分组，怎样进行。

师：你们提出了这么多切实可行的好方法，可是，你们一会儿去找衣服的时候，应该怎么做？

师：这么多班级，得找到什么时候啊？（引导学生深入的思考，寻找解决办法）

生：对呀，那我们还是分组找吧。注意哪些问题？（提示或明确指出口语交际训练的要求，是激发学生进行交流的关键所在）

生：七嘴八舌地说了起来。（有针对性地讨论问题）

最后，师生总结要点：

① 特定的时间：早读时应该怎么办？要有礼貌，进屋之前先敲门。声音要适中，别影响同学和老师学习。仪态大方，态度要诚恳。（交际知识的指导，培养学生文明的交际态度）

② 如何陈述事件？要说清三个问题：

A. 什么时候丢的　　　　B.衣服什么样　　　　C.如有人发现，你的要求是什么

（陈述性知识的交待，十分必要，确保信息的准确性）

③ 陈述过程中，要做到：运用普通话，口齿清楚，音量适中。表达要有条理，能简洁地

① 陆志平，李亮. 新课程教学案例与评析 [M]. 长春：东北师范大学出版社，2004：180.

表达出要点。

明确了要求之后，同学们就分头行事，积极地投入到实战中，老师呢，胸有成竹地坐在教室里等待佳音……

从这个教学实例可以看出，学生的表达是发自内心的，是以助人为乐为目的的。无意之中，还学会了如何询问，如何调查、陈述事件，交际中如何做到有礼貌，说话得体……看来学生的收获确实不小。由此可见，学习和正确地运用交际知识是交际成功的重要保证。

（二）注重引导学生进行开放、自主的讨论

高年级的议论类口语交际教学，主要是在单项训练的基础上，引导学生学习讨论、评论、辩论的方法和技巧，提高语言表达的严密性及具体交际应变性。目前，小学课堂教学常采用讨论法，但普遍存在这样一种现象：有讨论无交流，有讨论无对话，有讨论无交锋。那么教师如何引导学生进行真正意义上的讨论呢？

教师在引导学生讨论时，必须掌握启发式教学的精神实质，在提问中体现追问和启发的精神。教师所提出的问题应该具有启发性、思考性，学生的思维要"能够充分地从一点到另一点做连续的活动"，只有这样的问题，才能带领学生进入真正的、深刻的、有效的思维活动中[①]。

【对应案例】《嗟来之食》。

在一节语文课上，老师用《嗟来之食》这个故事作为教学材料。课堂上，一个同学不解地问："饿汉为什么情愿饿死也不吃财主给他的食物？"一石激起千层浪。

在讨论中，有的学生回答"因为他有骨气，很有尊严。"教师利用学生的话进行引导，"对，他很有骨气，很有尊严，可是他已经快要饿死了，你赞成他这样做么？"

（教师可在此时提出一些"引入性问题"，引起学生对问题的争论，鼓励他们相互交流支持自己观点的理由）

在赞成和不赞成的同学分别阐述了自己的理由之后，有的学生认为"生命比尊严更重要，因为没有生命就什么都没有了"；有的学生觉得"尊严比生命更重要，因为没有尊严，人家会看不起你。"还有的学生语出惊人，说"生命和尊严同等重要，因为没有生命就没有尊严，没有尊严生命就没有意义。生命和尊严的关系就像一个人的手心和手背一样"。

（这时教师应鼓励学生考虑他人的观点；鼓励学生有条有理地辩论，或进行多种选择理性地证明自己的观点；鼓励学生深入思考和讨论更高一级问题，促进学生的道德思维向高一级水平发展）

在这样的课堂上，学生的思维明显被激活了。不论是问题的提出、展开讨论，还是认识的逐步深化，直到最后得到的结果，都是以学生为主体，由学生自主完成的。教师的作用在于控制和引导讨论的方向，使得问题的主导观念和核心命题不致偏离。由此可见，教师的指导作用在引导讨论时还是举足轻重的。

在这一环节实施过程中，应注意两点：

1. 在讨论过程中不能追求答案的统一性

加德纳认为，智能是多元的，价值观也是多元的。小学期间是思维发展过程中的"飞跃""质变"，也是小学生道德观念形成的关键年龄。恰恰在争辩、讨论过程中，可使学生更深入地体验他人的思维方式和观点，最后做出自己的决定，形成自己的道德观，所以，道德讨论常常

---

① 吴志宏 郄庭瑾. 多元智能：理论、方法与实践[M]. 上海：上海教育出版社，2003：27.

是没有结果的。在多元化的社会中，学校应充分利用特定的条件，帮助学生辨析是非、健全人格，树立自己的人生观和价值观，为将来走向社会奠定良好的基础。

2. 在讨论时要倡"自由"、促"个性"

应给学生自由表达的空间，让他们畅所欲言，表达自己的心声。口语交际应是个性化行为，要做到"声如其人""闻其声知其人"，而现实教学中，很多教师忽视了个性。这主要表现在教师"导"的力度过大，范围过宽，有些教师试图引导学生按照自己期待的内容、重点、顺序甚至感受去表达，指导上也缺乏个性、多样性。所以，在口语交际教学中，应当做到：形式上自由组合，思想上放胆随意，表达上言无不尽，让学生充分建立表达的自信心，充分展示自己的个性。

资料贴吧

真话犹金贵，错话亦无价①
——《伟大的人有两颗心》教学反思

特级教师 孙建锋

口语交际教学难点如何突破？

突破难点的金钥匙在于开放课堂。

开放课堂的重要标识是实现教学民主。民主的标志在于让学生发出"不同的声音。"不同的声音源自学生对话。

只有学生对话，才能彰显学生民主参与的广度与深度。

课堂就是一个小社会。一个既有广度又有深度的民主的课堂，不是一鸟入林、百鸟无声，而是百鸟朝凤、各鸣佳音；不是鸦雀无声、万马齐喑，而是百家争鸣、异彩纷呈。

口语交际教学如何有效对话？

要唤醒孩子大胆表白，不说假话、大话、空话，要讲真话、实话、心里话。因为唯有讲真话，才能实现有效对话。

当然，要让学生说真话，就要允许学生讲错话。对一个社会来说，真正可怕的不是错话，而是在权利绝对正确的前提下对错话、谎话乃至"真理"的强制与推销。讲错话并不可怕，因为真相本来就是在一次次"试错"的过程中获得的。故此，在上文教例中，我以积极的方式和阳光的心态，"怂恿"学生讲真话，允许学生说错话，宽容学生说错话。在我看来，敢于说"错话"，不趋炎附势，不唯师者的马首是瞻，不谄媚邀宠，也是一种担待。

在推进民主开放的对话教学中，真话犹金贵，错话亦无价。

案例评析

案例展示一：在交际中学会交际
——《应该听谁的》（口语交际）精彩片段评析

吉林省长春市树勋小学 张霜执教 漳平市教师进修学校 杨百城评析

1. 动画激趣、创设情境

（教师边演示课件，边讲述故事，并组织学生读《骑驴》的故事）

师：那老爷爷应该听谁的呢？我们大家快动脑筋给爷爷出主意吧！（板书：应该听谁的）

---

① 夏德刚，宋胜民. 语文教学通讯 [J]. 2008（7–8）：91.

用动画故事激起学生的兴趣后，组织学生读书，深入了解故事中不同人的不同观点。不但落实了"听故事、看音像作品，能复述大意和精彩情节"的要求，为后面围绕话题进行交流作了充分准备，又把学生带进了故事的情境之中。

2．搭建平台、互动交流

（组织学生进行同桌交流后，让学生自愿汇报想法，发现有的同学不赞同故事中的四种意见）

师：有人没举手，那你们是什么意见呢？说给大家听听。

生：没举手的意见是一人骑一会儿。（全场笑）

师：哦，你说你的想法是一人骑一会儿。

生：（指着后排一同学）不是，是×××的想法。（全场大笑）

师：噢，那你是代表他说出想法，是吗？

生：是。

师：（对全班）同学们，我发现他们的想法很奇特。（对发言的学生）我非常佩服你的胆量，敢说出自己的想法，真棒！那我就画一个代表你的形象！（板画女生头像）

在学生汇报自己的想法时，从未举手的同学中，巧妙地鼓励她说出独特的想法，并给予赞赏，树立了学生表达的自信心。

组织意见相同的同学组成小组进行交流，教师加入其中一组，然后各小组代表汇报交流的结果。其中一组的代表用表演的形式汇报。

师：（对全班）表演看完了，看懂了吗？

生：看懂了。

师：他们组是什么意思？

生：他们是一人骑一会儿。

师：你看得非常认真。你们在和别人交流的时候，不但可以用语言表达，还可以用动作、眼神、表情表示自己的意思。你看，张老师的眼睛会说话，说什么呢？（做眼神）我喜欢你们！你们也用眼睛告诉我，你喜欢我吗？

生：（做眼神）喜欢！

师：哎，眼神和语言都用上了。真好！

在学生表演之后，因势利导，启发学生采用多种交际手段进行交流，很好地贯彻了交际的要求。

（在持"爷爷骑"与"孙子骑"两种观点的同学进行争论后）

师：唉，争来争去，我觉得又要尊老，又要爱幼，干脆爷爷孙子都骑吧。同意吗？

（持"都不骑"意见的小组学生下称甲组——摇头）

师：摇头表示什么？用动作表示不同意是吗？那你要给我个说法，为什么不同意？

生：因为那头驴是小驴，压死了，谁来干活呀？

师：你考虑得有道理。

生：[持"两人都骑"意见的小组学生（下称乙组）] 驴是很小，但它的力气很大。

师：你是说它有能力驮两个人，是吗？

乙组生：对。

师：那你把我这句话也加进去，说一下。

乙组生：驴是很小，但它的力气很大，有能力驮两个人。

师：嘿，很有道理呀。（对甲组生）服了没有？不服的继续反驳。

甲组生：驴……很小……

师：是呀！

甲组生：（思考后）我们都说要保护动物，驴也是动物。如果我们把它压坏了，怎么办？

师：哦，你很有爱心，知道要保护动物。这下可真让我为难了，你们说的也很有道理呀！

乙组生：你们爱护动物，我们是要向你们学习；但是你们要看它是什么动物呀，驴本来就是干活的。（全场笑）

师：（竖大拇指）说得非常好！（对两组）你们是谁也没说服谁。

师：（对持"一人骑一会儿"意见的小组——下称丙组）你们是最有想法的啦，你们能不能把他们四组都说服了。

丙组生：如果爷爷骑驴，孙子走路，那孙子很累；如果孙子骑驴，爷爷走路，那爷爷很累；都不骑驴，还很笨；要是都骑驴，又要把驴压死了。我们组有一个好办法：先让爷爷骑驴，孙子走路。孙子走累了就让孙子来骑驴。这样，我也不累（孙子也不累），爷爷也不累，驴也不累。这样不是很好吗？（全场大笑，鼓掌）

师：真精彩呀！孩子们，这样一大段话她居然说得这么清楚、流利。是不是该送给她掌声啊？（全场鼓掌）

（持不同意见的学生进行激烈的思维碰撞和言语交锋。在这里各组同学各抒己见，把表情、动作、语言都用上了，说的话有理有据，把各自的想法说得清清楚楚、明明白白。这得益于教师创设的情境让每位学生都进入了角色，也得益于教师在交际过程中的引导、启发和激励。）

3．示范总结、感悟道理

师（模仿爷爷）：孩子们哪，你们的话真是太有道理了。那你们是不是很想跟我说几句话呢？

生：（激动地）爷爷，你一会儿听这的，一会儿听那的，真……（手指爷爷）你真……（全场大笑）

师：哦，你是说我没主见吧？

生：（顿悟）爷爷，你一会儿听这的，一会儿听那的，真没主见！

师：孩子啊，你说得太对了。我老了，脑筋不好使，你再说一遍，给大家听听。

（生大声再说一遍）

用模拟情境的方式，引领学生进入角色和故事中的爷爷进行直接交流，自然而然地感悟到了故事蕴含的道理，并通过这一学生的重复语言让全体同学加深印象，巧妙地完成了本组课文的综合性主题教育。

总评：这节课有三个显著特点。

其一，以《骑驴》这个故事为引子，拓展话题，让学生有话可说。全课从故事开始，组织学生说故事中不同人物的不同意见—说自己的观点—说小组交流的结果—不同意见的争论—与故事中的爷爷进行对话—提出自己的困惑，并互相出主意。每个环节都有明确的话题，这些话题环环相扣，步步深入，顺着学生的思维提出，让学生都有话可说。

其二，话题的提出和拓展中，多次创设有实际意义的交际情境，让学生有话想说。惟妙惟肖的音像故事，激起了学生的强烈兴趣，各环节的设计让学生不知不觉地进入故事的情境，成为故事中的一个角色，使得他们不吐不快。教师自己也充当其中的一个角色，和学生平等互动，更激起了学生交际的欲望。

其三，在交际过程生与生、生与师的互动中，巧妙组织，灵活引导，让学生有话会说。教师用示范、启发、补充、暗示等方法帮助表达有困难的学生学会表达，用赏识、激励等方法让有想法的学生敢于表达。通过组织学生之间的自我评价，调控和引导着说的、演的、听的、看的学生。教师这些教学手段的娴熟运用，有效地促使学生提高交际能力，养成交际的良好习惯，在交际中学会交际。

案例展示二：

穿越时空，让浓浓的情思与语言同构共生
——《看月亮 说月亮》 马际娥①

月亮自述：

我和孩子们是老朋友了，在他们很小的时候我就从外婆的童话中慢慢地爬上孩子们的心头，现在他们大了，每晚我会守候在他们的身边、窗口或梦中，只是有时这些粗心的孩子不曾留意罢了。感谢人教版四年级上册的编辑老师们，他们在第二单元把我作为主题，编排了《古诗二首》《月迹》《飞向月球》三篇课文，从不同的角度，用不同的文体对我进行描写，让他们懂得了许多关于我的知识；还在"语文天地"中设计了"摘录做笔记""填写成语""自读古代诗人明月寄情的诗句""品味近代文学大家的写月名篇"等活动，增加学生的语言积累，培养学生良好的语感。我想：在这个基础上，让孩子们畅所欲言，这次的"看月亮、说月亮"一定会是精彩纷呈。

游览目标：

(1) 学会交流，乐于交流。能够清楚地将自己看到知道的"月亮"告诉同学，认真倾听同学"说月亮"，不明白的问题能够虚心地向同学请教，培养良好的交际态度。

(2) 在交流中积累关于月亮的有关人文文化与科学知识，在表达中增加自己的语感，提高自己的口语能力。

(3) 初步了解月球的自然现象和人文现象，激发学生对于月球的好奇心，培养科学探索精神和人文精神；能用科学的语言条理清楚地介绍科学现象。

游前准备：

作为导游，事先布置让同学们收集和月亮有关的诗文典故的知识资料。同时，我也精心为自己准备了一个行前背囊，里面为每个小旅客准备了一个材料袋，袋里装着我为他们收集的关于月亮的各种课外材料：月亮神话传说、精美的童话、优美的歌曲、丰富多彩的成语、民风民俗和文艺作品以及宇航员探索月球的文字图片、科学家介绍月亮知识的有关资料等。

精彩之旅：

(1) 热身运动：激兴酿情。

① 优美的古筝声中，教师轻轻吟诵着下文优雅地上场："小时候，我很喜欢月亮，羡慕嫦娥姐姐能够在那么美丽的地方，小时候的月亮是我美丽的童话；长大了，我还喜欢月亮，高兴时看她展颜欢笑，忧郁时陪她一起忧思，长大的月亮是我亲密的伙伴……"

同学们，你喜爱你的月亮吗？

请在"月亮"前面加上一个你喜欢的修饰词，好吗？

说说你和月亮之间的那些令人快乐的事儿与大家共享吧！

---

① 夏德刚，宋胜民．语文教学通讯[J]，2008（7-8）：104.

② 我国现已将中秋节定为法定节日，让咱们能和家人一起共度佳节了。月亮婆婆听说后，想开一个"赏月、说月茶话会"，你们愿意参加吗？

今天，老师当一个导游和同伴，和大家一起游览月亮王国。记住，每到一个景点，我们都要评选出最佳游客和最佳讲解员，还要给最佳游客赠送纪念品。

出发前，请同学们练习用"我知道……"说说你对月亮的了解。

（2）月亮超市：快乐交流。

这个超市里有着各种各样和月亮有关的资料，一定能开阔大家的眼界。不过这里不流通人民币，你若想得到自己没有的资料，只要用自己有的来交换就可以了。

现在打开你桌上的资料袋，看看老师为你准备了什么礼物。

（3）月亮文化馆：赏月悟情。

师配乐朗诵歌曲《中国的月亮》歌词片断；同学们，让我们用月亮文化来润泽自己的心灵，欣赏诗中的月亮、画中的月亮、歌中的月亮、传说中的月亮吧！

① 学生自由讲述月亮的传说故事，背诵描写月亮的诗词，介绍月亮图画，演唱有关月亮的歌曲等。

② 现在，你能像诗人一样说说你看到的月亮吗？

（4）月亮科学城：探知月球奥秘。

① 在诗人的眼里，月亮是多情的；在画家的眼里，月亮是美丽的；在科学家的眼里，月亮是神奇的。你搜集到哪些有关月亮的科学知识？和同伴们一起交流一下吧！

② "月球奥秘知多少"快乐大 PK。以老师出题，学生抢答的形式进行。

③ 想象一下，未来的月亮会变成什么样子？以"我在月球上的一天"开始接龙游戏。

（5）快乐茶话会：品尝月亮民俗盛宴。

瞧，月亮婆婆为我们准备了怎样的美酒佳肴？

① 课件：月亮婆婆介绍关于古今中外月亮的美称与雅号以及过中秋节的民俗风情、各色美食。

② 你还知道或听说过月亮的哪些名字？你能给月亮起一个动听的名字吗？

③ 说说你知道的各地赏月风俗和特色小吃。

④ 大家通过前面的学习和积累已经对月亮有了不少的了解。现在做个击鼓传花的游戏：有的填成语，有的对对联，还有的背写月亮诗文。

⑤ 为每个环节评选出的最佳游客颁奖。

本次旅行到此结束。

设计感想：

这次精彩之旅穿越时空的隧道，从神话到科学，从诗词到音乐，老师用课堂为学生精心编织出一个神奇的月亮世界，引导学生观看天上月、画中月，品味诗中月、故乡月，聆听歌中月，孩子们情不自禁地一次又一次地沉醉，禁不住一次又一次地兴致勃勃地说月亮。

更为可贵的是，孩子们在这个多维的文化空间中，将受到月亮文化的熏陶；在这次旅行的合作互动中，学会了和同学交流、和老师交流的技巧，学会了向别人请教的方法，提高了自己的口头表达能力，因而，他们会把月亮说得一次比一次美丽。

当然，老师利用配乐朗诵、播放歌曲与多媒体课件、有趣的游戏等精心创设教学情境，激发学生的学习情趣和表达欲望，采用评选最佳游客和讲解员的方法对学生的听和说进行及时评价，在每个环节都巧妙引导学生多向互动交流，是这次精彩之旅能否成功到达目的地的关键因素。

（注：本文录入教材时稍作删减。）

实践活动

（1）仔细阅读下面的教学片段，看看教师为学生创设交际情境时，运用了哪些具体的方法，试着评一评。如果请你上课，你又将如何设计呢？把你的想法写在空白处。

《该怎么办》（人教版实验教科书一年级语文下册）

教 学 实 录	评析与设计
师：几天前，教师经过一个名叫小松的小朋友们家时，听到里面传出"咣当"一声响，小朋友，你们猜猜小松家有可能发生了什么事？ 生：是火车的声音。 师：火车开到小松的家里来了？ 生：嗯（点点头） 生：不是，是从他家旁边经过。 师：我问的是小松家里呀？ 生：是小松把花盆打碎了。 生：是小松不小心把花瓶打碎了。 师：老师把小松家当时的情况拍成了图片，不过，我想先请女同学看，男同学先闭上眼睛，等女同学看了，讲给你们听。看看女同学能不能把事情讲清楚，男同学能不能把事情听仔细。（板书：讲清楚听仔细） （教师投影图片给女生看） 师（隐去图片）：男同学可以睁开眼睛了，我请几个女同学来说说图片上的意思。 生：小松在家里，一不小心把爸爸的花瓶打碎了。 生：小松把妈妈心爱的花瓶打碎了。 生：小松把爸爸的花瓶打碎，爸爸很生气。 生：小松十分不小心地把家里的花瓶打碎了。 师：男同学们听清楚了吗？谁来学一学？ 生：小松在家里玩，不小心把花瓶打碎了。 生：小松在家里玩，不小心把花瓶打碎了，他爸爸发怒了。 师：同学们猜得很准，说得很清楚，听得也很仔细，下面请男同学来看一下刚才的图片。小松把花瓶打碎了，他应该怎样做比较好呢？请四人一小组进行讨论	

（2）以人教版二年级下册《奇妙的动物世界》为主题，撰写一篇教学设计。

教学提示：你身边有哪些动物，你了解他们的生活习性吗？你和这些动物之间发生过哪些有趣的事？跟同学交流一下。

知识巩固

（1）口语交际教学与听说教学的本质区别是什么？

（2）口语交际话题有哪些类型？

（3）创设情境时应注意哪些问题？

（4）各学段口语交际教学设计的主要环节有哪些？

（5）口语交际教学时，应注重培养和强化学生哪三种意识？

（6）口语交际教学评价应注意的问题是什么？

第七章

写作教学设计

知识目标

- 明确小学写作教学的重点和难点。
- 熟悉小学写作教学的内容要求及编排特点。
- 弄清小学写作教学设计的基本理念。
- 掌握小学各学段写作教学设计的程序和方法。

技能目标

- 具备根据小学各学段写作教学目标进行写作教学设计的能力。
- 能够通过有效写作教学设计培养学生的写作能力。

知识导图

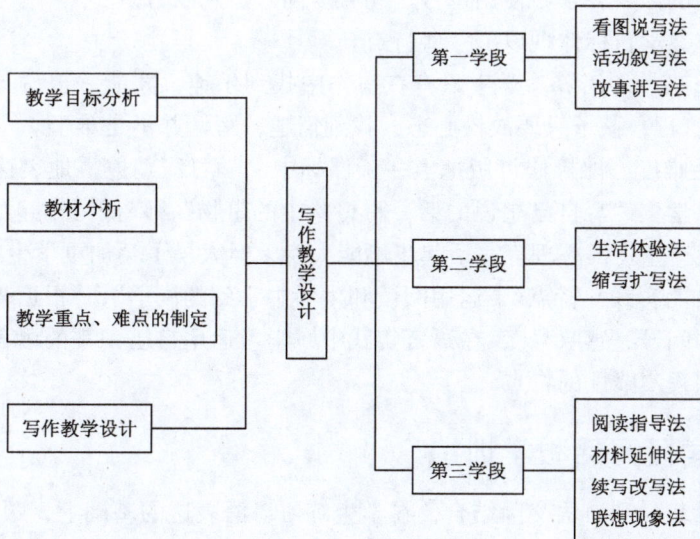

问题导引

2011版《义务教育语文课程标准》指出，"写作能力是学生语文素养的综合体现"，写作能力是学生对识字写字能力、阅读能力和口语交际能力的综合性运用和创造性使用，是小学生走上人生道路的基本生活、工作能力。所以，帮助小学生写好作文，就显得尤为重要。

　　教师如何准确把握新课程标准下写作教学的分段目标？如何全面认识写作教材内容的编排特点？如何客观分析小学生写作能力训练的基本规律？如何辩证认识并化解写作教学中出现的困境？如何有效提高小学生的综合写作能力？如何理解写作教学的设计理念？如何针对不同学段的教学目标及教学内容进行教学设计？本章主要从四个方面来把握小学语文写作教学的设计。

第一节　第一学段写话教学设计

一、第一学段写作教学目标分析

　　2011版《语文课程标准》关于写作教学的总目标是"能具体明确、文从字顺地表达自己的见闻、体验和想法。能根据需要，运用常见的表达方式写作，发展书面语言运用能力。""具体明确"是对写作内容的基本要求，也是对写作风格的基本要求，让孩子从小开始言之有物，不说空话、大话、套话，而是要说真话、实话、心里话，这也是人格培养。"文从字顺"是从语言表达的角度提出的基本要求。文从字顺，就是在语言表达上所使用的文字符合表达内容要求，能够把内容恰如其分地表达出来。意思是通顺的，文字也是与内容一样，是流畅的，只要通顺达意即可。

　　第一学段的写作教学被称为"写话"，具体目标有三条：

　　（1）对写话有兴趣，留心周围事物，写自己想说的话，写想象中的事物。

　　（2）在写话中乐于运用阅读和生活中学到的词语。

　　（3）根据表达的需要，学习使用逗号、句号、问号、感叹号。

　　第一学段写作教学目标体现以下一些特点。

　　（1）重视写作兴趣的培养。学生只有在写作中找到乐趣，才能"想写""乐写"，而写作无非是"我手写我口"，孩子只要放松心态，找到情趣，写话并不是难事。

　　（2）降低写话难度。课标修订版把上一版课标中"学习清楚连贯地表达自己的意思"这一要求去掉，要求学生"写自己想说的话，写想象中的事物"，降低写作起始阶段的难度，避免学生初学写作就产生畏惧心理。写话起步不能太晚，但太早了会加重学生的负担。

　　（3）重视语文的实践性特点。"运用阅读和生活中学到的词语"，"根据表达的需要，学习使用逗号、句号、问号、感叹号"，在语言实践中，学习运用自己积累的语言，学会使用标点符号体现了语文课程实践性的特点。

二、第一学段写话教学训练

　　第一学段写话教材和口语交际结合，在学生练习口语表达的基础上，顺势进行写话训练，由写一句话到写几句话，也可以写几句话、口语交际的话题，或者有趣的图画，或者让孩子们先画后写，或者孩子们说写熟悉的生活。

　　第一学段学生写话教学的重点是培养学生写作的兴趣，训练学生能运用恰当的词语、合适的句子和正确的标点，在此基础上写一段话进行作文训练的逐步积累。强调学生写自己的所见、所闻、所感、所想，特别是重在记写自己亲身经历的人与事，能写清楚想说的话，想写的事就行。

（一）看图写话法

看图说写法是第一学段写话教学的主要方法，教师要通过生动形象、具体可感的各类图片来指导学生进行有效的说话训练和写话训练，将学生的生活实践融入对教材图片的理解，将活泼的口语训练和枯燥的写作训练有机结合起来。小学一、二年级的语文教材中编排了大量丰富多彩、形式多样的各类图片，有人物活动的、动植物故事的、风景画面的，有单幅图、两幅图、多幅图，呈现形式上有教材封面图、课文随文插图、课后看图讲故事等，教师要充分利用这些图片，深入挖掘"写话"教学的有利资源和因素来进行写作教学。

看图写话主要教学流程：

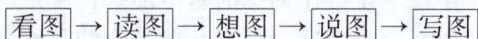

看图 → 读图 → 想图 → 说图 → 写图

（1）看图：教师先安排学生全面观察所写之图，观察并回答图片的数量、内容等基本信息，培养良好的观察能力。

（2）读图：教师指导学生对图片进行全面的、有序的、有重点的阅读，逐一弄清一幅图或多幅图的具体内容，将从单幅图若干部分或多幅图的每幅图了解到的情节串接起来，完整准确地把握图片表现的主要内容。

（3）想图：教师启发学生思考图中的主要情节、主要事件、主要人物，并展开合理的想象，调动自己的生活积累，将单幅图未表现出的情节和多幅图不完整的情节联想出来，还原出来。

（4）说图：教师进一步鼓励学生将自己从图片中观察、阅读、想象出来的人事内容用自己在平常学习中积累的词句表达出来，在全班或学习小组进行说话练习，做到语句准确、连贯、生动。

（5）写图：教师在点评学生看图说话的基础上，最后指导学生将自己从图片中获得的所观、所读、所想、所说用文字写下来，最终完成看图写话的训练。

【对应案例】人教版五年级上册第六单元《有趣的书》写话教学设计

教材中的"看图讲故事"，《有趣的书》所选取的这组连环画选自德国漫画家卜劳恩的《父与子》，由六幅漫画组成。这是一组优秀的漫画，人物性格突出，动作性强，想象空间大，留白多。教师在指导学生进行看图讲（写）话时，要注意引导学生通过看、读、想、说、写几个步骤抓住图片反映出的特色，根据自己的生活经验，发挥自己丰富的想象，将图片转换成语言故事。

第一步："看"

师：请同学们观察共有几幅图？图片中的人物有几位？你认为他们分别是家里的什么角色？他们的外貌有什么特点？

（学生先观察，然后交流作答）

第二步："读"

师：同学们看图后还要细心地读图，想想故事讲述的时间、地点、事件大概是什么？

（学生细致读图分析，然后讨论回答）

第三步："想"

师：六幅图里没有一个字、一句话，同学们还得展开想象的翅膀，爸爸、妈妈和孩子分别说了什么？做了什么？想了什么？表现了他们各自有什么性格？

（学生三三两两展开讨论，每组选一位同学代表回答）

师：从这个一家人发生的故事里，你最大的感受是什么呢？

（学生发表发表自己的感想）

第四步："说"

师：刚才同学们都把图片里反映的意思观察和想象出来了，现在能不能将六幅图的意思用自己的话讲出来呢？

（在学生作一定语言准备后请几位学生口头讲述故事）

第五步："写"

师：同学们可以讲出这个故事，当然就可以完整写出这个故事了，请同学们在写的时候注意词语的选用要书面化，句子的运用要通顺合理，还要注意标点符号的正确使用。

看图写（说）话是第一学段学生习作训练的基本形式，更是写作训练的起步阶段，易于引起学生写作的兴趣，教师要充分利用这种形式开启学生的写作之门。看图写（说）话从多幅图到两幅图、一幅图的逐步递进，到中、高年级也有较难的训练，教师要在此打好基础。通过五步教学法，层层引导学生看—读—想—说—写，来有效完成写话教学目标。

（二）活动叙写法

活动叙写法是第一学段写话教学的重要方法，新课程标准下不同版本的小学语文教材都注重写作训练与活动相结合，让学生有感而发，这是激发写作兴趣和加强 文化活动，参与家庭生活和学校的游戏比赛，让学生在写之前就有相关的生活经验积累，在具体安排写活动内容的作文训练时，更是要布置相关的活动体验，并对参与活动进行指导。具体写作时还要指导学生总结自己经历的印象深刻的活动，并用自己的话将活动叙述出来，班学生的活动体验融入写话训练，把轻松参与的活动和枯燥的写作训练有机结合起来。在小学一、二年级的语文教材中根据每个单元的主题安排了开展性强、不同类型的各类活动，有的是希望父母带领孩子参加的户外活动，如观察秋天的景物，有的是学校及班级举行的活动，如举办班级玩具展览会，有的是需要学生参加或参观的社会活动，如参观图书馆或阅览室等，教师要充分利用这些活动，深入挖掘"写话"教学的有利资源和因素来进行写作教学。

主要教学流程：

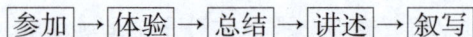

$$\boxed{参加} \rightarrow \boxed{体验} \rightarrow \boxed{总结} \rightarrow \boxed{讲述} \rightarrow \boxed{叙写}$$

（1）参加：教师平时教学中根据主题单元的内容编排，给学生提出多参加相应活动的要求，让学生在活动中做好生活经验的储备，或者结合以活动性内容为写话主题的需求，专题安排学生参加、参观或举行相关内容的活动，为写话提前做好生活经验的积累。

（2）体验：教师要及时给学生提出深入了解活动的时间、地点、人员、经过、主题，自己在活动中的最大感受，对活动的整体或某部分形成比较深刻的印象。

（3）总结：在正式开始写作前教师指导学生对之前参加的活动及较深刻的人和事进行梳理，筛选出比较有意义又与本次写话主题相关的内容，进行进一步的整理。

（4）讲述：教师组织学生在班级或小组内讲述自己总结出来的活动经历和体验，相互影响和交流。

（5）叙写：最后教师安排学生完整叙写出自己的活动体验，完成写话的教学任务。

【对应案例】《快乐的一天》写话教学设计。

（1）教师让学生回忆自己曾经历的快乐的一天。

师：同学们都回忆一下自己曾经历的快乐的一天。大概是什么时候、什么地点，有哪些人，自己参加了哪些活动？

（学生回忆，然后争先恐后地说出自己经历的快乐一天的活动）

师：有的同学还没有讲出自己经历的快乐一天的活动，我们这次要进行《快乐的一天》的写话训练，还没有这方面经历的同学还要有意识地参加一些活动，经历快乐的事情，把有趣的事情记下来。

（2）教师引导学生谈谈自己那天的活动中有哪些经历是让自己感到快乐和有趣的。

（学生纷纷说出自己快乐和有趣的经历）

（3）指导学生善于抓住快乐的一天中不仅有趣而且还有意义的活动经历。

或活动时间、地点有趣，或其中的人物、动物有趣，或自己在其中学到知识，或在活动中增强友谊，等等。

（4）进一步指导学生重点讲述自己选择的在快乐的一天中有意义的活动经历部分。

（教师根据情况可以增加示范讲述自己对快乐的一天的理解和选择）

（5）指导学生将自己选择的快乐的一天的经历和活动记写下来，注意运用自己在课堂和生活中学到的词语和句子。

从第一学段开始，教师就要有意识地引导学生写自己真实的经历，写自己真实的感受，这个写话教学案例就是充分运用活动叙写法来进行《快乐的一天》的训练，特别强调学生写之前的活动参与和体验，还引导学生从琐碎的活动中挖掘自己觉得有趣和有意义的经历来写，指导先讲后写，用说来促进写。

（三）故事讲写法

故事讲写法是第一学段写话教学的另一重要方法，是根据本段小学生语文学习特别是写话训练的基本特点来设计的教学方法，这也是激发学生写作兴趣的主要途径和方法。小学阶段语文课文的学习过程，实际上就是教师带领学生领略一个个生动有趣、包罗万象的大大小小故事的过程，写作学习的过程即是从模仿学写这些故事到自主创写类似故事的过程。特别是第一学段的教材，每篇课文就是一个个优美动听的儿童故事，许多课后练习和单元写话训练都包含着故事的形式和要求，教师要充分利用本段学生喜欢听故事、讲故事的天性，将鲜活的讲写故事形式跟初学的写话训练要求有机结合起来进行教学。在写话前先让学生多交流、多讲述，先讲后写，以讲促写，用讲故事来给学生增加写话的乐趣，来给学生展示交流的平台。

主要教学流程：

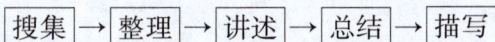

搜集 → 整理 → 讲述 → 总结 → 描写

（1）搜集：教师要在平时的作文教学中给学生提出搜集各类故事的要求，特别是结合单元阅读和写作训练的主题有意识地安排学生从课外读物、影视片、大人讲述等中去寻找故事。

（2）整理：指导学生对搜集到的原始故事材料进行适当的筛选、整理，结合写话主题选出最有意义和有趣的故事或故事情节。

（3）讲述：指导学生对整理好的故事或故事情节进行口头讲述，讲述的对象可以是班级、小组同学，也可以是家庭成员及亲朋好友，要注意情节的完整、语言表达的流畅。

（4）总结：进一步要求学生对所讲述的故事进行总结，主要包括故事的内容是否集中、新颖，情节是否完整有趣，语言表达是否准确、流畅。

（5）描写：最后鼓励学生将总结好的故事用自己的话描述出来，叙写成书面稿，完成写话训练。

【对应案例】《讲小动物的故事》写话教学设计。

在教学关于小动物的故事的写话训练时，教师要运用故事讲写法来指导学生对小动物的故事进行搜集、整理、讲述，也可以鼓励学生自己通过生活中的观察来寻找故事，进而完成写小动物故事的写话训练任务。

（1）教师课前先给学生布置搜集有关小动物的故事，也可以自己亲自去观察小动物的生活情况，故事可以是真实的，也可以是拟人化的。

（2）指导学生对自己搜集和观察的故事进行整理。

师：请同学们都谈谈自己搜集或观察了哪些小动物的故事？

（学生发言：宠物狗、小兔子、蚂蚁、大公鸡、蚯蚓、金鱼……）

师：同学们能再说一下你为什么要选这个故事来写呢？能介绍一下你认为比较有乐趣的地方吗？

（学生纷纷说出自己所选故事的精彩之处）

（3）进一步引导学生比较完整地讲述自己的小动物故事。

师：有同学能用自己的话把自己的小动物故事讲给大家听吗？

（教师安排学生先分组讲述，再让每组推荐一位讲得比较好的同学到全班交流，根据情况进行点评指导）

（4）指导每一位学生借鉴其他同学讲故事的优点，总结自己的故事，特别是对自己故事内容的选择和语句的选用。

（强调要突出自己所写小动物的特点，让大家有兴趣听）

（5）指导学生用自己的话把所选择的小动物故事写出来，完成通过讲故事来写话的训练。

学讲学写有关小动物的小故事是第一学段写话训练常用的形式，既能引起学生写话的兴趣，又让学生有话可说。本案例中，教师让学生从生活中找故事，从观察中写故事，同时指导学生找出故事中有趣有意义的部分，说出所写小动物的特点，进而在找故事中讲故事，在讲故事中写故事，水到渠成地一步步指导学生完成写话训练。

第二节　第二学段习作教学设计

一、第二学段习作教学目标分析

课程标准第二学段的习作教学目标有六条：

（1）乐于书面表达，增强习作的自信心。愿意与他人分享习作的快乐。

（2）观察周围世界，能不拘形式地写下自己的见闻、感受和想象，注意把自己觉得新奇有趣或印象最深、最受感动的内容写清楚。

（3）能用简短的书信、便条进行交流。

（4）尝试在习作中运用自己平时积累的语言材料，特别是有新鲜感的词句。

（5）学习修改习作中有明显错误的词句。根据表达的需要，正确使用冒号、引号等标点符号。

（6）课内习作每学年16次左右。

这一学段习作教学目标有这样一些特点：

1. 重视培养习作兴趣，使学生乐于表达

中年级不受文体束缚，也不受篇章束缚，重在自由表达，想写什么就写什么，想怎么写就怎么写。要鼓励有创意的表达，不管是哪一方面，只要有创意都应该鼓励。要爱护学生想说想写、敢说敢写的热情、冲动和愿望，不要有过多的条条框框，让他们放开手脚去写，消除习作的畏难情绪。教师要提供和创造更多的习作机会，多用肯定和激励的方法，多组织展示和交流。

2. 坚持从内容入手，贴近学生的生活实际

强调写作教学应贴近学生的生活实际，让学生易于动笔，乐于表达。同时，要引导学生学会观察，做生活的有心人，逐步学会观察生活。在写作教学时，要引导学生回忆生活中的人和事，让学生感到有很多东西可以写，顺手拈来都是写作的材料，要写自己熟悉的生活，写自己所见、所感、所想。对于写实的习作，要强调如实表达，就是要写真实的人、真实的事，反映真实的生活，不能造假，不能瞎编。这样，既能切实提高学生把握事物特点的能力和记实的表达能力，又能培养学生诚实的品质和良好的文风。对于写想象的习作，则要鼓励学生大胆想象。四年级的孩子受生活经验和知识水平的限制，想象不一定合理，所以在这方面的要求不能过高。学生只要敢于想象，并能把自己想象的事物写下来就行。

3. 强调语言积累与运用相结合

重视在写作中运用平时积累的语言材料，特别是有新鲜感的词句。有新鲜感的句子既是对学生语言积累的要求，也是对学生独特感受的尊重，更是对个性化表达自由表达的倡导。

4. 注意引导学生修改自己的习作

修改能力是写作能力的一个重要的方面，认真修改也是一种良好的写作习惯，是对自己的习作负责任的态度。当然，在中年级，引导学生修改自己的习作，要求不能过高。课程标准在中年级的习作要求中提到："学习修改习作中有明显错误的词句。"什么叫"有明显错误的词句"？这不能从语法的角度严格要求，而主要是指别人看不明白的，或者与事实明显不符的，也包括一些错字和明显的用词不妥当的地方。

二、第二学段习作教材分析

从中年级开始，人教版语文教材，对习作做了两条线的安排。一是在每组的"语文园地"中安排一次习作，全册安排八次。这八次习作，有四次与口语交际合并安排。二是结合课文的学习，安排了四次小练笔。从习作内容看，三年级的习作练习主要是写学生实际生活中所看到的、听到的、想到的。既有写实作文，又有想象作文。

三年级上册一共安排八次。分别是：写写自己的课余生活，写身边熟悉的一个人，写一幅秋天的图画，写一则观察日记，写生活中的传统文化，写自己去过的地方，编一个童话故事，自由习作。习作在编排上尽量为学生自主习作提供方便，不规定习作的题目，一般都是提出

内容、范围，绝大多数学生都有可写的内容。题目由学生自己拟定。在语文园地八还安排了一次不提任何范围的习作，完全放开，学生想写什么就写什么，想怎么写就怎么写。

三年级下册习作内容分别是：家乡的景物；关于保护环境；自我介绍，展示一个真实的你；学会一项本领中的趣事和体会；父母的爱；未来的……自由习作——假如我会变。习作在编排上努力为学生自由习作提供方便，不规定习作的题目，一般都是提出一个内容的范围，使绝大多数学生都有可以写的内容。题目由学生自己拟定，学生把想写的写下来，有题目也行，没有题目也行。在语文园地七安排了一次不限制内容的作文，学生想写什么就写什么，想怎么写就怎么写。此外，本册专门安排了两次写想象作文。教学中要鼓励学生大胆想象，怎么想就怎么写，对想象合理的要求不必提过高。教师在讲评时，注意表扬想象合理的，对不太合理的想象做正面引导，不要批评。

四年级习作的类型，兼顾了写实和写想象。

写实是为了让学生从生活的真实出发，写出自己的所想、所见、所感、所做，培养学生的观察和认识能力；写想象，是为了培养和训练学生的想象能力。

四年级上册教材中安排的写一处自然景观、写观察中的发现、写自己喜欢的动物、写导游词、写成长故事，都是练习写实；写童话、看图作文、写奇思妙想，都是练习写想象。

四年级下册的8次习作训练分别是写校园景、物、事，写自己的心里话，写大自然中的观察和发现，看图写想象，写热爱生命的人和事，写乡村生活的感受，写敬佩的一个人及自由表达。

习作训练拓宽题材范围，给学生习作开辟选择的空间拓宽习作的范围，让学生有内容可写。在八个选题中，每一个都提供了多项内容的选择，增加学生写作的自由度。比如，"语文园地一"的校园写景、写物，也可以写校园中发生的事。"语文园地二"的写心里话，可以对父母说、对小伙伴说、对邻居说，也可以对其他人说。"语文园地六"，既可以写乡村景物，也可以写乡村生活；对于在城市生活长大的孩子，还可以写自己听到的、看到的、想到的乡村生活及乡村的人和事。"语文园地八"的自由表达，选择的余地更大，可以尽情选择自己想写的内容，写故事、童话、寓言，写自己的希望和梦想，还可以写自己关注的人和事等。这八个专题中，包括有写人、写事、写景物、写生活、写感想、写体会等。每个学生都有内容可写，能自由地表达自己的所想、所感。

为了体现课标提出的"能不拘形式地写下自己的见闻、感受和想象"，除了内容上拓宽习作的范围，在形式上，也提供了多种习作类型。有写实的，就是自己观察和看到的人、景、事、物；也有写想象的，有看图想象、写童话故事等。还有提供材料写作文，让学生根据提供的材料思考、作文，比如，"语文园地五"提供有关热爱生命、救助生命的人和事例，以及自然世界中植物顽强生长的资料，供学生选择使用，丰富了作文的写作形式。

三、第二学段习作重点、难点分析

第二学段是学生写作训练的衔接阶段，更是关键阶段，要把以下三个问题作为本学段习作教学的重点和难点，继续培养学生对写作的兴趣和运用积累的语言书面进行表达的能力。

（一）要学会观察

要让学生做生活的有心人，逐步学会观察生活。一是在写作教学时，要引导学生回忆生活中的人和事，让学生感到有很多东西可以写，顺手拈来都是写作的材料。二是在生活中要随时提醒学生这件事情不是可以写成作文吗？

（二）要学会思考问题

从写作能力提高的途径来看，语言能力和思维能力的训练应该并重。要想写清楚，必须想清楚，但写也有助于整理思路、明细思路、发展自己的思想，思维和表达是相互联系、相互促进的。很多小学生习作的障碍是没什么可写，就是因为思考能力不足，对生活中的所见所闻缺少认知能力。

（三）学会展开想象

想象要大胆也要合理，有一定的依据，不是胡思乱想。即使童话创作，也有一定的科学道理和事实依据。同时只有展开合理的现象，才能使学生习作更生动形象。

四、第二学段习作方法

（一）生活体验法

生活体验法是第二学段习作教学极其重要的方法，强调"与生活结合，自由表达"，不仅是提高学生习作兴趣的需要，更是培养学生"观察周围世界，能不拘形式地写下自己的见闻、感受和想象"能力的主要途径。孩子的生活很大程度受到父母老师的支配安排，老师应该善用这种权力，为学生的生活创造出更多的实践体验机会，并把这种实践与习作指导有机地结合起来。指导学生养成平时深入生活、观察生活、体验生活、积累生活的好习惯，在写作前更是要有意识地安排学生体验与主题相关的生活经历，强调习作内容从学生生活中选取，让学生写自己及自己身边的人和事，更有话可说、可写，感觉更有亲切感和操作性。三、四年级的习作练习结合单元主题安排有查阅图书、报刊、影视资料，记写自己的购物经历，介绍家乡的特产，描述中秋节等节日活动，调查自己对人民币的了解，描述自己对大自然景物的感悟等，都是需要教师指导学生进行生活的体验后才能有话可写的作文。

主要教学流程：

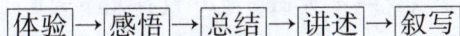

体验→感悟→总结→讲述→叙写

（1）体验：强调学生平时要对"周围的人和事"有好奇心，注意观察和思考，在主题作文前还要专门布置学生做生活体验的作业，有意识地增加自己写作的素材。

（2）感悟：引导学生对自己经历或观察到的"周围的人和事"进行思考感悟，筛选出自己印象深刻或觉得有意义的部分，为习作做好材料准备。

（3）讲述：鼓励学生在一定范围内将自己在生活中感悟到的印象深刻或觉得有意义的"人和事"讲述出来，将说与写结合起来。

（4）总结：进一步要求学生对自己生活中感悟所得的"人和事"进行梳理、总结，筛选出自己习作所需要的材料。

（5）叙写：指导学生根据习作要求选择材料，设计主题，叙写出自己在生活中感悟所得的印象深刻和有意义的"人和事"。

【对应案例】人教版小学语文实验教材三年级下册《介绍我自己》习作教学设计

北京市东城区北池子小学　吕红

教学目标：

（1）轻松作文，拓展思路，使每个学生有的写，乐于表达。

（2）使学生初步知道抓住自己的特点介绍自己，要说真话。

教学过程：

1．讲故事、拓思路

（1）听老师讲故事《想别人没想到的》，你们知道画师为什么禁不住称赞小徒弟的画吗？

（2）写作文也要有自己独特的想法，想一想用什么方法介绍自己，让别人一下子就能记住呢？

同学们在一起相处已经有很长一段时间了。我相信，细心的小朋友一定会发现我们每个人都是不一样的。想一想：一个人有哪些地方和别人不一样呢？（学生自由发言，教师适时板书：外貌、性格、爱好……）

（3）教师总结：声音、外貌、年龄、个性、爱好、经历的事……其实，与别人不同的地方，还有很多，这也就是指一个人的特点。（板书：特点）

2．细观察、说不同

了解自己的特点：

（1）过渡。我们了解了每个人都有自己的特点，我想请两位同学到前边来说说自己的特点，谁愿意？

（2）仔细观察，看看他们两个有什么不同的地方，谁来说？

（学生说，教师评价）

（3）既然是自己介绍自己，自己应该是最熟悉自己的，那么，想向别人介绍什么呢？仔细想一想：你有什么特点？你准备向别人介绍什么？

（4）小组内交流，向别人介绍自己。

和同学一起交流吧。交流时要注意：抓住你最想告诉别人的特点来说，可以是长相，可以是性格，也可以是爱好，可以说一个方面，也可以说几个方面。（教师参与学生讨论，注意挑选用事例介绍自己特点的学生）

用具体事例说特点：

（1）过渡。通过刚才的交流，我们了解了自己的特点。但怎样才能让别人对你的特点印象深刻呢？（学生自由发言）

（2）咱们班的××同学想向大家介绍一下自己，我们听听他是怎样介绍自己的，有什么特点。

（3）小结：看来用一件具体事例来介绍自己的性格特点，会给别人留下深刻印象。想一想：他是怎样把这件事说清楚的？（他把自己是怎么说、怎么做、怎么想的说清楚了，同时这件事与自己的特点相吻合）

（4）仔细思考：你们经历的哪件事最能表现自己的特点？和同学一起交流。交流时要注意：把事情说清楚，这件事要与自己的特点相吻合。

（5）创设情境：孩子们，学校兴趣小组要招收新成员了，你们愿意去报名吗？你想展现自己的哪些风采呢？

要求：应聘人员用一个具体事例说清楚自己的特长。招聘人员认真听，看看前来应聘的同学是否用一个具体事例说清楚自己的特长了，可以提问。

（6）孩子们，通过我们的交流，是不是清楚怎样介绍自己了？有信心写好吗？最后老师还要提醒你：给你的文章加一个精彩的题目。

3．用我笔，写不同

（1）展示学生写的片段。

（2）将应聘发言整理成文。希望报名的同学到时能把自己的兴趣、爱好说清楚，把招聘老师打动。

在教学过程中教师注意给学生创造宽松的说话、习作氛围，诱发学生积极的情感体验，使他们主动思考，对习作投入情感，在作文中真实地表达自己对事物、对生活的情感，为学生有话可写、乐于习作打下基础。

本节课的教学要求就是抓住特点介绍自己，在学生交流的过程中老师要帮助学生梳理特点。

小学阶段习作要求各个年级有不同侧重。小学中年级作文教学重点是片段训练。具体到三年级习作的要求是内容比较具体，语句比较通顺。作文教学的阶段性特点还体现在中年级的片段训练起的是承上启下的作用，虽然作文的难度不大，但是只有学会写段，才能写好成篇作文。

"能抓住特点介绍自己"是这次作文教学的重点，也是难点，教学中教师抓住了这个教学重、难点，不仅进行了写片段的教学，还渗透了构段的意识。

在教学过程中先引导学生说一个人有哪些地方和别人不一样，一开始把面铺得比较宽，思维不受局限，教师适时小结（声音、外貌、年龄、个性、爱好、经历的事……），接着引导学生观察自己身边的两名同学，找出他们的不同之处，通过本人的补充使学生体会到人人都有不同之处，而且自己最了解自己的特点。引导学生仔细想一想，自己有什么特点，准备向别人介绍什么。学生在静思的基础上，在小组内介绍自己。这是习作中应注意的第一个问题：特点要鲜明。在师生共同交流、评价中对"抓住特点介绍自己"这一重点内容理解更深刻，同时也为下面通过事例介绍自己做好准备。

接着教师以班上一名同学的发言为例，引导学生体会怎样用一个具体事例说清楚自己的特点。讨论出把这件事说清楚的方法后，引导学生回忆，自己经历的哪件事最能表现自己的特点。之后创设应聘的情境：应聘人员（说的同学）用一个具体事例说清楚自己的特长；招聘人员（听的同学）认真听，看看前来应聘的同学是否用一个具体事例说清楚自己的特长了。这是习作中应注意的第二个问题：事例与特点相吻合。

从说到写，怎么说就怎么写，只要学生愿意写、能够写出来就应该得到鼓励。但是如果教师在这个阶段不进行积极的引导，学生在书面表达时就会遇到困难，缺少习作的成就感。教师要逐渐引导学生自觉进入书面表达的情境之中。学生是学习的主体，"教"是为"学"服务的。正因为如此，既要重视在教学中发挥学生的主体性，又要发挥教师的主导性。因此，作文教学要获得最佳的效果，必须实现"主体"和"主导"的相互促进，协调统一。

这节课保证了大部分学生掌握最基本的表达方法，同时也鼓励了能力强的孩子把这段话写具体，给他们以展示的机会。通过孩子的语言、生动的实例来帮助大部分孩子了解"怎样用事例写具体"。

（二）缩写扩写法

缩写扩写法是第二学段培养学生"在习作中运用自己平时积累的语言材料"能力的基本方法，这一学段通过多种形式指导学生的习作积累和习作方法，让学生体验和尝试不同写作训练的方式，在其中找到写作的快乐感。扩写就是把一篇短文或一篇文章，在保留原作精神的基础上扩充内容，使之更加充实具体，生动形象。缩写就是把一篇较长的文章压缩成短文，尽量采用原文中的话语，既要简明扼要、首尾连贯，又要突出原文的主要内容，决不可写成读后感或全文的段落框架。教师在本段要开始指导学生进行简单的缩写和扩写，在第三学段进一步加强。

主要教学流程：

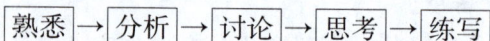

$$\boxed{熟悉} \rightarrow \boxed{分析} \rightarrow \boxed{讨论} \rightarrow \boxed{思考} \rightarrow \boxed{练写}$$

（1）熟悉：给学生提供用于缩写（扩写）的短文，让学生熟悉短文内容，包括事件、人物等的基本情况，词句段的使用特点，标点符号的运用等。

（2）分析：指导学生分析短文材料可以进行缩写（扩写）的地方。缩写时重点部分内容要大部分保留，其余部分大量删除或一笔带过；结构上缩写后的仍是完整的文章，不是片言只语的摘录；表达上将具体叙述改为概括交代，或把细描改为概述，或把议论、抒情改为叙述。扩写应抓住文章重点进行，加强细描；在不改变结构的情况下允许对情节加进作者合理的想象；表达方法可以变叙述顺序，可以增加除叙述外的其他表达方式。

（3）讨论：在分析指导的基础上，安排学生对要缩写（扩写）短文材料的处理办法提出自己的意见，并在小组或班级交流自己的处理设想。

（4）思考：根据交流的结果，进一步思考自己对缩写（扩写）短文的最终处理意见，细化到具体缩写（扩写）的词句段上。

（5）练写：将前面对缩写（扩写）短文材料的处理方案落实成具体文字，形成新的习作作品。

【对应案例】《考试》扩写教学设计

教学内容：扩写下面的一段话。

教室里静极了。李小明拿到考卷，先把会做的题目答出来，然后回头对那道难题细细思考。他皱着眉头，咬着铅笔，想呀想呀，终于把难题算出来了。当时，他那高兴的样子，就甭提啦！

教学设计：

（1）指导学生熟悉要扩写的短文。

师：同学们先阅读这段短文，看看短文告诉了我们哪些内容，是谁，什么时间，什么地点，干什么事，事情的经过和结果是什么？

（学生阅读回答以上问题）

（2）进一步引导学生分析短文可以扩写的地方。

师：如果让你来写考试这个事情，可以怎样来写？哪些地方还可以进行变化？哪些地方可以写得更详细些？哪些地方可以写得更生动些？哪些地方还可以写出李小明考试的紧张气氛？哪些地方还可以写出李小明把考题做出来的高兴之情？叙述的顺序你认为还可以进行怎样的变化？……

（让学生结合自己的考试经历和体验来对这些问题进行分析）

（3）鼓励学生将自己对上面问题的分析结果进行讨论，然后在小组和班级内交流自己的想法，同学们相互进行点评，教师作指导。

（4）要求每位学生对自己分析出的扩写方案进行整理、反思和修改。

师：请同学们根据大家和老师提出的修改意见对自己的扩写方案进行进一步的完善，拿出最佳方案。（学生进行修改）

（5）安排正式的扩写练习。

要求学生把自己修改后的扩写方案写成文字，完成本次短文的扩写。

通过缩写（扩写）来训练写话关键要抓住两点：一是引导学生熟悉原文的基本内容；二是指导学生对原文可以缩写（扩写）的因素进行分析。本教学案例就紧紧围绕《考试》原文的基本内容引导学生进行了充分的了解，特别是要求学生结合自己的生活经历和经验来进行缩写（扩写）的分析，并让学生交流自己缩写（扩写）的设想，对每一步都进行了习作指导，便于让学生通过缩写（扩写）的形式来训练写话。

第三节　第三学段习作教学设计

一、第三学段习作教学目标分析

第三学段习作教学目标一共五条：

（1）懂得写作是为了自我表达和与人交流。

（2）养成留心观察周围事物的习惯，有意识地丰富自己的见闻，珍视个人的独特感受，积累习作素材。

（3）能写简单的记实作文和想象作文，内容具体，感情真实。能根据内容表达的需要，分段表述。学写读书笔记，学写常见应用文。

（4）修改自己的习作，并主动与他人交换修改，做到语句通顺，行款正确，书写规范、整洁。根据表达需要，正确使用常用的标点符号。

（5）习作要有一定速度。课内习作每学年 16 次左右。

第三学段习作教学目标呈现这样的特点：

① 注重写作意识的培养。要让学生"懂得写作是为了自我表达和与人交流"，就是为了让学生具有初步的习作意识。要让学生懂得习作有时是为了自己而写，即为自我表达，有时是写给别人看，即为了与人交流。当学生真正懂得写作的目的，了解写作的功能以及交际对象时，就会关注作文与生活、自我与他人的关系，说真话，诉真情，尊重他人，真诚交流，并且随时都有用笔来自我表达、与人交流的愿望。

② 发展个性和适应社会的实际需要并重。习作首先要有内容，习作素材的获得，往往来自于作者对生活敏锐的观察及独特的感受，学校生活、社会生活乃至家庭生活中，有取之不尽的习作素材，可是，由于缺乏敏锐的观察和感受生活的能力，表达的内容常常是一般化的，缺少个性的。要鼓励学生在生活中"睁大"自己的眼睛，"伸长"自己的耳朵，留心周围的一切，从生活中发现新事物，获得新感受，自由表达，发展个性，培养创新能力。注重培养学

生适应社会实际需要的写作能力。在鼓励学生进行自由表达、个性化表达的同时，也要逐步落实基本的写作规范，做到"内容具体，感情真实""分段表述""语句通顺"等。

③ 提出写作速度要求。经过几年训练，学生掌握了写实与想象作文及常见应用文的写作方法，并且要有一定的速度。

二、第三学段习作教材分析

人教版五年级上册教材的习作安排了7次，结合课文学习，安排4次小练笔，作为片断练习。"小练笔"是提高作文水平的经常性的练习活动。本册内安排了4次小练笔，老师可以根据课文的内容及教学时间，随时安排适于学生的练笔。"小练笔"以学生自主练习为主，练习的时间宜短而快。

本册还安排了写读书笔记、读后感、梗概，这些习作形式都是首次出现，有的在教材中给出例文，有的则没有。这些习作本来没有固定格式，但由于学生是初次接触，为降低习作的难度，让学生尽快"上路"，教师可以先行示范。教师通过示范，给学生讲清楚写这类文章的基本要求。例如，写读后感，"读"是基础，"感"是重点，要避免把读后感写成内容简介。

五年级下册教材的习作安排有两种形式，一是"口语交际·习作"中安排了5次习作，二是结合课文的学习，安排了6次小练笔。每一组习作，都根据习作内容，相应地提出了要求。要加强平时练笔的指导。把练笔辐射到阅读课上，经常写感受、启示，仿写句、段，续写结尾……自自然然地体现从读学写，读写结合。

六年级上册教材对习作做了两条线的安排，一是"口语交际·习作"中安排了7次习作，其中有一次与口语交际安排在了一起。二是结合课文的学习，安排了3次小练笔。"小练笔"是提高作文水平的经常性的练习活动。老师可以根据课文的内容及教学时间，随时安排适于学生的练笔。"小练笔"以学生自主练习为主，练习的时间宜短而快，教师不宜拔高要求。此外，还可以鼓励学生在生活中经常练笔，写日记或写读书笔记，这是积累素材的好办法。

六年级下册教材的习作安排有两种形式：一是"口语交际·习作"中安排了5次习作；二是结合课文的学习，安排了6次小练笔。本册还有多次在课文之后安排学生动笔的练习，如《匆匆》课后第三题：作者是怎样具体描述日子去来得匆匆？仿照课文的写法，再写几句；再如，《北京的春节》课后第四题，布置学生简单写写自己是怎么过春节的；又如，《跨越百年的美丽》课后第四题，让学生结合课文和阅读链接，简单写一写自己的感悟。这样的安排，不仅可以使学生及时把在阅读中学到的表达方法自然迁移到习作中，更能使动笔成为学习的一种常态，成为学生的一个习惯。

三、第三学段习作教学重点、难点

（一）激兴趣的重点

第三学段是学生写作训练的提高阶段，更是完善阶段，从五年级开始就启动了较难的想象写作训练，也要为第四学段更高的写作做好准备和衔接。学生在第二学段已经培养了一定的写作情感和兴趣，并已找到一定的写作自信心，但本阶段增加了写想象作文和读书笔记、常用应用文，对语言的规范使用也提出了较高要求，对写作要素的目标进一步提高了，所以必须使用情感激励法进一步培养学生的写作兴趣，要极大地鼓励学生增强学习较难作文的信心和兴趣，不至于感觉越来越难以提高写作水平。

（二）教积累的重点

第三学段的阅读积累侧重训练语言文字表达能力中的谋篇布局、主题归纳和特色提炼。为写作能力训练准备的核心——训练炼意提色。

谋篇、主题、特色训练是高段阅读教学的基本内容，更是培养学生组段谋篇能力的核心要素。谋篇布局主要包括：弄清文体特点及写作要求，归纳思路和线索，围绕中心的材料安排，列写阅读提纲等；主题归纳主要包括：找出小观点，评析中心思想的优劣，对类似主题的深发等；写作特色提炼主要包括：使用手法总结，记人、叙事和描境特色分析，线索和思路概括，独特写作风格评析等。

在课文阅读教学中，教师要重点突出谋篇布局、主题归纳和特色提炼训练。特别是培养学生在借鉴模仿的基础上逐步形成一定的写作风格，具有鲜明"个性"，避免出现形散旨俗和味同嚼蜡的写作尴尬。

（三）强练写的重点

第三学段的写作练习根据目标要求，在平时的练习中应按照以下方案进行教学。

在继续训练记叙文的基础上，启动说明、说理作文，想象作文的训练，学写读书笔记和常见应用文。强调学生要多积累自己的生活经历和经验，丰富对社会和生活的认识，多模仿课文中的名篇名段，多阅读借鉴感兴趣的作品，特别是要用恰当的方法抒写出个人的独特感受，不必对写作字数做硬性规定。

（四）重评改的重点

第三学段作文评价与修改训练的侧重点，是在采用教师评改和学生互评的基础上，适当加上学生自我评改的方式。教师根据作文难度和学生素质，鼓励学生先根据写作要求进行自我评改，教会学生正确使用修改符号。学生要对作文在篇章谋划、主题提炼、特色体现等要素上进行自我评价。自我修改是写作评改训练中最重要的一环，也是以后学生写作修改的主要方式，是练好写作的重要保证。教师要对学生的作文及评改结果进行审阅、指导。鼓励优秀学生参加各级各类作文比赛，要反复对每一篇参赛作文进行指导，以比赛促练习。

四、第三学段习作教学设计

第三学段习作教学的设计要继续采用适合小学五六年级学生的教学形式，本阶段是学生写作训练的提高阶段，对习作文体、内容、主题、语言标点的要求也逐步提高。习作教学设计要有利于促进学生写作的自觉性和目的性，要鼓励学生养成"留心观察周围事物的习惯，有意识地丰富自己的见闻"的习惯，记写自己的"独特感受"，使自己的习作逐步具有个性特点，写作方法的学习也重在组段成篇的训练、常用标点符号的正确使用和学会修改自己的作文，各种教学设计都要体现"会写多种文体，能写独特内容"的总体思想。同时，每种方法都要渗透"激兴趣、教积累、强练写和重评改"四大写作教学设计理念。可以采用以下常见的教学方法：

（一）阅读指导法

阅读指导法是第三学段写作教学的主要方法，主要包括教师对学生课内规定阅读的指导和课外自发阅读的指导，在阅读中指导学生学习习作方法和训练习作能力。课堂教学的积累无论在平时的写作材料积累还是写作方法上，都要给学生以集中指导或个别辅导，让学生有法而为，感觉轻松自如。重视"读写结合"，在课文学习中，通过读练习说话，为作文铺路搭桥，读中积累材料，为作文堆砖垒瓦，读中学会想象，为作文插上翅膀，读中积累经验，使作文走向成功。在阅读过程中进行理解性练笔，就是在学生理解、领悟课文内容和语言形式之后，让他们运用从文中学到的某种语言形式，去转换、丰富、发展课文内容，同时通过练笔的方式加深对课文内容的理解。

主要教学流程：

设问 → 阅读 → 分析 → 指导 → 运用

（1）设问：进行阅读教学时，教师要给学生预设问题，学生带问阅读。教师还要指导学生在课外阅读中自己设计问题去带问阅读，设计的问题侧重在文章的思想、重点段落、语言表达、细节描写的安排等。

（2）阅读：学生带问去进行深入细致的课内精读和课外阅读，并针对问题进行勾画和思考。

（3）分析：教师在阅读教学中要加强对写作方面的引领和指导，对学生的课外阅读进行检查和分析，并对写作方式与表达等有所侧重。

（4）指导：教师在指导学生阅读的基础上进一步指导学生借鉴和运用阅读材料在语言表达、细节描写等方面的妙处，在自己习作中加以运用。

（5）运用：学生根据之前在阅读指导中所获得的习作知识和方法进行设计借鉴写作，完成本次习作训练。

【对应案例】《小抄写员》写作教学设计。

在教学课文《小抄写员》时就要让学生深入了解作者是通过什么线索来组织叙利奥熬夜替父亲抄写文件这一复杂事件的，表达了什么深刻的主题，以此学会较长文章结构和主题的安排。通过积累，使学生在写作时能更好地借鉴名篇谋篇布局的思路、主题思想的统率、独具匠心的风格，培养整体把握写作对象的能力，使作文符合文体要求，内容与形式相得益彰。

（1）默读全文，体会文章的思想。

师：小说通过叙利奥偷偷给父亲抄签条这件事，真实地反映了叙利奥善良的心理。

师：作者是怎样表达中心思想的？这篇文章为什么那么令人感动呢？

师：同学们，我们以后在写表达较复杂思想感情的作文时就要借鉴这种表达方式。

（2）分析重点细节，有感情地朗读课文。

①学习第3段"心理活动"的细节描写。

师：请同学朗读"心理活动"，并思考：叙利奥的心理活动有什么变化？其中哪一次写得最具体？

师：请同学们默读。思考这一自然段写了几层意思？作者是怎样注意细节描写的？

②在爸爸不理睬时，叙利奥为什么难过？

（学生默读）

师：说一说，从这些细节描写中，你体会到什么？

师：从这些细节中，我们不难看出叙利奥的心理实际上是痛苦的，可是为什么叙利奥还要继续写签条？

师：同学们，我们以后作文中在描写人物时除了外貌、语言、动作描写外，为了深入表现人物的内心世界和性格特点，就要模仿这篇课文描写叙利奥的心理的方法。

③学习第4段课文，体会课文结尾的作用。

师：请同学们用上面的学习方法，自学第4段，先找出哪些地方是细节描写，再说说你是怎样体会这些细节描写的作用的？

（学生自学）

（学生汇报自学情况）

师：请同学们讨论"叙利奥做了什么梦？为什么？"

师：记写复杂时间的结尾处理也很重要，不是可有可无，也不能虎头蛇尾，要学习本文非常有意境的结尾方式，给读者留下丰富的想象空间。

本教学案例，教师在阅读教学的同时及时跟进写作教学的指导和学习，将第三学段的写作教学与阅读教学紧密结合，特别是在阅读分析课文中所获得的思想感情的表现方式，人物心理描写的方法，结尾的艺术化处理等，都是组段成篇的写作技巧，为写作训练积累了丰富的语言材料和表达方式。

（二）材料延伸法

材料延伸法是第三学段写作教学常用的方法，也是考试作文常用的形式，是将给定的习作材料和学生平时积累材料融汇联通、衔接运用的有效方式。在实际教学指导中，教师可以通过给学生呈现文字类、图片类、实物类、音像类等形式的材料，把这些新颖、直观的图片、文字、声音或实物呈现给学生看和听，让学生在强烈的视听冲击下进行写作。呈现材料是习作的基础，延伸创写是习作的目的。

主要教学流程：

$$\boxed{出示} \rightarrow \boxed{讨论} \rightarrow \boxed{思考} \rightarrow \boxed{指导} \rightarrow \boxed{创写}$$

（1）出示：写作前教师要根据本次习作的要求精心选择材料，并对材料可能引起学生感悟和思考的因素点进行预测，便于引导学生思维的发散，并将材料适时出示给学生熟悉和认知。

（2）讨论：引导学生对教师所出示的图片（或文字、实物、音像）材料进行分析讨论，分散思维，展开联想和想象，谈谈自己对材料的感受和认识。

（3）思考：进一步鼓励学生对材料所寓含的深刻意义进行分析，特别是自己从中领悟到哪些独特的认识。

（4）指导：教师及时跟进对学生习作的指导，强调在叙写了对材料的基本认识之后要延伸自己对材料背后所透视出的独特寓意的感悟。

（5）创写：安排学生将自己对材料的认识和从材料中获得的感悟及时成文，并注意两个部分的有效衔接和过渡。

【对应案例】图片材料作文《小扫帚扫天下》写前指导教学设计。

（1）出示写作的材料。教师展示出图片。

（2）指导观察材料图片。

师：图片中的物品是什么？

生：一把扫帚。

师：这把扫帚外观是什么样子？什么形状？什么颜色？有多大？

生：长长的，上面是竹竿做的，下面是竹枝加棕叶做的，呈三角形，褐绿色，有一人高。

师：你能想象这把扫帚的作用有哪些吗？

生：扫地，扫灰尘，扫蜘蛛网，当竹竿使用……

（3）启发思考图片的寓意。

师：同学们讨论一下扫帚给我们总的印象是什么？

生：外表普通，没人重视，对人们的作用很大，不可忽视。

师：同学们能想象生活中有像扫帚这样的人吗？

生：有，清洁工、环卫工、送水工、门卫、补鞋匠、三轮车夫……

师：请思考这些职业的人有什么共同特点？

生：外表朴素，工作普通，毫不惹人注意，但工作对人们的生活很重要，缺他们不可，很伟大。

（4）指导从材料图片延伸到写。

师：那大家能否从一把小小的扫帚写起，通过想象，扩大到对社会生活中一些人和事的抒写呢？

生：可以。

师：同学们在写的时候要结合自己对生活的观察和感受，充分发挥自己的想象，抒写自己从一个小小扫帚中看出的独特道理，注意文章前后过渡自然，合理。

（5）学生尝试写本图片材料作文。

第三段具有写作教学目标要求更高、写作内容更丰富的要求，教师对学生的指导要更深入，要启发学生深入理解作文的题意，由写作材料的表面特点透视寓含的深刻意义，以小见大，充分发挥联想能力去说理抒情。本教学案例教师恰当地把握了本段教学目标，逐步引导学生分析写作材料，由此及彼，拓展了学生写材料作文的心智和思维。

（三）续写改写法

续写改写法是第三学段写作教学的重要方法，也是训练学生对所阅读的文章或习作范文进行延续性、改进性的设计和处理，是对阅读理解的延伸学习，可以训练创造性习作思维能力，为后面的想象作文作铺垫。教学中要进行续写、改写的对象包括课文、习作范文、课文阅读文章以及教师给定的文章等文字材料。续写就是在对原文内容主题、故事情节、人物情况等要素进行全面理解的前提下，根据自己的生活经验对文章的结尾进行再设计，续写新的结尾，特别是那些戛然而止、意味无穷的结尾；改写就是在对原文内容主题、故事情节、人物情况等要素进行全面理解的前提下，根据自己的生活经验对文章的某一或某几要素，或开头或结尾，或人物或情节，或主题或语言等进行再设想，再加工，体现出学生对所写文章的独特理解，让文章的某一或某几要素闪烁出新的智慧和光芒，以此让学生体验和尝试不同写作训练的方式，在其中找到创新写作的快乐感。

主要教学流程：

阅读 → 分析 → 质疑 → 发散 → 创写

（1）阅读：学生在教师的指导下精读课文或习作范文，或者学生自主选择恰当的课外文章来进行深入阅读理解，熟悉原文的基本内容。

（2）分析：进一步引导学生对原文各要素进行深入分析，或者重点对其中一要素进行细致品味，对原文的主要特点形成比较全面的认识。

（3）质疑：续写时要引导学生对原文的相关因素展开丰富的联想和想象，改写时要引导学生学会敢于对原文各要素或某一要素进行质疑，并指导学生想象（或质疑）的原则和方法，想象（或质疑）要有科学性和合理性。

（4）发散：开启学生的心扉，鼓励学生大胆进行发散思维和创新想象，对自己的质疑之处提出个人新的见解，或续或改，要求既要有创新性，又要有合理性。

（5）创写：布置学生将自己对原文质疑、发散的新的结果叙写出来，完成续写改写的训练。

【对应案例】《穷人》结尾续写教学设计。

（1）教学的前期准备工作是引导学生全面深刻领会原文的基本思想内容。

（2）引导学生总结原文的主要特点，由此明确续写要求。

① 把握主要人物的性格特点和思想品质，要前后一致。

② 掌握故事情节的主线，要前后连贯。

③ 想象要合情合理。

（3）指导学生展开如下想象：

① 桑娜拉开帐子后，会看到怎样的情景？

② 桑娜和渔夫会怎么说？怎么做？

③ 第二天，桑娜和渔夫会怎样跟孩子解释？

④ 他们会怎样对待西蒙那两个孩子？

⑤ 两个孤儿的命运将会怎样？

⑥ 今后，桑娜一家人的生活会怎样？

老师引导学生围绕着桑娜一家人的生活以及两个孤儿的命运，合理展开想象，为文章续写结尾，寄托自己美好的愿望，再现主人公美好的心灵。

（4）先分小组互相说自己的想象、构思，再全班交流。老师按续写的要求进行评议，拓宽同学的思路。

（5）学生完成续写。

本教学案例中，教师不是简单机械地给学生布置习作任务，让学生硬着头皮去苦写、乱写，而是引导学生在全面理解原文思想内容的基础上进行改写，步步为营，给学生进行改写指导分析，特别是对改写的大原则进行指导，对改写的着力点、思考点进行启发，使学生改写有方向，改写有方法。

【对应案例】《穷人》续写结尾习作范文。

帐子拉开了，七个熟睡的孩子恬静的小脸在摇曳的烛光照耀下，显得十分清楚。桑娜看着看着突然无力地瘫坐在了一张椅子上，两手掩着脸，"我们……我们怎么办呀？你看，他们睡得多甜多香，脸上还露着微笑，可我们……拿什么给他们吃？要知道……"她再也说不下去了。渔夫走了过来，拍了拍桑娜的肩膀，"喂，别急，我来顶着。你我少吃一口饭，就能把他俩给喂饱了，好了，我们总能熬过去的！"

第二天的拂晓，渔夫迎着海雾出海了。桑娜望着渔夫远去的背影，把两手放在胸前，念道："上帝啊！为了西蒙的两个孤儿，保佑他一帆风顺吧！"

（四）联想想象法

联想想象法是第三学段写作教学较高形式的方法，对教师的习作指导能力和学生的习作思维能力要求都比较高，但却是进入第三学段甚至第四学段必须学习和掌握的基本写作教法。想象作文就是学生把自己的想象写出来，学生的想象力丰富，既可上天畅游宇宙，又可入海龙宫一游，重在培养学生的想象力和创新力。进行联想想象性练笔就是要抓住课文中那些高度概括抽象却与中心密切相关的词语，或是文中的空白点，让学生展开想象，通过练笔把它还原成具体可感、触手可及的鲜明形象，以便学生从另外一个侧面深化对课文的感悟和理解。想象性练笔也可以让学生补写文中省略的部分，可以是省略号省去的部分。还可以让学生对各种给定习作材料进行认识、想象，展开自己的思绪。在学生写作水平达到一定阶段后，教师可组织、指导学生参加各级各类创新想象作文大赛，让学生找到写作的成功感和价值感。

主要教学流程：

$$\boxed{观察} \rightarrow \boxed{设境} \rightarrow \boxed{联想} \rightarrow \boxed{想象} \rightarrow \boxed{编写}$$

（1）观察：指导学生对想象习作对象，或经典课文的重要空白，或给定的实物文字素材，或生活中的万事万物等进行深入细致而有目的的观察和了解，形成基本认识。

（2）设境：教师给学生设计展示与观察对象相关的图像、声音等内容，创设情境，带领学生感悟情景，逐步进入联想与想象的境界。

（3）联想：启示学生从所观察的事物联想到其他生活中与此类似的人、事、物，将他们的相似点和连接点结合起来。

（4）想象：进一步引导学生展开想象的翅膀，充分运用拟人、比喻、夸张等修辞手法，对文中人物、场景、故事情节进行设计。

（5）编写：学生在教师的指导下完成从观察事物到想象事物的编写，完成联想想象习作的训练。

【对应案例】想象作文《动物运动会》写作教学设计。

（1）创设情境。

师：同学们，今天这节课我们编一编童话故事，当一回童话作家。

（点击课件，出示天使画面）

师：请大家把自己想象成这两位小天使，张开想象的翅膀，闭上眼睛，飞呀飞，大家飞过浩瀚的大海，飞过巍巍的群山，飞过茫茫的田野，飞过绿绿的草地，我们来到了——动物童话王国。

（2）创编故事。

（点击课件，出示动物画面）

① 师：大家看，这么多的动物聚在一起，有的悠闲、有的紧张、有的自在、有的不安，动物们可能在干什么？（能说一项就说一项，能说二、三项也行）

（日光浴、觅食、欢庆六一、看蚂蚁阅兵式、比本领、早锻炼）

② 师：动物王国正在搞什么活动呢？听森林广播站正在播一则新闻。

（亲爱的动物朋友们，早上好！这里是森林广播站，现在为你播送新闻，我们动物王国一年一度的动物比本领大赛今天已经拉开帷幕，今年参赛选手之多，场面之火爆，大大超过了往年。首先上场的是大像伯伯和猴哥）

③ 师：哦，原来动物们正在进行比本领大赛呢！

首先上场的是大象与猴子，我们先来介绍一下比赛选手。

我们来当一回解说员，大家都知道体育节目的解说员——宋世雄吧，现在我们进行"赛世雄"活动。

④师：解说前可加上什么呢？老师昨天布置大家收看了体育频道节目，节目中说："各位观众……"每位同学自己准备一下。

（观众朋友，大家好，森林电视台为大家现场直播动物比本领大赛，首先介绍一下参加本次大赛的选手是……）

师：还有很多同学想说，请大家与同桌说说。

⑤师：同学们，动物童话王国的动物可真多呀。任意选择两种动物，想想它们会比什么？同桌可以互相讨论。

师：你选的是谁跟谁比赛，比什么？

（比美、比机灵、比赛跑、比爬树、比举重、比搭积木、比计算）。

⑥师：根据自己的设想大胆地想一想，它们会怎么做？

（想一想）

⑦师：把最精彩的一个比赛镜头把它画下来。如果比赛结果不分胜负，可画成连环画形式（一幅或两幅）（画一画），画好之后说一说童话故事。（说一说）

⑧师：谁愿意把你的画展示给大家看，把你的故事讲给大家听，其他同学认真听，等会儿请你评一评。（评一评）

师：指名说故事。一个好的解说员还要学会评论，评一评，编得怎样？

⑨师：找一个伙伴或老师把自己的故事讲给他们听，请老师帮忙指点，请教的时候注意礼貌。

（3）拟定题目。

师：同学们，我们给这个故事拟个题目。

（以事情的内容为题，以事情发生的地点为题，以人物语言为题，以事情结果为题，以人物为题）

师：这就是我们这节习作课的题目。

师：下面我们就把这个故事编完整写下来。

师：同学们，动物王国的动物在感谢你们的指导，把这首动听的曲子送给你们。

（4）编写故事。

联想想象作文要求学生的知识生活经历要丰富，联想能力要宽广，想象思维要活跃，当然学生把握起来比较难。本案例教师不是简单地让学生冥思苦想、愁眉苦脸地写想象作文中的一切，而是通过创设情境来让学生观察事物，营造氛围，受到感染，逐步进入联想、想象的世界；通过创编故事来引导学生一步步展开联想，将观察到的动物，感受到的氛围逐步融入自己的想象，展开对动物运动会一幅幅画面的想象，让一堂想象习作课生动活泼而水到渠成。

【对应案例】《动物运动会》学生作文。

"开始"，在运动会主持人小花鹿的一声令下，有趣的动物运动会便在森林的一个大草坪上开始啦！

"第一个比赛项目是跳水，请选手准备"。主持人小花鹿大声宣布第一个上场比赛的是小猴。只见小猴沉着地站在了跳板上，做了一下准备动作，然后随着双臂用力向前一甩，身子往上一跃，他在空中画出了一道完美的弧线，接着又是连续翻滚，最后跃入水中，只见水面上只溅起了微微的水花，整个动作堪称完美，评委们都给出了满分。全场掌声雷动，毫无疑问，冠军非小猴莫属了。

接下来的比赛项目是百米飞人大战，也是最精彩的一个比赛项目，他将会把比赛推向"白热化"。在跑道上，小兔、小狗、小马、小猫已胸有成竹，精神抖擞地上场了。他们不紧不慢地做好准备动作，等着发令枪响。发令枪响了，选手们快速地冲出了起跑线，正当选手们你追我赶，不分上下之时，"啊！"小猫突然一声惨叫倒在了地上。其他三个选手听见了叫声都停下了前进的脚步，去帮助小猫。原来是小猫不慎跌倒，手擦破了皮，腿也骨折了，其余的运动员搬上了担架，把小猫抬上去，一路上，有的让小猫不要害怕，有的说小猫一定会治好的，还有的……齐心协力把小猫抬到了动物医院。卫生员小羊细心地为小猫包扎了伤口……就这样，一场本该是激烈的百米飞人冠军争夺战变成了互帮互助友谊赛。全场的观众看了这充分体现"友谊第一，比赛第二"的体育精神的场面，爆发出了经久不息的掌声。

接下来又举行了展现小动物们灵巧身姿的跳高、跳远、跳绳比赛；体现大家密切团结合作精神的接力跑、拔河比赛……

紧张激烈的动物运动会结束了，动物们在这运动会上的出色表现，难道不值得我们学习吗？

资料贴吧

名家谈写作[①]

学生都很害怕作文课，当年钱穆教作文的方法很有趣。他认为，作文就是说话，口中如何说，笔下就如何写。出口为言，下笔为文。他要求学生想说什么如实写下即可，遇到不认识的字，可以随时提问。一天下午，钱穆要求学生做作文，作文题目为《今天的午饭》。学生的作文交上来以后，钱穆选择一篇写得好的抄在黑板上。这篇作文结尾是这样写的："今天的午饭，吃红烧肉，味道很好，可惜咸了些。"通过这篇作文，钱穆告诉学生，说话、作文要曲折，要有回味的余地，就像这篇作文的最后一句："可惜咸了些。"西南联大时，刘文典教学生写文章，仅授以"观世音菩萨"五字，学生不明所指，刘解释说："观，乃是多多观察生活；世，就是需要明白世故人情；音，就是文章要讲音韵；菩萨，就是救苦救难、关爱众生的菩萨心肠。"学生闻言，无不应声叫好。有学生为撰写论文而请教闻一多。闻一多说："我劝青年朋友们暂且不要谈创作，先读 20 年书再说。"沈从文先生不赞成命题作文，学生想写什么就写什么。他给学生出的题目都非常具体，比如"我们的小庭院有什么"和"记一间屋子里的空气"。

案例评析

案例展示一：《学烧菜》习作教学设计

（济宁市黄家街小学范业军）

师：同学们，端午节快到了，我非常想到你们各家去过端午节，不知哪位同学愿意请我？

生：（面露喜色，大声喊）老师到我家！我愿意请您！

师：大家都愿意请我，我很高兴，但这样争也不是办法。我看这样吧，谁会做菜，而且做的菜色香味俱全，我就到谁家去做客。

① 丽丽. 写作 [J]. 2009(2).

生：（面露难色，不知如何回答）

师：这个条件可能让大家为难了。不过，离端午节还有好几天呢，如果同学们肯学，一定能学好，能请到我的。

学生：（兴高采烈）好，一言为定！

（两天后的作文课上）

师：同学们学会做菜了吗？

生：（大声齐）学会了！

师：呀，这么快？跟谁学的？

学生：我跟爸爸学的。

……

师：感谢你们的一片诚心。那你们都学会做什么菜了呢？一定很好吧？

生：（不等老师叫，就纷纷起立，七嘴八舌、争先恐后地说起来）

老师请了几位上讲台说给大家听。

师：刚才这几位同学都讲得不错。听他们一讲，我就知道菜一定做得不错，老师连口水都快流出来了。但全班这么多同学，不可能每个人都上来说，有什么办法能让老师知道每个同学学会了做什么菜，做菜的过程怎样呢？

生：老师，让我们把做菜的过程和做的什么菜写出来，您不就知道了吗？

师：这个主意真好。这样，老师不但要知道你们做的什么菜，而且还能比较一下，看谁的菜做得最好，我就到谁家去做客，好吗？

生：好！

师：好就快写吧！

评析传统的作文教学，大多是命题或是半命题的作文，其内容老化、枯燥、脱离生活。所以作文一般拘泥于课本，从句式到文章结构，模仿的居多，雷同的居多。在传统课堂上，写作被限制在课堂里，100% 属于课堂教学。学生在课堂上的写作过程大体上可以分为两个阶段：一是思维阶段，包括审题、立意、选材构思；二是书面表达阶段，包括起草和修改。教学中，又由于一些教师思维定式，致使学生作文千人一面，毫无新意可言。长时间的传统教学中，学生一直处于被动接受的状态，以致"谈写色变"。案例讲述的作文教学体现了课改后的新作文教学观。从写作教学的内容和方法看，新课标倡导"写作教学应贴近学生实际"，倡导学生"自主写作"，"减少对学生的束缚，鼓励自由表达和有创意的表达。提倡学生自主拟题，少写命题作文"。从写作教学的过程看，教学不再局限于课堂，而是为学生"提供有利条件和广阔空间"，在写作前体验生活，"引导学生关注现实，热爱生活，表达真情实感"。案例中的教师抓住了写作教学的规律，选用了"学烧菜"为写作内容，素材直接来自生活。教学时，教师先以"老师要到菜烧得最好的同学家过端午节"为由，不觉中给学生布置了学烧菜的任务。这是引导在写作前先对生活实践进行体验，在体验中培养学生观察、思考、表达的能力。到了写作课上，教师先通过充满智慧的谈话引导学生说说做菜的过程，然后借口方便老师比较让学生书面写作。因为每个学生都想请老师做客，所以整堂课上，虽然教师只字未提"作文"二字，可学生们却在宽松、和谐的气氛中积极主动地完成了写作。从教学片段中，我们可以看到，学生一直处于主动学习状态，个个都充满了表达的欲望。可以说这则作文教学真正做到了"让学生易于表达，乐于表达"，"说真话、实话、心里话"。这个案例，让我们这些语文教师明白了：写作来源于生活；写作描写生活；学生只有观察生活、体验生活、思考生活的基础上才能表现生活，只有在像生活一样的环境中才"易于表达，乐于表达"。一句话：文无定法。

案例展示二：写景文《春天的××》写作教学设计

如三、四年级可以集中安排写叙事、写景记叙文，叙事的题目可以有《第一次……》《一个××的故事》等，写景的题目可以有《美丽的……》《春天的××》等，让学生真切地写出自己的亲身经历和观察，充分进行短篇作文训练。

写景文《春天的××》教师的写前指导教学如下：

(1) 写作内容启发。

师：同学们一年四季最喜欢哪个季节？

生：春天、夏天、秋天、冬天。

师：现在正是春天，我们就来写春天，喜欢春天的同学说说自己为什么喜欢春天呢？喜欢它的哪些方面呢？

生：它的温暖，阳光明媚；它的色彩，花红柳绿；它的生机，万物复苏；它的声音，百鸟啼鸣……

师：那同学们就按照自己观察到的春天、喜欢的春天和感悟到的春天来写，写出自己笔下有特色的春天就行。

(2) 写作方法指导。

师：同学们想想，我们写春天重点要写春天的什么？主要要用什么表达方式？

生：写春天的景，描写和记叙。

师：在描写和记叙时，我们在遣词造句和组句成段上重点要注意哪些问题呢？

生：词语要选准确，句子要用优美，还要恰当使用比喻、拟人、排比、引用等修辞手法，才能使作文生动新颖。

师：好，同学们在写作时就要合理恰当的选择词、句、段和修辞手法，当然还要注意正确使用标点符号。

(3) 主题表达引导。

师：同学们这次写《春天的××》，你准备表达自己的什么感情呢？

生：喜欢春天，喜欢春天的一切事物；留恋春天，舍不得春天离开我们；赞美春天，赞美春天给我们带来的美好感受……

师：好的，感情很丰富，很真挚，同学们在作文中要表达出自己对春天最真实的感悟，不要空发不真实的感情，这样的作文才是有用的作文。

此案例中，教师通过步步引导，对学生作文前的准备进行了细致自然的指导，包括写作内容的选取、写作方法的选用、写作主题的选立等，这个写前的准备过程是以阅读教学中的写作语言积累为基础的。这样的作文教学可以帮助学生敏锐地捕捉一个丰富多彩的春天，并用自己的语言写出自己对春天的喜爱和赞美之情。还可以帮助学生写出童心、平常心，作文才有真感情。同时强调运用拟人等修辞方法，以让春天仿佛有了生命，鲜活起来。

⧗ **实践活动**

《观察树叶日记》写话教学设计评价与完善

下面是一位小学语文老师设计的第一学段日记写话教学的方法设计，请你评价这个方案设计是否合理？你还有更佳的设计方案吗？

每当我拾起一片枫叶的时候，总以为找到了一片最红的。然而不久，我又找到了一片更红的。

啊，我终于找到了一片最红最红的枫叶！它比朝霞还红，比玫瑰还红。它的样子也好看，就像我小小的手掌。

我把这最红最红的枫

※本文作者金波，选入教材时有改动。

写日记是二年级写话训练的重要形式，其中指导学生写日常生活的观察日记更是常见的内容。在学习了写日记后，教师指导学生写观察树叶的日记可以按照以下方法来进行。

（1）布置课后作业：记写观察各种各样树叶的日记。

师：同学们在日常生活中都看过哪些树叶呢？

（学生回答枫树叶、桃树叶、柳树叶、桂花树叶、楠木树叶、梧桐树叶……）

师：大家认真观察这些树叶都有哪些独特的特点，请分别从形状看，从大小看，从颜色看。

学生争先恐后回答如下：

枫树叶：像鸭脚形，像大人的手掌那么大，开始是绿色，后来慢慢变成红色或黄色。

柳树叶：细条形，比较小，春天发芽时是嫩黄色，夏天时是绿色，秋天来后变黄变卷一直落光。

泡桐树叶：像扇子形，有一本书那么大，可以当小伞遮太阳或雨水，开始是绿色，夏天密密麻麻长在树上，秋天来了慢慢变成黄色，一片片都吊在地上。

桂花树叶：……

楠木树叶：……

……

（2）指导学生再次到生活中去仔细观察自己喜欢的树叶，进一步发现它的特点，并用自己喜欢的词语和句子把它记下来。（要求学生在一周内每天观察一种不同的树叶，并记写出它们不同的特点）。

（3）安排一次课堂写日记交流会，让学生把自己上周写的不同树叶的日记在小组内进行交流，然后每组推荐几篇比较好的日记到班上交流，教师做出点评和指导。

（4）指导学生对自己的日记进行修改。

师：同学们可以看看其他同学写日记的优点，再根据老师的点评把自己写树叶的日记进行进一步的修改，特别是要写出不同树叶的真正特点，让大家一看就知道你所记写的是哪一种树叶。（学生可以在课堂上修改，也可以在课后修改）

（5）学生完成自己写不同树叶日记的修改，学到以观察为基础的日记的写法，并养成写日记的好习惯。

知识巩固

（1）你准备采用什么方法来激发学生写作兴趣，培养学生写作情感？

（2）你打算通过什么途径来提高学生写作积累的水平？

（3）你认为怎样才能充分发挥阅读教学对写作教学的促进作用？

（4）请根据下面所给的写话图片，设计一份看图说话的教学方案。

（5）请根据下面所给的写作材料内容，设计一份材料作文教学方案。要求：

①用提供的文章开头部分，结合自己参加兴趣小组活动的情况，把文章写完整。②做到有中心，注意不写错字。③卷面要整洁。

一次兴趣小组活动

铃声响了，同学们欢呼着跑出教室。大家各自拿着球拍、棋盒、乐器、歌本、棍棒、胶泥、标本、航模器材……朝不同的地点奔去。原来是兴趣活动小组活动开始了。

我们参加的是……

（6）请根据下面所给的写作要求，设计一份想象作文教学方案。

即将跨入中学校门，你希望到一所怎样的中学上学？请将自己想象中的中学写出来；可以从校园、教室、老师和学习情况等方面来写。

第八章
语文综合性学习教学设计

知识目标

- 了解语文课程标准增加语文综合性学习的目的和意义。
- 熟悉小学三个学段语文综合性学习的教学目标及教学建议。
- 掌握进行小学语文综合性学习教学设计、教学实施的主要策略。

技能目标

- 具备根据学段目标和学生实际，合理利用语文学习资源进行小学语文综合性学习教学设计的能力。
- 能够通过小学语文综合性学习教学设计及课堂实施培养学生语文学习的兴趣。

知识导图

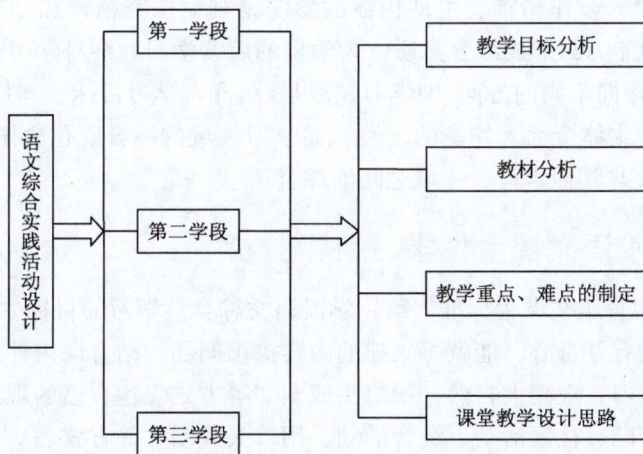

问题导引

　　语文综合性学习是义务教育语文课程标准新增加的一项学习内容，语文综合性学习体现了语文知识综合运用，听说读写能力整体发展，是实现语文课程与其他课程沟通、书本学习与生活实践紧密结合的渠道。语文综合性学习可以充分利用各种有效语文学习资源，通过学生自主学习、合作学习的方式，全面提高学生的语文素养，同时在综合性学习活动中，还有利于培养学生的主动参与意识、小组合作意识以及大胆探索、勇于创新的精神。

本章主要了解并掌握语文课程标准关于语文综合性学习的目标要求以及教学、评价建议，学习如何合理设计小学综合性学习。

第一节 第一、二学段语文综合性学习教学设计

《义务教育语文课程标准（2011 版）》对语文学科的性质定位是"语文是一门学习语言文字运用的综合性、实践性课程。"而语文课程标准 2001 版就首次提出了"综合性学习"的要求，意在"加强语文课程与其他课程及生活的联系，促进学生语文素养的整体推进和协调发展"，同时专列"综合性学习"的目标，且对不同学段的综合性学习提出了不同要求，并在教学建议和评价建议中进行了专项说明。这一切都表明语文综合性学习在语文课程标准中的重要地位，在学生发展中的特有功能。

"语文综合性学习"是语文课程一个重要的组成部分，是为了改变语文教学相对封闭的状态，改变课本是唯一的课程资源的状况，为了克服偏重接受性学习的弊端，在语文课程改革上采取的一个重要的举措。课程标准明确指出：综合性学习主要体现为语文知识的综合运用、听说读写能力的整体发展、语文课程与其他课程的沟通、书本学习与实践活动的紧密结合。综合性学习应强调合作精神，注意培养学生策划、组织、协调和实施的能力。综合性学习应突出学生的自主性，重视学生主动积极的参与精神，主要由学生自行设计和组织活动，特别注重探索和研究的过程，提倡跨领域学习，与其他课程相结合。

语文课程标准中"综合性学习"目标的提出，就是要开放语文教学，加强语文课程与其他课程以及社会生活的联系，让学生在语文综合性学习活动中，综合运用语文知识，整体发展听说读写能力，培养合作精神、主动积极的参与精神、探究精神和创造精神，以及策划、组织、协调和实施的能力，形成综合素质，为学生的后续学习和终身学习打下坚实的基础。

所谓"综合性"指向不同的方面，即学习领域是综合的，学习目标、学习方式等也是综合的，最终要实现的是学习主体全面、均衡的发展。而学习领域的综合既包含语文学科内部各方面的综合，也包括语文与其他学科、领域之间的综合。

一、第一学段语文综合性学习目标分析

2011 版《义务教育语文课程标准》第一学段语文综合性学习的目标如下：

（1）对周围事物有好奇心，能就感兴趣的内容提出问题，结合课内外阅读共同讨论。

（2）结合语文学习，观察大自然，用口头或图文等方式表达自己的观察所得。

（3）热心参加校园、社区活动。结合活动，用口头或图文等方式表达自己的见闻和想法。

课标对第一学段语文综合性学习目标的表述体现了新课改的大语文观，即通过开展丰富多彩的语文实践活动提高学生的语文素养。为实现这一目标，教师要努力开发、充分利用语文课程资源，开展丰富多彩的语文实践活动。同时语文综合实践活动应该与教材内容有一定的联系。活动的形式可以是游戏、唱歌、猜谜语，可以是开故事会、朗诵会、演课本剧，也可以是学生在教师的带领之下，走出校门，走进自然、社会，走进火热、沸腾的生活，使学生在生活中学习语文、运用语文。

人教版第一学段教材没有专门安排语文综合性学习内容，教师在语文教学活动中可以根据教学需要开展第一学段学生有兴趣并且能够参与完成的语文综合性实践活动。

【对应案例】走进秋天，走进大自然——二年级上册第一组单元整组教学设计环节。

语文综合实践活动

（1）根据你对本课词语的理解，联系大自然，画一幅"秋天的图画"。

（2）把本课中自己喜欢的词语整理在《采蜜集》上，再收集一些秋天的词语写在上面。

这是一个容易激发二年级孩子学习兴趣并且培养孩子动手、观察、想象能力的语文综合实践活动，孩子们学习了描写秋天的词语、课文再走进秋天的自然，对秋天的感知一定不同于以往，这是一个充满情趣的语文实践活动。

二、第二学段语文综合性学习目标分析

2011版《义务教育语文课程标准》第二学段语文综合性学习的目标如下：

（1）能提出学习和生活中的问题，有目的地搜集资料，共同讨论。

（2）结合语文学习，观察大自然，观察社会，用书面或口头方式表达自己的观察所得。

（3）能在教师的指导下组织有趣味的语文活动，在活动中学习语文，学会合作。

（4）在家庭生活、学校生活中，尝试运用语文知识和能力解决简单问题。

结合专题安排"综合性学习"，落实课程标准倡导的课程理念和提出的课程目标。

"综合性学习"作为和识字与写字、阅读、习作、口语交际并重的一个内容，体现了语文课程的价值追求，即全面提高学生的语文素养。正如课标所指出的那样，开展语文综合性学习，在于"拓宽语文学习和运用的领域，注重跨学科的学习和现代科技手段的运用，使学生在不同内容和方法的相互交叉、渗透和整合中开阔视野，提高学习效率，初步获得现代社会所需要的语文实践能力。"语文综合性学习以其开放而富有创新活力的特点，更能在发展学生主动探索、团结合作、勇于创新的意识和能力上发挥重要作用。

三、第二学段语文综合性学习教材分析

人教版三年级上册分别在第一单元"多彩的生活"和第五单元"灿烂的中华文化"两个专题中安排了综合性学习，一个是记录自己的课余生活，一个是了解生活中的传统文化。这两个综合性学习不但与阅读训练有着紧密的联系，成为该单元语文学习的有机组成部分，而且还是对学生情感态度、价值观引导的延伸和拓展。同时，它又将口语交际、习作和展示台有机地整合在一起，为听、说、写创造了必要的条件，提供了有意义的话题，体现了课内外的衔接、语文与生活的联系。

【对应案例】人教版三年级上册第一单元的专题是"多彩的生活"。

在导语用形象生动的语言描绘出各种儿童生活的画面后，安排《我们的民族小学》这篇精读课文，让学生感受不同民族的孩子在同一所学校里学习、活动的情景。在这篇课文后，提出开展"记录自己的课余生活"的综合性学习的要求，并提示记录的方法"可以用文字叙述，可以填表格，可以画图画……"接着学习两篇分别表现孩子在草地上玩耍和假日里登山游玩的精读课文《金色的草地》和《爬天都峰》。考虑到教材初次安排综合性学习，对这一活动不太了解，如何进行综合性学习，掌握的方法还比较少，因此教材在《爬天都峰》后，编排了"综

合性学习提示"，提醒学生注意记录活动进行得怎样，并提供记录的示范供学生参考。接着，教材用一段简洁的话语，概括前面所学课文的内容，引导学生学习介绍乡村儿童生活的略读课文《槐乡的孩子》。在语文园地里，"口语交际"让学生交流在课余都做了什么事，有哪些收获和感受，"习作"让学生写课余发生的事，"读读背背"编排的是反映儿童生活内容的古诗《小儿垂钓》，"展示台"用搜集邮票、阅读课外书、小组合作办图片展的方式，展示学生的课余生活。

人教版三年级下册共安排了两次综合性学习，一个是调查周围环境，一个是回忆、了解父母的关心爱护，分别编在"爱护周围环境"和"可贵的亲情、友情"两个单元中。这两次综合性学习涉及的范围广、针对性很强，为学生提供了较大的灵活性和创造性以及自主合作学习的空间。综合性学习与阅读、口语交际、习作有着紧密的联系，是该单元的有机组成部分。

人教版四年级上、下册分别安排两次综合性学习，编排方式是：导语点出活动的内容及要求；第一篇课文后具体提出活动方式的建议；"语文园地"中凭借"口语交际""习作"进行交流，在"展示台"中展示成果。随着学生主体活动能力的增强，综合性学习的要求也在逐步提高，较之三年级，减去了"综合性学习提示"，在活动过程中，不再对学生做进一步提醒和促进。

四、第二学段语文综合性学习重点、难点分析

根据教材的编排，教师对综合性学习的指导要着重抓好三个环节：一是通过布置，使学生明确任务，知道要做些什么，该怎么做；二是在学生自行开展活动的过程中，教师要时时关心、了解活动开展的情况，及时表扬好的做法，帮助解决遇到的困难；三是采用多种形式，充分展示交流。

综合性学习既有相对的独立性，又为一些听、说、写的训练创造了条件，提供了有意义的话题，还为学生课外阅读指明了方向，同时加强了课堂内外的衔接、语文与生活的联系。综合性学习是一项充满个性化和创造性的学习活动，体现了语文知识的综合运用和听说读写能力的整体发展，体现了语文课程与其他课程的沟通，体现了书本学习与实践活动的紧密结合，有助于学生自主、合作、探究学习方式的形成。对于综合性学习的安排，教材不仅提出了活动的内容和方式，还十分强调学生的主体性，也就是尽可能地让学生发扬合作精神、自主开展活动，使每个学生的积极性和聪明才智都得到发挥。教师应放手让学生自己选择伙伴，自己制订活动计划，并按计划开展活动。活动中，教师要督促和检查。活动后，要通过不同的方式组织学生展示活动的成果，如列图表、办小报、办展览。通过这些活动，让学生感觉到，学语文很有用，并体验成功的快乐。

五、第二学段语文综合性学习教学设计思路

综合性学习不是标准化的学习，它是个性化的、创造性的学习活动。对于综合性学习的安排，教材不仅提出了活动的内容，还体现了一个根本的指导思想：强调学生的主体性，也就是尽可能地让学生自己开展活动。这不仅表现在学习方式的选择上，也表现在学习内容的安排与组织上。教师应放手让学生确定具体内容，选择学习伙伴，自己制订活动计划，并按计划开展活动。活动中，教师要参与其中，进行督促和检查。活动后，要通过不同的方式组

织学生展示活动的成果，如办小报、小展览，交流课外阅读的书籍。通过这些活动，让学生感觉到，语文很有用，体验成功的快乐。

开展综合性学习要因地制宜。各个地方、各个学校都蕴藏着自然、社会、人文等多种语文课程资源，教师可根据当时当地的实际情况，充分开发和利用各种语文教育资源，创造性地组织语文综合性学习，拓宽学生的学习空间，增加学生语文实践的机会。

综合性学习活动设计可以采用以下环节：

| 单元导读，明确任务 | → | 精读训练，内容重组 | → | 课外实践，活动探究 | → | 回顾总结，汇报交流 |

【对应案例】综合性学习《教你学一招》案例设计

衡东县城关二小　单福玉

选题依据：

（1）教材依据：人教版九年义务教育小学语文三年级下册《语文园地四·口语交际·教你学一招》。

（2）课标依据：《新课程标准》指出——"语文课程资源包括课堂教学资源和课外学习资源，语文教师应高度重视课程资源的开发与利用，创造性地理解和使用教材，灵活运用多种教学策略，引导学生在实践中学会学习"。第二学段"综合性学习"要求：学生"能在老师的指导下组织有趣味的语文活动，在活动中学习语文，学会合作"，并能"尝试运用语文知识和能力解决简单问题。"

活动主题：

《教你学一招》（心灵手巧，能说会道）

设计理念：

以兴趣为前提，以活动促发展，以全面提高学生的语文综合能力为主导，充分重视学生的个性差异，让学生根据自己的爱好和能力，在整个活动中创造性地参与实践；通过喜闻乐见的形式，为学生提供更多学习语文的空间和领域，让学生在同学、亲人的协作下，主动动脑、动手、动口、动笔，展示自己最拿手的一两项本领或掌握的小窍门，体验到在实践中学习语文的乐趣。

活动目标：

（1）在亲自筛选和制作、准备自己要展示的本领或掌握的小窍门的过程中，培养学生的动脑、动手能力，观察、实践能力，分析、解决问题能力，想象和创新能力，懂得语文学习也是生活，并体验到生活的乐趣，激发学生对语文、对生活的热爱。

（2）通过当堂展示、介绍自己的本领或掌握的小窍门，评价、欣赏同学的介绍和本领，给学生提供展示个性的机会，培养学生的口语交际能力，发展合作精神，促使素质教育向生活延伸，达到提高学生综合素质的目的。

活动准备：

（1）学生准备：

①准备时间：1～2周的课余时间。

②准备内容：自己最拿手的1～2项本领或掌握的小窍门。

③准备过程：引导学生从自己感兴趣的方面筛选和制作、准备自己要展示的东西，可以自己单独完成，也可以在同学、亲人的帮助下完成。

④ 准备要求：实践部分必须能做成展品在课堂上展示（有条件的可以用做成 CD 或拍摄成照片），介绍部分最好能事先用文字形式写好（说说是什么招，这一招怎么好，怎么做，让别人听了乐意学）。

(2) 老师准备：

① 向学生宣布此次活动主题：教你学一招——"心灵手巧，能说会道"。

② 督促学生在整个准备过程中积极动脑、动手、动口、动笔，完善自己的展品。

③ "人穿小纸片"小窍门的表演准备，《聪明的一休》乐曲，自制幻灯片。

④ 准备好学生交流活动成果的课堂教学。

活动过程：

1. 宣传发动阶段（课前）

(1) 向学生宣讲语文综合性学习的意义，激发学生对整个活动的兴趣和热情。

(2) 向学生宣传本次活动的主题：教你学一招——"心灵手巧，能说会道"。

2. 师生准备阶段（课余）

(1) 学生用 1～2 周的课余时间，着手准备自己要向别人展示的本领或掌握的小窍门。要反复筛选、考虑，再确定。

(2) 确定好后，独立或合作完成好自己要展示的本领或掌握的小窍门的展品，练习在同伴、家长或朋友面前介绍，看是否能勾起别人的学习兴趣。

(3) 老师参与学生的准备全程，并给予适当的启发、点拨。

(4) 检查、收集学生的准备情况。（以下是本次活动老师收集到的学生准备情况）

① 学生 76 人，准备展示的本领或掌握的小窍门 60 余项，有近 50 项能在课堂上演示。

② 学生的本领或掌握的小窍门形式多样，富有个性特色和创新意识，大多是自己真正的拿手本领或掌握的小窍门。

③ 大多数学生能较好地对自己的展示做精彩的介绍。

3. 成果交流阶段（课堂）

一课时

(1) 激发兴趣，导入新课。

① 播放乐曲《聪明的一休》，学生欣赏完悠扬悦耳的旋律，说说自己的感受。

② 老师相机导入新课。是啊，一休是聪明、智慧的化身，我们更是心灵手巧的一群。俗话说："八仙过海，各显神通"。我想，同学们一定不比一休逊色。这节课，就让我们把自己最拿手的本领，或掌握的小窍门拿出来，好好展示一下。

（预计学生会纷纷拿出自己的得意之作，老师夸赞：这些小玩意儿真漂亮！你们能把它的制作方法教给大家吗？）

③ 板书课题：教你学一招（师问：该怎样教呢？）

(2) 出示灯片，明确要求。

① 出示幻灯片：要想把自己的本领或掌握的小窍门教给别人，可以先说说这一招叫什么，能引起别人的兴趣；再说说这一招怎么好，让别人听了乐意学；然后告诉别人怎么做。可以边演示边说，可以边展示边说。其他同学要认真倾听，领会要点，如果有疑问或有更好的方法，可以随时提出来。最后，评选出最佳口才奖、最佳展品奖、最佳创意奖、最佳演示奖。

② 学生用最喜欢的方式读幻灯片上的内容，边读边思考：你从中明白了什么？

③ 根据学生回答，板书：

教你学一招	说	什么招 怎么好 怎么做（边展示、演示）
	听	认真听　可质疑　可建议
	评	最佳口才奖　最佳展品奖 最佳创意奖　最佳演示奖

（3）学生呈现展品，进行演示、介绍。

① （学生早已跃跃欲试）师引导：谁愿意第一个介绍？

② 指名学生边演示（或展示）边介绍。（教师事先瞄准目标：李慧瑾——晴天娃娃，周啸——牙膏盒快车，黄燕——纸蝴蝶，赵拼圆——乒乓小矮人，康菊娇——联欢彩练，周翼琼——罐头娃娃，向淑敏——石头人，周楚琦——竹蜻蜓，龙健——剪双"喜"字，谭仕彬——蛋壳娃娃……）

③ 学生评价同学的介绍，评选出最佳口才奖、最佳展品奖、最佳创意奖、最佳演示奖。当堂予以物质奖励、荣誉称号。

（4）示范介绍"人穿小纸片"的小窍门。

① （调节课堂气氛，老师：大家的本领真让我羡慕。老师也想参与你们的行列，愿意吗？）示范介绍"人穿小纸片"的小窍门。

② 介绍步骤：随便拿张小纸片→一边剪一边介绍剪的方法→松开，纸片变纸圈→表演：任意请一名学生从小纸片中轻松穿过。

③ （捕捉学生神色）导入：老师已经看到有很多小手举起来了。现在，就让我们分小组活动，向小组内的同学亮出你的绝招。

（5）小组合作交流，组内展示。

① 出示幻灯片。

要求：学生前后四人为一小组，自由活动，互相欣赏展品、倾听介绍。评选出组内的一名最佳人选，准备接受小记者的采访。

② 学生在小组内活动，老师深入学生中巡视、指点、欣赏，适时鼓励、夸奖。

（6）学生扮演小记者，汇报交流。

① （事先安排）李慧瑾扮演小记者，对每组的最佳人选进行采访。（采访导语、过渡语、总结语，课前由李慧瑾自己撰写，但也必须能临场发挥，随机应变）

② 采访过程中的先后顺序，由课堂上学生的积极程度决定。

③ 预计情况：龙佳强——纸牌乌纱帽，左洋——树叶粘画，曾媛——摇曳风铃，陈诗捷——豆子粘画，阳灿——爱洗澡的小猪，罗文俊——测大气压实验，赵焱萍——彩色水饺拼盘，赵志广——不倒翁，罗伊——糖果乐器，胡志伟——腌制咸鸭蛋，彭任——易拉罐小螃蟹，刘冬——黄泥巴小城楼，杨禹——太阳能热水器，罗徽——玻璃杯奏乐……

④ 采访结束，学生评选出最佳口才奖、最佳展品奖、最佳创意奖、最佳演示奖。予以物质奖励、荣誉称号和热烈的掌声。

（7）课堂总结，拓展延伸。

① 老师总结：这节课，大家一定上得很快乐、很开心，是不是？老师也很开心。这一切，

来自你们的敢想、敢做、敢说,来自你们的聪明、智慧,来自你们的心灵手巧和你们的能说会道。生活处处皆语文,用敏锐的双眼去发现,用知识的头脑去学习,你们的本领将愈来愈多,愈来愈大。(完成板书:心灵手巧能说会道)

②课后延伸:鉴于本次活动实际情况,大家一起动手,举办一次《教你学一招》佳作展览,展品旁配上制作人的制作文字说明。

4.总结反思阶段(课后)

本次活动依据人教版第八册语文课本的一次"口语交际"进行设计,历时半个月之久。整个活动中,学生兴趣浓厚,且全身心投入,在参与的每个环节都充分彰显了自己的个性。尽管按照活动的要求,他们创造性地设计自己的活动成果,直至活动结束,同学们仍意犹未尽;但依然存在不少问题和遗憾。为此,我们将在今后的教学思路和教学实践中,继续不懈地探索小学语文综合性学习的教学方法。

第二节　第三学段语文综合性学习教学设计

一、第三学段语文综合性学习目标分析

2011版《义务教育语文课程标准》第三学段语文综合性学习的目标如下:

(1)为解决与学习和生活相关的问题,利用图书馆、网络等信息渠道获取资料,尝试写简单的研究报告。

(2)策划简单的校园活动和社会活动,对所策划的主题进行讨论和分析,学写活动计划和活动总结。

(3)对自己身边的、大家共同关注的问题,或电视、电影中的故事和形象,组织讨论、专题演讲,学习辨别是非、善恶、美丑。

(4)初步了解查找资料、运用资料的基本方法。

第三学段的综合性学习,更加关注其综合性、实践性、开放性、自主性的特点,注重提高学生策划、规划自己学习的能力,用多种途径、方式解决实际问题的能力以及语文的综合运用能力。因此,第三学段语文综合性实践活动的开展应把握以下几点:充分发挥学生的主体性;合理安排课内外的活动时间;根据本班实际情况选择学习内容和学习方式。

二、第三学段语文综合性学习教材分析

人教版五年级上册教材安排两次"综合性学习",一次是在"我爱阅读"专题中,其编排方式和四年级的"综合性学习"相同,要求学生结合课文的学习,进行一些调查访问、搜集资料等活动,交流发现和得到的启发。

另一次综合性学习"遨游汉字王国"安排在第五组,编排方式完全改变以往教材的编法,突破了以课文为主体的单元结构,改为围绕专题、任务驱动、活动贯穿始终的编排方式。首先,在导语中提出学习任务——围绕"遨游汉字王国"这个专题,开展综合性学习,感受汉字的有趣和神奇,了解汉字文化,并为纯洁祖国文字做些力所能及的事。接着提出结合活动建议,制订活动计划的要求。而后分成两大板块,按两个阶段开展综合性学习。第一板块引导学生

搜集相关资料，感受汉字的有趣、神奇；第二板块引导学生开展阅读、搜集资料、进行社会调查等活动，加深对汉字的了解与热爱，并为纯洁祖国的语言文字出力。教材在这两大板块中，分别提供若干必读材料，提出一些阅读要求，体现"下要保底"的编写思想；分别提出活动建议，供师生选用或参考。最后，建议用办展览、办手抄报、开成果汇报会等形式，展示这次综合性学习的成果，并建议有兴趣的学生继续深入开展探究活动。其中，除了学习专题和必读材料要予以落实以外，还要学习的具体内容、方式、方法，学习成果的呈现方式等，师生有相当大的自主权。其目的是为了培养学生的合作精神，培养策划、组织、协调和实施的能力，特别是语文的综合运用能力，把听说读写能力的培养贯穿在整个学习活动中。

五年级下册教材安排了综合性学习单元——"走进信息世界"。在这次综合性学习活动中，首先提出学习任务——围绕专题开展综合性学习，"感受信息传递方式的快速发展，体会给我们的学习、工作和生活带来的影响，并学习利用信息，写简单的研究报告"。而后，分成两大板块——"信息传递改变着我们的生活""利用信息，写简单的研究报告"，引导学生进行综合性学习。在每个板块中，先提出活动建议，再提供若干阅读材料，供师生制订计划以及在学习活动中参考、选用。板块一，安排了有关信息传递方式及对人类生活产生影响的五篇阅读材料。这些材料与精读课文和略读课文不同，就作用而言，在于提供信息、介绍相关资料。板块二，安排了两篇不同类型简单的研究报告——《奇怪的东南风》和《关于李姓的历史和现状的研究报告》，其作用在于通过给学生提供研究报告的范文，学生能够了解研究报告的基本特点，知道怎样写简单的研究报告。最后，还对今后如何提高利用信息解决问题的能力，提出可行的建议。在这样的"大综合"单元里，除了学习的专题和必读的阅读材料要予以落实外，学习的具体内容、方法步骤、学习成果的呈现等，师生有相当大的自主权，这样做有利于培养学生合作、探究精神，培养策划、组织能力，特别是语文综合运用的能力。

六年级上册教材安排两次"综合性学习"，一次是在"祖国在我心中"专题中，与课文的学习同步进行，要求学生开展调查访问、搜集资料等活动，交流收获和展示成果。

另一次安排在第六组，是一次大的综合性学习——"轻叩诗歌的大门"。这次综合性学习，首先在导语中提出学习任务——以"了解诗歌"为主题，开展搜集诗歌、欣赏诗歌、朗诵诗歌等活动。而后分成两大板块——"诗海拾贝""与诗同行"，按两个阶段开展综合性学习。教材在这两大板块中，分别提出活动建议，提供若干必读材料。第一个板块引导学生搜集诗歌并进行整理、欣赏；第二个板块引导学生动手写诗、开诗歌朗诵会、编诗集和进行诗歌知识竞赛。最后，提出写一个简单的活动总结。综合性学习的编写，把听说读写能力的培养贯穿在整个学习活动中。除了学习专题和必读材料要予以落实以外，学习的具体内容、方式、方法，学习成果的呈现方式等，师生有相当大的自主权。其目的是为了培养学生的合作精神，培养策划、组织、协调和实施的能力，特别是语文综合运用能力。

六年级下册教材的第六组是一个单独的综合性学习单元——"难忘小学生活"。这次综合性学习，首先在导语中提出学习任务——围绕主题开展综合性学习活动，向母校、师友告别。而后分成两大板块——"成长足迹"和"依依惜别"，按两个阶段开展综合性学习。教材在这两大板块中，分别提出活动建议，提供若干阅读材料。第一个板块引导学生回忆小学生活，用各种语文形式记录小学生活；第二个板块引导学生为母校做点事，写倡议书、建议书，互留赠言，并策划一台毕业联欢会。综合性学习的编写，把听说读写能力的培养贯穿在整个学习活动中。除了学习专题和阅读材料要予以落实以外，学习的具体内容、方式、方法，学习成果的呈现方式等，学生有相当大的自主权。其目的是为了培养学生的合作精神，培养策划、组织、协调和实施的能力，特别是语文综合运用能力。

三、第三学段语文综合性学习重点、难点分析

对于任务驱动型的语文综合性实践活动，难点在于学生要根据探究的问题，围绕任务拟订活动计划、确定活动方式、商量查找资料的途径。虽然学生在活动中有很大的自主权，但在活动中教师应好地担当起组织、调控、辅导、检查等作用。同时由于各地、各校、各班的学习资源不尽相同，教师要根据本班的实际情况选择学习内容和学习方式。对于学生积极性高、学习资源丰富的班级，教师要调动学生的兴趣，对"阅读材料"则可以比较放手；对于学习资源缺乏的班级，教师则可以带领学生仔细学习"阅读材料"，达到最基本的要求。教师要尽量让学生都动起来，通过活动来培养学生的合作精神和实践能力。

【对应案例】人教版五年级上册语文综合性学习《遨游汉字王国》
——《有趣的谐音》教学设计
福建安溪县金谷中心学校　马延灯

教学目标：
（1）了解什么是谐音及谐音在生活中的应用。
（2）了解谐音的特点，体会汉字文化的丰富有趣，初步培养学生对祖国文字的热爱之情。
（3）通过小组合作培养学生的合作意识和探究精神。

教学重点：
引导学生认识汉字的谐音现象，发现汉字的谐音用法。

教学难点：
体会汉字文化的丰富有趣，初步培养学生对祖国文字的热爱之情。

课前准备：
搜集有关谐音现象的资料。

四、第三学段语文综合性学习教学设计思路

第三学段的综合性学习活动设计可以采用以下环节，充分调动学生好奇心，激励学生主动探究，在活动中全面提高语文素养：

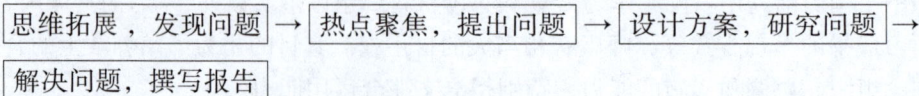

| 思维拓展，发现问题 | → | 热点聚焦，提出问题 | → | 设计方案，研究问题 | → |

| 解决问题，撰写报告 |

【对应案例】《和虫虫交朋友》。（时间：一学期）
（1）阅读《昆虫记》学习研究方法。

研究问题	
实验准备	
实验步骤	
实验结果	
最终结论	

（2）在自然中进行观察研究——填写记录表，记观察日记

名称	长相图 （什么形状？什么颜色？有几只脚？有翅膀吗？长相还有什么特别之处？）用图画或文字描绘出来	生活习性和本领	在哪里发现的	疑问

（3）基于疑问的研究。为昆虫画像，将自己最熟悉、喜欢的昆虫画在纸上，在班级展示。

讨论：与真实的昆虫相比，哪些昆虫画得正确？这些不同的昆虫有什么共同之处和不同之处？

自由提出阅读和研究中不懂的问题。

分组自由选择有关问题，通过小组协作，查阅各种资料加以解决。教师提供"北京昆虫网"等一些网络资源。各小组制作幻灯片和全班同学交流成果。

（4）比赛和表演。

（5）昆虫词语知多少。

（6）猜猜我是谁——创制昆虫谜语。

（7）欣赏动画，创作童话、剧本。

（8）评价。

资料贴吧

黎锦熙《新著国语教学法》"设计教学法"案例

一个学生捕了一只麻雀。（偶发事件）

师问："怎样处理呢？"

讨论的结果，"关在笼子里喂养着。"

"鸟笼子找不着，改用什么东西？"

"小竹篓子也可以的。"

师指导大家将这麻雀连同饲料"装入篓子"。（教室工作）

装好了，"搁在什么地方好？"

讨论，"挂在壁上好。"

挂好了，"人家不知道里边长了雀儿又怎样？"

师提议："这纸条怎样写法？"（《国语》）

学生们口里都拟了几句话。（《语法》）

共同讨论批评了一回，最后由师选择了一句最好的："这篓子里有麻雀，请大家不要动手！"……

做法一（先口说）：

"写起来吧！"

先叫学生写在黑板上，有不会写的生字，就单写注音，再由教师斟酌提示几个生字写出来。

做法二（次手写）：

就此教学几个生字的发音、注音、字义、笔顺等（生字提示要少；难写的先用注音字母表示，夹在语句中间也不妨）和语词实质上、语句形式上等应有的教学。

大家读一读。读完了，各用纸条儿正式写来。（习字）书法

拣着最好的正式"揭示"。

这天的功课，下午，可以讲一讲麻雀的生活。（自然科学）

……

第二天，麻雀死了。由此组织了新的教学：讨论麻雀的死因；

讨论合适的处置方式；为麻雀做棺材，分组合作，甲组计算、乙组绘图、丙组制作；选址、埋雀（包括计算），追悼演说，唱祈祷歌。

第三天，为雀坟立碑，制碑文，用木板造碑，书写碑文，树碑及碑的附属品。

这三天的学习内容涉及国语、自然、社会、算术、体育、艺术、音乐等各个科目，组织方式充分显示了语文课程综合性学习的基本提点，即以儿童的经验与需要作为课程组织的基点。学习经验是学生学习的结果，是学生在一定的刺激条件下自主构建而成的，好奇心、发展的需要等内部动机是学习驱动的强大力量。

◎ 案例评析

案例展示：对《走进信息世界》的研读设计

河南省濮阳市中小学教研室　王庆华

河南省濮阳市第一实验小学　肖晓燕

一、教材分析及学习目标

人教版小学语文实验教材五年级下册安排的《走进信息世界》，是继五年级上册《遨游汉字王国》之后的又一次围绕一个主题，课内外结合，学生自主程度较高的综合性学习。学习的目标是：了解现代信息传播的主要方式，知道古今信息传递方式的不同，感受信息传递方式的变化对我们生活、学习的影响；懂得正确利用媒体，趋利避害；初步养成留心信息的好习惯，逐步学会搜集信息、选择信息、运用信息，善于和别人交流信息；学习利用信息撰写简单的研究报告。

二、发挥"单元导读"的导学功能

带领学生走进信息世界，需要认真阅读理解单元导读，帮助学生搞明白开展这次综合性学习的社会背景、自身需要、学习目标。单元导读的学习应该让学生生成"我的五官所触及的都是信息""我就被信息所包围"的感受；生成"让我们马上开始关于信息的研究"的急切心态。一句话，充分发挥单元导读的功能，使学生对本次综合性学习目标明确、充满激情。

三、用活"信息传递改变着我们的生活"的"活动建议"

（1）根据需要活用"阅读材料"

教材选编了五篇针对性很强的阅读材料。这是为学生提供的开展综合性学习必需的资料，特别是对无图书馆可去、无网络可上的农村小学生，更是提供了极大的便利。按照第一条"活动建议"，"认真读读'阅读材料'中的文章"展开研究学习时，可以引导学生运用已有的阅读、概括能力自主阅读这些资料，讨论交流信息传递的方式；可以引导学生对阅读材料中的信息进行比较，了解古今信息传递方式的不同。根据第三条建议做活动准备时，可以引导学生再次阅读这些材料，提取现代传媒对人们生活影响的信息，作为论辩发言的材料。当然，有条件的地方，还是要引导学生拓宽搜集资料的渠道。比如，通过访问专家、亲身体验等形式，

进一步搜集资料，更广泛地了解信息的传递对人们生活的影响。

（2）一次调查结果两次运用

"活动建议"第二条是"做一次调查，记录全家人在一天中都从哪些渠道获得了哪些信息。再根据记录做一些分析，看看从中能发现什么。"用活这条建议，首先是在调查前，引导学生设计好调查记录表，培养学生事前注意做好准备工作的良好习惯；通过留心自己和家里人获取的信息及获取信息的渠道，培养学生的观察能力。调查后，指导学生填写调查表，对信息进行筛选、整理、汇总、分析。不要满足于发现传播信息和获取信息的规律，以及信息对不同群体的影响，还要注意指导学生分类保存资料，为第二阶段利用信息、撰写研究报告做准备。

（3）灵活选用辩题、重视前期准备

活动建议第三条就"怎样正确利用电视、网络等传媒的问题，展开讨论或辩论。"用好这一形式，一要根据当地实际，灵活选用辩论主题；二要重视辩论前期准备。教师应和学生一起拟订讨论或辩论的题目，指导学生多渠道搜集正、反双方的资料。辩论由学生自己组织，让学生充分发表自己的意见，陈述自己的观点。教师要注意引导学生辩证地看问题，防止"走极端"。辩论胜负并不重要，重要的是通过辩论提高学生搜集信息、选择信息、运用信息、组织语言、口语交际的能力，增强抵制不良信息的自觉性。

（4）体会信息对学习、生产、生活的"影响"

教材选用的活动建议是面向全国各地小学生的。我们应充分发挥学生的主动性，让学生针对当地、本校或本班的实际，设计感兴趣的活动。譬如，城市的孩子可以搞"天下事我关心"新闻摘要活动，感受现代信息的影响；做"购物方式的变迁"调查活动，了解网络购物给人们带来的方便等。农村的孩子可以开展"与致富专业户零距离接触"，看他们是怎样获取致富信息的，信息给他们的生产、销售带来了什么好处等。学生通过亲身体验，对信息传递方式的变化给人们带来的影响，会有更直观的感受。

四、学习写"研究报告"的五个步骤

"利用信息，写简单的研究报告，"综合性强、难度大，是对学生搜集处理信息能力、合作探究能力和书面表达能力的一次全面锻炼。可指导学生分五个步骤进行。

（1）研读例文、打开思路

引导学生阅读两篇研究报告，让学生感悟到像"爸爸咳嗽"这样的小事也可以进行研究。教师可再进一步举例激趣，让学生形成这样的认识：搞研究并不是什么神秘的事情，只是需要留心观察生活、注意搜集信息、善于发现问题。像家庭生活、校园文化、环境保护、资源利用、当地习俗、科技文化等都有值得研究的问题。其中，校园文化就有许多值得研究的课题，例如，学生近视情况及形成原因的调查，预习与学习成绩之间关系的研究，校园童谣的研究……从而打消学生的顾虑，打开学生的思路，引导学生畅谈自己最想探究的问题，激起"我也要研究"的欲望。

（2）选定主题、制订计划

小学生好奇心强，喜欢探究问题，从"小小的陀螺"到"神秘的UFO"，几乎都感兴趣，思路打开后，他们列举的问题可能五花八门，涉及面很广，有的会有一定的难度，甚至是离奇古怪，即使研究也不可能有结论，像"有没有外星人"等。因此，教师指导学生从众多的问题中选定合适的研究主题至关重要。通过引导，让学生知道，选题首先得是自己感兴趣、乐于研究、适合研究的。选题设计的内容和范围尽量浅、小，多着眼于身边的现实问题。例如，"从玩具的变迁看小学生的消费观""环保与卫生习惯的内在关系"等。确定选题后，小组制订研究计划。由于是第一次订研究计划，教师要具体指导，可给学生提供例文，让学生明白，研究计划分"研究课题——研究方法——组员分工"等方面。

（3）搜集信息、分类整理

计划确定之后，搜集资料是中心环节。教师在这方面要引导学生运用第一板块学习的搜集资料的方式方法，拟订一个简单的计划，搜集什么资料和到哪里搜集都要做到心中有数，避免无效劳动。搜集的资料应当和课题有关，尽可能多一些和全一些，正反方面的都要有。搜集资料可以自己调查、访问、记录，也可以从书报上摘选、从网络上搜索等。例如，"我们家生活的变化"这一选题，就可以通过调查家人、亲朋，从衣着、家具、电器、过节消费、交通工具几个方面搜集资料。接着，小组成员要一起对收集的资料进行筛选：与研究课题有关的保留，无关的删除；已有的资料删去，新的保留；与自己有不同观点的留下，然后归类整理。

（4）阅读资料、形成观点

小组成员要充分阅读整理好的资料，每个组员都要注意筛选为自己观点作支撑的、对解决问题有价值的信息，逐渐形成自己的观点，经过小组讨论达成共识，为撰写研究报告做准备。

（5）研究写法、撰写报告

再次研读两篇研究报告，在小组交流的基础上，总结出研究报告的不同写法：《奇怪的东南风》语言生动形象，写作思路是"记录信息—分析信息—请教别人—得出结论"；《关于李姓的历史和现状的研究报告》语言平实，写作思路是"问题的提出—调查方法—调查情况和资料整理—得出结论"。两篇研究报告写法虽有不同，但基本都是"提出问题—搜集信息—整理信息—分析信息—得出结论"。必须让学生清楚：研究结论的得出，是以搜集资料和分析资料为基础的；撰写研究报告要做到问题明确，资料充足，分析合理，结论清楚。掌握基本写法后，撰写小组研究报告，并集体进行修改、完善。

五、展示交流、总结反思

本次综合性学习成果展示的形式力求多样化。可以布置展览，展出这次综合性学习中进行的各种调查结果、活动纪实、研究报告；可以召开主题报告会，报告小组的研究成果，或个人收获、感悟、发现。

进行活动的评价反思是必不可少的一个环节。在活动结束时以"庆功会"的形式，引导学生正确评价自己和他人在活动中的变化，共享成功的喜悦。同时进行反思，为今后开展综合性学习提供借鉴。

活动结束后将全部资料编辑成册，把有价值的研究报告呈送相关部门。

下面是上学年《利用信息写简单的研究报告》听课笔记节选如下：

环节一：阅读报告，习得方法（一课时）

1. 出示自学提纲（教师简短导入新课后出示）

（1）读一读，想一想：两篇报告研究的各是什么问题，问题是怎样提出来的。

（2）读一读，议一议：作者是怎样搜集信息的，又是怎样利用信息进行分析研究的。

（3）读一读，比一比：两篇报告在写法上各有什么特点。

2．学生自学（师提醒学生）

第一个问题适合个人自学；第二、三个问题应采用个人自学、小组学习相结合的方式。

3．交流汇报

教师板书要点，并抓住小组未能解决或解决得不好的问题要学生讨论。

（1）搜集信息的方法：

《奇怪的东南风》：观察、记录、听医生解释。

《关于李姓的历史和现状的研究报告》：阅读书报、上网、调查访问、其他。

（2）运用信息进行科学研究的方法：

《奇怪的东南风》：通过对搜集到的"每天的风向和爸爸的病情"两项信息进行分析，发现两者之间的因果联系——刮东南风爸爸便咳嗽，找解决问题的办法。

《关于李姓的历史和现状的研究报告》：对通过多种途径搜集到的信息进行分类整理逐条分析，进而得出令人信服的结论。

（3）关于研究报告写法（作为教学重点，教师在此处下了功夫）。

第一篇：记录信息→分析信息→请教别人→得出结论。

第二篇：问题提出→调查→整理调查情况和资料→得出结论。

第一篇语言生动形象，第二篇语言平实。

两篇报告写作思路虽有不同，但基本规律都是：提出问题→搜集信息→整理信息→分析信息→得出结论。

环节二：研选主题，制订计划（一课时）

1．教师举例开启思路

（1）英国的波义耳无意中发现紫罗兰花遇酸变成红色，便潜心研究，最后发现了世界上最早的酸碱指示剂。

……

2．结合实际、选择课题

（1）分组讨论。在我们的学习、生活中有哪些问题值得研究？

（2）班内交流。在互相交流的基础上，学生选题的范围还是比较窄，思路没有打开，教师就选题范围、选择课题适时点拨，点燃了学生思维的火花。①选题范围发散。例如，家庭生活、校园文化、环境保护、资源利用、当地习俗、科技文化等。②选择的课题发散。例如，家庭生活方面：家庭读书氛围与孩子成才的关系的研究；家庭和睦对孩子成长的影响的调查；单亲家庭中孩子心理特点的调查与研究；家庭安全教育现状的调查；小学生家务劳动情况的调查……校园文化方面：本班同学视力保护情况调查和分析；本校课外读书情况的调查和建议；预习与学习成绩之间关系的研究；学生课间活动的调查与研究；校园童谣的研究……

3．组成小组、编制计划

选题相似或相同的学生自愿结成课题小组共同研究一个课题。制订计划，明确分工。（出示研究计划的例文——第六小组的研究计划，帮助学生制订小组研究计划）

第六小组的研究计划

研 究 课 题	研 究 方 法	分 工	
小学生家务劳动情况调查	（1）发放调查表，进行统计 （2）阅读书报，上网收集资料 （3）走访同学、师长以及当地家教专家	组长	
		调查统计	
		查阅资料	
		走访他人	
		研究报告执笔	
时间及任务	5月8日至12日搜集资料；5月13日至19日完成研究报告		

环节三：按照计划，课外搜集信息（略）

环节四：方法迁移，学写报告（一课时）

1．阅读信息、形成观点

教师指导学生根据课题，学习处理信息。

（1）组内交流信息，汇总信息。

（2）阅读信息，筛选信息。筛选的标准：是否与研究的课题有关，有关的保留，无关的删除；这个资料已有还是未有，未有的留下，已有的删去；注意是否有不同看法的资料，把不同的观点保留下来。

（3）分类整理，形成观点。对筛选后的材料再进行分类整理，形成观点；整理后的信息不足以形成观点、得出结论，需要继续搜集信息；补充搜集，充实观点。

2．利用信息、学写报告

（1）充分讨论，准备撰写。研究报告的标题可以像第一篇研究报告那样有正、副两个标题，也可以像第二篇那样只有一个标题，简单醒目；引用哪些信息，这些信息在报告中怎样安排；研究结论是什么，怎样表达这一结论；研究报告的写法。

（2）小组合作，撰写研究报告：确定组内执笔同学；小组集体讨论定稿。

这个语文综合性学习案例根据课标要求及教材内容，结合学生实际进行精心设计与组织，学生在实践活动中提高了观察能力、动手能力、思考能力、分析能力，特别是研究报告的研读与撰写对学生语文素养的提升具有重要意义和作用。

实践活动

1. 评价案例

下面是《大自然警钟长鸣》语文综合性学习教学设计，请对此案例进行评价。

第一阶段：发现问题阶段

学习目标：

（1）认知知道环境污染对人民生活的危害，了解环境保护的重要性、迫切性。

（2）感受到网上收集资料的乐趣，乐意主动参与探索问题研究问题。

（3）学会网上收集某一主题的资料，会摘录保存网上的信息、资料，并对各种资料进行分类，发现自己感兴趣的内容。

（4）实际生活中，关注这一主题的变化、发展，主动与同伴交流观点、看法。

过程：

（1）出示一瓶从学校附近的小河取来的带有污染的水，问：看了这瓶水，你有什么想法？

你的想法有依据吗？

（2）交流在平时的生活中积累到的自然环境遭到破坏的资料。

（3）上网收集有关环境污染的资料。

（4）选取一两条你最担心的信息，全班交流。

第二阶段：研究问题阶段。

学习目标：

（1）知道"水污染"对人类带来的危害，了解如何治理和预防水污染。

（2）引起学生对某一问题的注意，激发严谨地研究问题的态度，感受到与他人合作的愉快。

（3）对网上的信息、资料进行筛选，并讨论对此进行知识重组，提出自己的观点。

过程：

（1）提出大家都感兴趣的研究主题："水污染"。

（2）讨论怎样进行"水污染"的研究，主要研究什么是"水污染"？水污染的现状怎么样？如何治理？如何保护好还未受污染的水源？

（3）研究方法的指导。

（4）自愿组合成研究小组。

（5）社会实践：全班分成四小组研究四个主题。

① 青少年的水保护意识。

② 宝山、月浦地区水污染现状调查。

③ 苏州河综合治理感想的现状调查。

④ 家庭水、学校水循环利用。

（6）各组整理课外研究成果。

（7）撰写研究报告。

2．设计语文综合性实战活动

结合小学语文教材的内容，根据自己家乡的实际资源情况，为小学中或高段设计一次语文综合性实践活动。

📖 知识巩固

（1）什么是语文综合性实践活动？

（2）小学语文综合性实践活动体现了怎样的教学理念？

（3）小学语文综合实践活动对提高学生的语文素养有怎样的作用？

参 考 文 献

[1] 王守恒. 小学语文教学与研究 [M]. 北京：人民教育出版社，2006.

[2] 袁振国. 当代教育学 [M]. 北京：教育科学出版社，1999.

[3] 教育部政策研究与法制建设司. 现行教育法规与政策选编中小学教师读本 [M]. 教育科学出版社，2003.

[4] 教育部基础教育司. 走进新课程 [M]. 北京：北京师范大学出版社，2002.

[5] 张大均. 教育心理学 [M]. 北京：人民教育出版社，1999.

[6] 倪文锦. 小学语文新课程教学法 [M]. 北京：高等教育出版社，2004.

[7] 中华人民共和国教育部. 义务教育语文课程标准（2011 版）[M]. 北京：北京师范大学出版社，2012.

[8] 王松泉. 中国语文教育史 [M]. 北京：社会科学文艺出版社，2002.

[9] 玉琨. 教育评价学 [M]. 北京：人民教育出版社，1999.

[10] 倪文锦. 小学语文新课程教学法 [M]. 北京：高等教育出版社，2003.

[11] 廖圣河. 语文微格教学 [M]. 北京：中国林业出版社，2009.

[12] 王荣生. 语文教学内容重构 [M]. 上海：上海教育出版社，2007.

[13] 区培民. 语文课程与教学论 [M]. 杭州：浙江教育出版社，2003.

[14] 王荣生. 语文科课程论基础 [M]. 上海：上海教育出版社，2007.

[15] KLEIN J D，等. 教师能力标准 [M]. 顾小清，译. 上海：华东师范大学出版社,2007.

[16] 裴娣娜. 现代教学论 [M]. 北京：人民教育出版社，2005.

[17] 郝德永. 课程与文化：一个后现代的检视 [M]. 北京：教育科学出版社，2002.

[18] 曹明海. 语文教育文化过程研究 [M]. 济南：山东人民出版社，2005.

[19] 吴忠豪. 外国小学语文教学研究 [M]. 上海：上海教育出版社，2009.

[20] 杨再隋. 语文课程标准的目标·理念·策略：义务教育语文课程标准（2011 年版）导读 [M]. 长沙：湖南教育出版社，2012.

[21] 吴忠豪. 小学语文课程与教学 [M]. 北京：中国人民大学出版社，2010.

[22] 吴志宏，郅庭瑾. 多元智能：理论、方法与实践 [M]. 上海：上海教育出版社，2003.

[23] 王耘，叶忠根，林崇德. 小学生心理学 [M]. 杭州：浙江教育出版社，1993.

[24] 林崇德. 发展心理学 [M]. 北京：人民教育出版社，1995.

[25] 郑国民. 当代语文教育论争 [M]. 广州：广东教育出版社，2006.

[26] 赵绍军. 小学语文课程教学论 [M]. 郑州：郑州大学出版社，2009.

[27] 王宗海. 小学语文课程与教学论 [M]. 长春：东北师范大学出版社，2009.

[28] 沈大安. 小学语文教学案例专题研究 [M]. 杭州：浙江大学出版社，2009.

[29] 林淑媛. 小学语文实验教科书简介 [M]. 北京：北京师范大学出版社，2005.

[30] 创维科学教育研究所. 怎样学好小学语文 [M]. 成都：四川出版集团天地出版社，2008.

[31] 邵光华. 小学课堂教学技能训练 [M]. 北京：高等教育出版社，2011.

[32] 汪潮. 小学语文课程与教学论 [M]. 上海：华东师范大学出版社，2010.